交大情
足球缘

我与上海交大的足球故事

赵文杰 主编

上海交通大学出版社
SHANGHAI JIAO TONG UNIVERSITY PRESS

内容提要

上海交通大学足球队历史悠久，自南洋公学时期始成立，经历百年积淀，发展为一支优秀的足球队伍。为了庆祝上海交通大学足球队成立 121 周年，60 位上海交大足球队的曾经的师生共同回忆在校期间的青春岁月，不同届不同专业的校友分别讲述了自己在交大足球队时所收获的受益终生的体悟与动人友情。不仅为后继与校友们提供人生经验与方向，也激励了广大的业余足球运动者无论在何时何地都要坚持自己的爱好与梦想。

此书不仅是对交大师生与同学情谊的纪念和传承，也是对足球运动坚毅不屈精神的发扬，更是以足球队的视角对上海交通大学在荏苒岁月中的发展历程继往开来的回顾与展望。

图书在版编目（CIP）数据

交大情　足球缘：我与上海交大的足球故事 / 赵文杰主编. —上海：上海交通大学出版社，2022.7
ISBN 978-7-313-26673-6

Ⅰ. ①交… Ⅱ. ①赵… Ⅲ. ①上海交通大学–足球运动–体育运动史–史料 Ⅳ. ①G843.92

中国版本图书馆 CIP 数据核字（2022）第 038515 号

交大情　足球缘
——我与上海交大的足球故事
JIAODAQING ZUQIUYUAN
—— WO YU SHANGHAI JIAODA DE ZUQIU GUSHI

主　编：赵文杰			
出版发行：上海交通大学出版社		地　址：上海市番禺路 951 号
邮政编码：200030		电　话：021-64071208
印　制：上海万卷印刷股份有限公司		经　销：全国新华书店
开　本：710mm×1000mm　1/16		印　张：23.5
字　数：392 千字		
版　次：2022 年 7 月第 1 版		印　次：2022 年 7 月第 1 次印刷
书　号：ISBN 978-7-313-26673-6		
定　价：120.00 元		

谨以此书庆祝上海交通大学足球队成立121周年

编 委 会

主 编
赵文杰

副主编
卢建华　陶　晶　邓煜坤　徐　风

编 委
（按姓氏笔画）

崔德心　陈志华　顾建荣　黄宏骏
黄展续　卢建华　徐　风　杨　仪
赵文杰　赵贤德　郑艺放

协助指导
上海交通大学校友会体育运动分会
上海交通大学校友足球俱乐部

交通大学《足球歌》

沈庆鸿

沈庆鸿：字心工，南洋公学早期校友，被校友李叔同称为"吾国乐界开幕第一人"。他在担任南洋公学下院（后称交通大学"附小"）校长时，受到南洋公学（交通部上海工业专门学校和上海交通大学的前身）足球队的优异表现及战绩鼓舞，经时任学校体育会会长申国权提议，请示唐文治校长后，于1920年创作了近代历史上第一首以足球为主题的歌曲《足球歌》，在1922年该歌曲正式于校刊发表后，也迅速成为学校的足球队战歌及啦啦队歌！

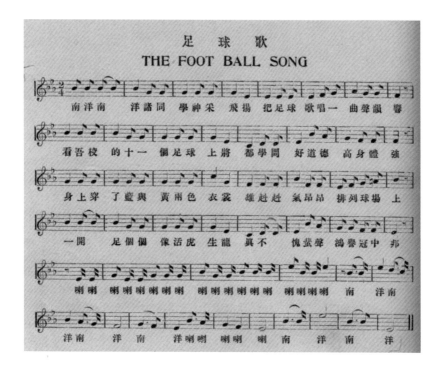

南洋，南洋，诸同学神采飞扬，把足球歌唱一曲，声韵响。看！吾校的十一个足球上将，都学问好，道德高，身体强，身上穿了蓝与黄两色衣裳，雄赳赳，气昂昂，排列球场上。一开足，个个像活虎生龙，真不愧蜚声鸿誉冠中邦。喇喇喇……南洋、南洋……喇喇喇……南洋南洋。

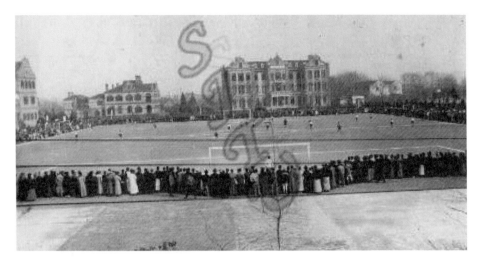

▲ 自1902年，当时的南洋公学与圣约翰大学每年冬季都会进行足球比赛，举校若狂并轰动沪上，当年情景至今令人回味

▲ 1907年唐文治校长（前排左四）与学校（时称"上海高等实业学堂"）足球队成员

◀ 上海交大前身"上海工业专门学校（GIT）"为获得东方大学联赛（ECIAA）冠军之校队的1914级优秀毕业生支秉渊颁发的金牌

▶ 从与圣约翰大学交手6次失败5次，到1908年以6∶0大胜，奠定了南洋足球的光荣，1909年的足球队是交大足球历史上第一个高峰时期

▶ 1914—1915年间工业专门学校（交通大学）足球队主力阵容，从此足球队获得了六次ECIAA（东方大学联赛）锦标

▶ 1930年教工足球队合影

▲ 1954—1955年交通大学足球队获得上海高校联赛冠军
前排左起：1杨和平、3贾德俊、4万翱、7郑厚生；中排左起：3张强弩、8沈文钧；
后排右起：1谈连峰（教练）

▲ 交通大学获得1958—1959年上海市高校足球联赛冠军
前排左起：1林小光，2李佑俭，4田开林，5王霞飞，6陈贵堂；
中排左起：钟家湘，王树棠，杨鸥，周炳赢；
后排左起：葛衢康（体育教研室主任），全炳恰，杨德成，张明祺，戚妙华，徐景福（教练）

▲ 1964年上海交大足球队的合影
前排左起：卢甜、张邻康、周永刚、高春武；
中排左起：刘宽明、茅才宝、陈勇福、方毅、梁敏德
后排左起：李德培、王仁建、王德生、印仲元

▲ 1968年的上海交大足球队球员
前排左起：胡新群、杨仪、何钧芳、穆纪平、瞿成源；
后排左起：候华南、吴德钰、李海龙、卢锦光、张书琪、陈志雄

▲ 1979年校队教练赵文杰在徐汇校区足球场

▲ 20世纪80年代学生在徐汇校区足球场冒雨鏖战

▲ 1976—1979级的交大足球运动员合影
前排：左2陈穗荣、右1支宏、右2张依群；
二排：左3杜跃力、右4顾坚华；
后排：左2钱旭平、左4昌颂俭

▲ 1982年第一届思源杯足球赛奖状由学生会组织颁发

▲ 1982年10月在同济大学举行的由南京工业大学、浙江大学、上海交通大学和同济大学参与的足球邀请赛的大合影

◀ 20世纪80年代老中青三代校足球队教练团及部分校队队员
后排左起：徐景福、赵文杰、徐坚；
前排左起：石岩、王厥敏、郭世杰、梁硕

◀ 20世纪80年代校研究生队球员聆听徐景福老师（左5）的指导

◀ 六系（机械工程系）足球队获得1982—1983年首届交大杯足球赛冠军

▶ 六系（机械工程系）女
子足球队获得1982年首
届交大女子足球赛（七人
制）冠军

▶ 二系（动力机械工程
系）获得1985—1986年
度交大杯冠军

▲ 1987年交大足球队全家福

▲ 20世纪80年代徐汇校区思源杯比赛罚点球场景

▲ 1995年新生杯决赛前，化工学院和新疆班的合影

▲ 1995年部分校队成员与领队赵文杰老师（后排右一）和教练顾根陞老师（后排左一）的合影

▲ 1998年3月，材料学院院队参加希望杯合影
后排左起：洪浪、张卫民、钱伟方、朱震华、吴剑、张程辉、王岩、孔令辉；
前排左起：姜宁、孙鹏、杨振炜、张超、张科兵

▲ 参加2001年上海市大学生联赛的上海交大校队与赵文杰老师（后排右7）、陈钢老师（后排右3）等合影

▲ 上海交大队在济南参加2003年飞利浦大学生联赛华东区比赛

▲ 2005—2006年希望杯足球赛上，信息安全学院球队的大合影

▲ 2010年上海交大安泰MBA足球队获得上海市第七届阳光杯足球赛冠军
左起：张博、张思、施志勇、王磊、周晓栋、德国交换生、宋国成、Thanawat、杜毅、叶潇、张峰

▲ 希望杯2012—2013赛季机动学院夺冠

▲ 微电子学院夺得2013年第23届希望杯亚军

◀ 2013年闵行校区南区体育场，微电子学院足球队及众球星送别毕业队员

◀ 2016年（120周年校庆之际），1978级六系校友足球怀旧赛

▶ 2016年，时任交大党委书记姜斯宪为1978级六系校友足球怀旧赛开球

◀ 2017年首届校庆杯合影

▶ 2017年，校友会体育运动分会正式成立，交大校领导与第一届理事合影留念

◀ 上海交大女子足球队获得2018年上海市大学生足球联盟杯赛亚军

◀ 2018年国庆节校友足球活动

◀ 2018年7月29日，校友足球队参加崇明岛小镇杯足球邀请赛，夺得冠军，金志扬指导为校友队颁奖

▲ 2018年在徐汇区举办首届校友贺岁杯足球比赛

▲ 2019年校友会体育运动分会成员与赵文杰老师赴加拿大，在旅居多伦多的体育运动分会会长马开桂家中与原校足球队石岩、许明、顾坚华及部分多伦多校友合影

▲ 2019年校庆杯邀请赛合影

▲ 2019年，为庆祝赵文杰老师70寿辰举办的文杰杯校友足球邀请赛

▲ 2019年第二届贺岁杯半决赛同分情况，由德高望重的赵文杰老师掷硬币决定晋级队伍

▲ 2020年7月6日，上海交大校友与耐克中国公司员工的足球友谊赛在拥有一百多年历史的火车头体育场（上海历史上著名的麦根路体育场，当年学校足球队与圣约翰大学足球队多次在此决战）举行

▲ 2020年9月19日，上海交通大学校友足球俱乐部正式成立

▶ 2020年，交大校友足球俱乐部成立之际，赵文杰老师为两位在"疫情年"支援一线的校友颁发特殊奖励"蓝色俱乐部战袍"
左起：赵文杰老师、邢宇轩、张帅

▶ 2020年11月7日，俱乐部足球队出访武汉慰问取得抗疫重大胜利的当地校友，并与武汉校友队举行了友谊赛

▲ 2020年12月26日，俱乐部足球队出访昆明与云南校友队举行足球友谊赛

▲ 2021年3月27日，上海交大校友俱乐部理事会的合影
由左至右：徐军、陶晶、卢建华（执行主席）、张全红、赵文杰（名誉主席）、
王维理（监事）、何翔、李琳、赵贤德

◀ 2021年5月22日纪念交
大建校125周年及交大足
球120周年南洋杯当天
前左起：万翱、杨鸥、陈
贵堂、杨仪

▶ 2021年5月22日，老中青三代校足球校队教练在南洋杯邀请赛当天的合影 左起：顾根陞、赵文杰、陈钢

▲ 2021年8月21号，上海交大校友足球俱乐部下属思源上院队成立（主要由就读于徐汇校区的1977—1986级校友组成）

▲ 2021年12月31日，交大男子足球队获得当年上海市大学生足球联盟联赛冠军

序

　　2021年八月中旬的一天，当全球交大人还沉浸在东京奥运会上23位交大学子和校友奋力拼搏，为祖国争光、为母校添彩的喜悦之中时，当千万网友还在为豪取了6金3银2铜的上海交通大学是否应改名为上海交通体育大学而调侃和感叹之际，母校校友总会体育运动分会的首任秘书长王维理向我转达了原交大体育系赵文杰老师布置的一道作业：给纪念交大足球队建队121周年文集写个序言。虽然说师命难违，但我当场也未贸然答应。毕竟比起乒乓球、游泳以及赛艇、篮球等交大体育强项来说，我校足球的竞赛成绩可圈可点之处不多。三周之后，我再次收到赵老师的诚挚邀请，他还同时转来了十余篇校友的回忆以及他对每篇回忆的点评。读后颇受启发、倍感亲切。我旋即表示同意以校友的身份也写一篇回忆。至于是不是作为本书的代序，就请赵文杰老师与相关诸君定夺了。

　　126年前，我们的母校在甲午战败的硝烟和觉醒之中诞生。"兴学自强，崇文尚武"成为母校自创立之初就大力倡导的办学风气。1898年，母校举行了首届田径运动会，推动了校园体育运动的发展。1901年，母校足球队宣告成立，不仅为师生强身健体提供了新选择，也为推动母校与其他知名高校交流开辟了新渠道。其后，我校的网球、棒球以及篮球等运动队也相继成立，并在与同城友校的比赛中屡获佳绩。1907年至1920年，唐文治校长执掌校务，在成功推动母校向高等工程教育转型的同时，他十分重视体育教学。1912年，学校以"发扬国粹，强身健体"为宗旨成立了技击部，推广中华武术。唐校长亲自决定，将体育列为正课教学，成为母校人才培养的重要组成部分。他还多次亲率学校运动队参加校外的重要体育比赛，令母校在上海乃至全国高校中声誉日隆。1922年，孙中山先生还专门为技击部成立十周年纪念册题写了"强国强种"以资鼓励。

　　光阴荏苒，日月如梭。历史的巨轮驶入了改革开放的新时期。作为恢复高考制度的幸运儿，我如愿以偿地跨入母校的朱红色大门。入学之初，我们这批77级学子大都"两耳不闻窗外事，一心只读专业书"，将全部精力投入到汲取知识的努力之中。大家每周用于学习的时间大约有90个小时，我们先挤掉周末和节假日，再挤干娱乐和社交活动，还要挤扁吃饭和睡觉的时间。但对参加适当的体育活动大家还是有共识的，加上校方的大力提倡，各类体育社团应运而生。1980年12月，上海交大足球协会成为改革开放时期学校中最早成立的体育社团，复制了建校之初的历史。40年来，交大足协不仅为在交大校园营造良好的足球环境做出了卓有成效的努力，还带动了七十几家学生和教职工体育社团的发展。而这些群众性体育社团又与学校中由运动健将学子们组成的高水平运动队相映成辉，形成了既能代表国家出战世界大赛，又能丰富校内体育文化氛围的生动局面。特别值得一提的是，母校的体育文化也延伸到了校友群体。2017年4月，在母校121周年校庆之际，在校友总会和体育系的支持下，上海交大校友会体育运动分会宣告成立。四年来，该分会在组织开展校友间的体育赛事，增进校友间的友情和校友与母校的联系方面发挥了积极作用。

我与交大足球以及赵文杰老师结缘是在我就读二年级时。当时的我，除了上好体育课以及参加学校或系里组织的长跑比赛外，鲜少参加体育活动，主要是舍不得学习的时间。当时的体育课采取了有分有合的创新方法。除了共同的体锻达标训练外，也提供了足球、篮球、排球和乒乓球四个选项。我当时选了篮球班，也是班级篮球队的主力之一。一个偶然的机会，选择了足球班的同学要与兄弟班级打一场九人制的比赛，他们得知我会踢足球，就拉我上阵。说来也巧，我在那场比赛中竟然独中两球。此事不知怎么传到了赵文杰老师那里，他遂即亲赴我的寝室邀我加入校足球队。盛情难却，我就成为校足球队队员。我在校队中年龄最大（时年26周岁），再加上奔跑速度不快以及爆发力不强，实在不是主力队员。唯一能吹嘘一下的是在与同济校队的比赛中进过一个球。另外，我们这支队伍取得了当年上海大学生联赛的季军。也算交大足球队的最好成绩之一了。

在此后的四十年间，我与交大足球的交集不是很多，其中印象较为深刻的有三次。一次是1996年秋季，我当时担任徐汇区区长。应邀出席由交大校友发起，并在徐汇校区举办的首届上海三资企业杯足球赛，角色是致辞和开球，很高兴见到了赵老师和多位球友学弟，也为提升徐汇区在三资企业中的影响起了点作用。第二次是在母校120周年校庆期间，我毕业时所在的六系78级全体校友向母校基金会捐赠了120万元，设立了"678基金"，以支持机械与动力工程学院的学生培养。令我特别感动的是，参加这次"众筹"的校友占到全年级校友总数的四分之三，其中也包括不少家境并不宽裕的校友。因此，当他们决定组织一场足球怀旧赛时，我自然要前去祝贺，只是因为年老体弱，未能下场参赛。第三次是2019年初春，由校友自发组织的文杰杯足球邀请赛在徐汇校区举行，八支校友球队参加此次赛事，120余位参赛选手和热情观众出席了开球仪式。大家以这样一种方式为尊敬的赵文杰老师70寿辰庆生。四十余载的从教生涯令赵老师收获桃李遍天下，他儒雅的风度、敬业的态度与高超的球技和健康的体魄都为我们树立了榜样。

本以为写这么一篇短文，用一天的时间肯定足够了。但为了取舍和核实一些史实，竟然断断续续地花了一周时间。看来写作真是不易，还是就此打住吧。

2022 年 3 月

前　言

　　这本书很独特，写的是足球，但作者们却不是足球专业工作者或研究者，而是一批上海交大历届不同专业的毕业生，目前在海内外从事各种行业的校友。他们在年龄、工作、职务、籍贯、性格、经历等诸多方面都存在差异，但拥有重要的共同点：热爱足球、热爱母校、热爱足球兄弟。

　　毕业后，他们分布在全国乃至全球，成家立业，职场打拼，有的坚持继续踢球，有的或许不再踢球，但母校求学期间培育的对足球、对球友的挚爱和真情，已经融入血液，无法忘怀和割舍。网络的发展使分散多年的他们在线上建立联系，微信群犹如滚雪球把个体的校友聚集成群体，并自然而然演变成球场上的团队，各地的校友足球慢慢开始并日益活跃起来，交大校友的球队越来越多，参与球队的校友也越来越多。有了这样的基础，校友们期盼重回母校足球场的愿望开始升温。于是乎，2016年，母校120周年校庆之际，校友足球比赛在闵行校区应运而生。而后，每年一度的校庆杯足球邀请赛成为热爱校友的盛大节日，促进了校友之间的友谊，加深了校友对母校的感情。

　　微信群里校友们回忆在母校球场的激情岁月和兄弟情义，校庆杯中校友们重温母校足球的温馨快乐和难忘场面。校友们由衷感悟：母校期间的足球经历是他们的宝贵财富，使他们终身受益。担任体育学科硕士生专业基础理论课程主讲教师赵文杰（体育系教授，交大足球校队老教练，在交大执教46年）在课堂上时常以校友人物和故事为案例启发和教育学生。2021年2月，年逾70的赵老师在交大校友足球微信群里号召：我们中间有很多成功人士，有很多精彩故事。如果时间允许，请各位抽空把自己成长中的故事写一点，尤其是读书、职场、生活和足球（体育）之间的真实体会，以及足球（体育）对自己终生的影响，让体育精神和体育文化在交大代代相传。时任校友足球俱乐部轮值主席、1984级材料系卢建华率先响应，认真撰写并上传第一篇图文并茂的文章"体育教学随想"。赵老师认真阅读，深为感动，情不自禁地写了读后感并上传给校友们分享。而后，一篇又一篇的文章出现，校友们相互点赞，群情激昂，赵老师则认真阅读并为每一篇写了读后感，后被

校友们称之为点评。这些足球校友文章在校内外各种微信群流传，得到了广泛赞誉，产生了良好社会影响。于是校友们开始策划出版事宜，成立了编委会，精心挑选、整理、修改、编辑书稿，并把这本传承交大足球文化、凝聚校友深情厚谊的书作为献给交大足球队成立121周年的礼物。

本书中提到的几个交大校园足球赛事背景：

（1）交大杯：1982年创办，在交大徐汇校区举办的每年一届以系为单位组队参加的校级正式比赛，在校本科生和研究生均可参加。

（2）思源杯：1982年创办，在交大徐汇校区举办的每年一届面向本科应届毕业生的专项比赛，旨在为即将告别母校的学生牢记"饮水思源"之校训。

（3）希望杯：1988年迄今，在交大闵行校区举办的每年一届以院为单位组队参加的校级正式比赛，在校本科生和研究生均可参加。

（4）新生杯：1991年迄今，在交大闵行校区举办的每年一届以班为单位组队参加的专项比赛，一年级新生均可参加。

另有两点需要说明：

（1）关于院系名称，由于交大院系调整演变，作者沿用的当时称呼"×系"与现在"×学院"有的不能一一对应。

（2）关于外号与昵称，校园球场或球队队友间习惯相互称呼外号或昵称，由于不是一个班或时间久远，往往不知道或记不清正式大名，有的文章中保留当时外号或昵称，有的文章中涉及的校友姓名可能有错别字，敬请谅解。

本书凝聚了广大校友的心血和情义，在此向直接参与写作或编辑的校友们，向为出版费用慷慨解囊的校友们，向赞助交大足球队成立121周年庆典及其他校友足球活动的企业家们，向广大关注和支持交大足球发展的校友们，表示衷心的感谢！

本书出版得到上海交大校友总会、体育运动分会、体育系及相关组织的关心和支持，在此一并表示衷心的感谢！

上海交通大学校友足球俱乐部

目　录

第 4 章

足球之缘 / 091

第 5 章

激情岁月 / 131

第 **6** 章

第 **7** 章

第 **8** 章

第 1 章

足球哲思

体育教学随想

卢建华

一张赵文杰老师与学生合影的照片，引来了上海交大校友的一波点赞。七十多岁高龄的教授，给二十几岁的研究生上新学期的第一课"体育教学与课外活动"，照片里的赵老师，身穿运动套装，精神矍铄，在众学生的簇拥下，显得格外年轻且魅力十足。一张照片，即是一个话题，引起了校友足球圈对体育、工作、家庭、教书和育人的热烈讨论。利用周末的闲暇，我也放下手中的工作，写一些对体育、足球和生活的随想。

受爷爷和父亲的影响，我从小喜爱运动。我的童年时代，读书不是生活的唯一，所以个人爱好可谓百花齐放。我们是"文革"后第一批经历小升初洗礼的那群"别人家的孩子"，考取的不仅是重点中学，而且是市足球重点学校。进校几周后，我就被校足球队教练选中，他想让我进校队，但是班主任不同意，最后在我的倔强中，在班主任老师和父亲的"约法三章"下，

赵文杰老师在"体育教学与课外活动"课程中与同学们的合影

我终于穿上了校队队服。整个6年中学生活我都在足球与读书的矛盾之中过完。每周3次的足球训练和高强度的学习交替出现在我的生活中，现在回想起来，可谓"步步惊心"。

社会发展到今天，如果让父母要求自己的孩子，以"体育第一，交友第二，读书第三"为生活准则，这几乎是一种奢望。也许是遗传的关系，我的儿子也喜欢体育。而在过去的20年间，儿子的成长过程就是遵循这个几乎是奢望的思路走到了今天，其中的甜酸苦辣和价值冲突，就不在这里赘述了。结果是，这个思路没问题，孩子健康快乐，这不是创新，只是传承与坚持而已。

现在我就以自身的经历来具体谈谈足球的魅力，以及从中发现的一些有趣的东西。我先撇开职业运动员和学生时代的足球活动，只谈业余爱好足球对工作和家庭的影响。

首先，运动可以强身健体。每周定时参加体育锻炼或足球活动，可以促进身体健康，我想这个是大部分人的共识。我不是养生专家，对体育运动科学也没有研究，纯粹爱好足球。如果人是以体育作为自己的一个爱好，那身体健康强壮也就自然而然了。当一个人开始走向成熟时，立即会感受到"身体是革命的本钱"这句话总结得非常到位。但是如果他18岁之前身体没有打好基础，都会对以后的职场和家庭生活造成诸多不便或困扰。人或多或少都会有生病的经历，关键是一个热爱运动的人，不仅少生病，而且由于体质好，即使感冒发烧，恢复得也快，不会对生活和工作带来太多的麻烦。

其次，运动也是益智游戏。在人们的刻板印象中，运动员都"头脑简单，四肢发达"。但在球场上，我们永远喜欢那个"用脑子"踢球的人，我们也更喜欢那些思路清晰，排兵布阵，几近被神化的优秀教练。我觉得，所有运动项目和游戏，都有考验智力高低的成分，头脑简单一般都不会成为该领域的顶级玩家，都需要科学研究加刻苦训练才能修成正果。就拿我们平时的

卢建华在足球比赛中

校友活动来说，这几年来，我们不是纯粹地踢球玩耍，其中蕴含了许多智慧与创新。作为一个没有上下级关系的、由志愿者组成的松散组织，如何报名，如何付费，如何管控风险，如何保证公平的踢球时间，如何保护隐私，如何组织大型活动，如何做决定等等，都在无时无刻地挑战每个人的大脑。如果你喜欢一项运动，你的热情只能帮助你刻苦训练，你的头脑才是带你走向辉煌的法宝，而当你开始总结运动场上的得失时，许多经验和方法自然而然地可以用到工作中去，反之亦然。

第三，运动可与公益同行。参加公益活动比如校友俱乐部对自己个人素养的提高非常有帮助。到了我们这个年龄，大多数人都是带领团队的优秀人才。平时在工作中，我们会"比较任性"，"唯吾独尊"的思维贯穿每天的工作时间。喜欢一个人和不喜欢一个人，重用一个人和不重用一个人，有时只是一念之差。领导力中一个非常重要的概念是如何赢得团队成员的信任，而赢得信任的基础是对他人的尊重、言行一致和公平正义。可随着你的官位、权利与金钱积累到一定程度，员工或家属对你开始产生敬畏，而与信任则渐行渐远，慢慢地你会失去自我，严重时可能会误入歧途。做公益可以帮助你找回自我，将对家庭和工作的态度提升到一个新的高度。在做志愿者时，让你卸掉所有的光环，以一个普通人的身份去帮助需要帮助的人们。你再也不能对别人发号施令，你再也不能要求别人按照你的标准做事，你再也不能因为别人能力差或经常犯错而大发雷霆，你再也不能强迫任何人出钱出力去完成一项任务，一句话就是任劳任怨，无怨无悔，不求回报。这就是志愿者精神，这种精神极大地弥补了工作和家庭生活中可能失去的平衡，你懂得了如何倾听，变得更加自律，看事物更加理性且具有同理心，而这些理念也深深影响你的工作效率和业绩。我把校友足球俱乐部作为自己的一个公益项目，是一种情怀，也是自我提高的一种需求。

最后，运动满足社交需求。足球活动是世界第一运动，是一项团体运动，有广泛的群众基础，这为我们在工作和家庭生活之外的社交活动创造了良好条件。人们对社交的依赖虽然因人而异，但是不能否认，这是人类社会文明的一个标志。如今，社交软件的大行其道正在改变人们行为方式和处事技巧。我不知道将来会怎样，但是我们目前线上和线下的足球活动，还是非常给力，非常欢乐，非常迎合我们这些"60后"的需求。"交大校友足球俱乐部"是我们交大校友中最活跃的民间组织，周周有活动，季季有比赛，在"宣传足球文化，饮水思源，心系母校，强身健体，以球会友"的宗旨下，

各种活动层出不穷，为各行各业的校友创造了一个互相交流的平台，极大地丰富了校友的精神生活。

教育的本质应该是让普通人快乐，让精英远离没有灵魂的卓越。体育教育也是如此，我们不仅要打造万人迷，更重要的是让体育运动成为一种爱好、一种情怀和一种思维方式。

卢建华，现任上海交大校友会体育运动分会理事及校友足球俱乐部主席。卢建华酷爱足球，从小接受正规训练，有着扎实的基本功，进入交大即成为校队主力前锋。求学期间读书、踢球两不误，入职以后家庭、事业、踢球皆优秀，他从自己人生经历悟出深刻的道理：运动可以强身健体，运动也是益智游戏，运动可与公益同行，运动也可满足社交需要。卢建华的故事和感悟，生动地折射出校园体育文化对人的成长的重要影响，反映了体育的力量和足球的魅力。"完全人格，首在体育"，体育是教育，体育是文化，体育是精神，体育具有改变世界的力量，体育具有影响人生的功能。

——赵文杰老师

回顾三十年，展望三十年

李　珂

前些天在微信群一张照片中看到年逾七旬的母校体育系教授、原上海交通大学足球队教练赵文杰老师为在校学生讲授"体育，教学与人生"。赵老师精神饱满，显得非常年轻。内心钦佩之余，也不禁想到，我踢球到现在正好有30年了。

从小到大我从未接触过任何专业足球训练，真正喜欢上足球的契机应该是1986年墨西哥世界杯上马拉多纳的天才表演。从此我只认老马为唯一的足球偶像。受偶像影响，我多年以后也成为一名左脚将。只可惜在那个时代，父母担心影响学习，不允许我去踢球；在初中和高中期间，我唯一的足球活动就是周末守在黑白电视机前看意甲联赛转播。

1991年我进入上海交通大学，就读于电子工程系通信专业。电子工程系的大一、大二学生都被分配在闵行校区，那时我住在北区25栋宿舍，楼下是新建好的六块篮球场，水泥场地和篮架均已就绪，只是篮筐"迟迟"没有安装。没有篮筐，就没法打篮球。这真是上天赐予的理想5人制足球场，还没有篮球球友来争夺场地。既然成功挤过了高考"独木桥"，父母也就不再束缚我的体育活动，我被压抑已久的足球热情一经释放，不可收拾。从此，每天只要有时间，我就下楼踢球，不管楼下有多少人。人多，就5对5；人少，半场3对3；人再少，1对1单挑；人还少？我就1个人自己颠球射门。现在回想起来，要感谢这两年的5人制训练的启蒙经历，它帮助零基础的我能够顺利参与足球运动，从而逐步提升技术和积累信心，同时也奠定了我自己的踢球风格。如果一上来直接是8人制甚至11人制，很可能会让手足无措的我丧失踢球的信心。

那六块篮球场的篮球筐安装好之后，就得天天与篮球球友"斗智斗勇"争夺场地了，可谓是幸福的烦恼。大三大四的时候我们搬至法华镇校区，校区虽小，五脏俱全。地处繁华，却闹中取静拥有一片专门的7人制足球场，也让我感受到了7人制场地与5人制场地的技战术区别。大一

交大荣获1996年上海市高校研究生足球赛后，谢绳武校长（后排居中）接见全体队员

大二时，我只能在场边看班级、系级比赛，在门后帮他们捡球，心里嘀咕他们的技战术。到大三大四的时候，我开始能够逐步参加班级和系级的活动。就读研究生期间，我搬到了徐汇校区。有幸被研究生校队选中，硕博期间连续参加了5届上海市高校研究生联赛，球队高手云集，我受益良多。这5年里面，第四名、季军、亚军和冠军我们都曾拿过，算是有喜有悲。其中的一届比赛，在强有力的门将、后卫和中场支持下，我还拿到了联赛最佳射手。

关于业余足球对工作和家庭的影响，卢建华师兄撰文的《体育教学随想》已经说得非常全面，我完全赞同他的"强身健体、益智游戏、与公益同行、满足社交需求"这些观点。我补充一些个人的些许体会。

我大一才开始踢球，与大部分球友相比，我的足球生涯起步不是最晚，也是倒数。能让我达到业余足球同龄人平均水平甚至略有超出，除了持之以恒的热爱和坚持之外，关键的一点是思考。我思考的重心主要在两个方面。一方面是如何形成适合自己的独特球风。我身材弱小，速度和爆发力都很差，因此我将重点放在提高球感和节奏把控上。提高球感体现在传接球失误少；节奏把控体现在防守时，提前预判对手的突破方向或传球路线；进攻时，快速一脚传球并寻求队友配合，不给对手抢断的机会。另一方面是如何让自己更好地融入球队。我会观察队友的跑位习惯和踢球特点，如果同一侧队友喜欢插上助攻，我就加强协防；如果队友射术精湛但是过人一般，我会在他处于舒适区域再传给他，便于他直接射门；队友速度有快有慢，我就调整传球的提前量，让队友能够舒服接球；当队友拿球时，积极跑动拉开，创造队友突破和传球的空间；对方进攻时，注意与前后左右队友的距离，保持队形。

另外，我坚信"球品如人品"。结识新队友或组织友谊赛时，我关心对方的球风、球品、球技。球

李珂在浦东海桐小学足球场踢球

风、球品放在前两位，球技放在最后一位。在业余足球活动中，我会关注队友失误时，他第一反应是责怪还是鼓励；他踢球独，还是愿意和球队融为整体，带动队友；在防守时，他是否会有意识避免做出让对方受伤的动作；场面落后时，他是变得急躁还是保持沉稳；队友失位时，他是积极补防还是站桩叉腰呵斥；踢球认真还是随意；场下有替补时，他是霸场还是主动下场轮换……所有这些细节，会让我或是产生亲近结交之心，或是保持距离美。

女儿小米上幼儿园后，我周末踢球时经常带着她。我在场上踢球，她或是在球门后挖沙子、建城堡，或是和其他小朋友捉迷藏、玩滑板，我们互不干扰。爱人曾埋怨说我这根本不是在陪女儿，只顾自己玩。对此，我有自己的见解。通过运动可以亲近大自然，拥抱世界有很多方式，挖沙子、堆城堡需要体力、耐心和技巧，捉迷藏需要敏捷，滑板考验平衡性。不必拘泥于我要陪她一起挖沙子，或是她陪我一起踢球。我们在相邻的空间，抬头能看见，低头能听到。如果我能体会到女儿玩沙子的快乐，那么女儿一定也能体会到老爸在球场上的快乐。

日积月累，女儿对体育运动逐渐产生了兴趣，她练过一段时间的足球和乒乓球，现在正在学习羽毛球。有一段时间我们一起看俊哥版的英超足球集锦，点评精彩射门和扑救。心血来潮之际，我和她搭档客串解说员，对我参

与过的足球活动中的五大"囧"进行解说，发布在 B 站。我内心当然希望女儿最喜欢足球，但不强求，因为不同的运动各具魅力。只希望她能终生热爱体育，永远与运动做伴，在运动中寻找到快乐。

1991 年到 2021 年，一晃 30 年过去了，我对足球热情没有丝毫消退的迹象。在 2020 年年初，我设定了全年 100 场的小目标，坚持记录每场比赛的日期和地点。虽受疫情影响，最终还是完成了这个目标。

我还想再踢至少 30 年，要想达成这个长期目标，除了保持对足球的热情，还要避免受伤，延长踢球寿命。赵老师曾经写长文给出他自身的体会，我深感认同，摘录小结如下：

（1）严格自律，加强自我管理。注意日常生活细节，养成良好生活习惯。

（2）保持状态，注意变化信号。踢球前一天，特别要调整好身体状态，宁愿少踢也不逞强。

（3）心态年轻，承认身体老化。精神上保持年轻不服老，认知上必须认识到身体老化的必然趋势，量力而行，控制每周踢球次数和时长，尽量跟年龄相仿的人一起踢。

（4）细水长流，才能持之以恒。如有身体不适，不要坚持参加运动。如有受伤，要积极治疗和耐心养伤，不要急于复出。

（5）注重细节，做好自我保健。合理地补水，充分地热身（尤其是秋冬季节）。

（6）积极拼抢，又要适可而止。活动中注意轻重缓急，控制节奏，避免受伤。业余踢球，无伤害就是胜利。

（7）季节变化，适当调整策略。高温季节尽量早晨或晚上，寒冬季节尽量白天，避开一早一晚的时间段。

（8）如果经常受伤，那爱人会成为阻力，领导会对你不满，踢球就困难重重。

我一定会向赵老师学习，活到老踢到老。考虑到年纪逐步增大，我将每年的目标降低 2 场，2021 年目标 98 场，2022 年目标 96 场，以此类推。这样到 70 岁时，还能 1 年踢 50 多场，保持 1 周 1 场的节奏。

2021 年是上海交通大学足球队成立 120 周年，作为曾经的交大学子、研究生校队的一员，我感到由衷的自豪。衷心祝愿母校足球繁荣昌盛，屡创佳绩。借用卢建华师兄的一句话："勇于肩负宣传足球文化之使命，为中国足球早日冲出亚洲、走向世界做出贡献！"

　　李珂，交大理工博士，他在疫情突发的 2020 年创造了令人惊叹的踢球达 102 场的奇迹。为什么一位事业成功、家庭为重的博士，能够有如此充沛精力挤出时间活跃在球场，看一下他的这篇"回顾三十年，展望三十年"，就能找到答案。

　　他大一开始踢球，足球运动伴随本科、硕士、博士求学全过程乃至职业生涯，成为生活方式、快乐源泉、交友平台和健康捷径。被足球校友尊称"珂博"的他，球场上之所以能保持良好状态，得益于对足球的理解、对生活的规划、对自己的自律和对球友的尊重。李珂文中对踢球的思考和感悟，一定会对我们所有人有所启发。

　　更令人欣慰的是，李珂作为父亲，身体力行而又潜移默化地把自己的教育理念传承给"交二代"，我聆听过他与女儿小米合作的足球现场解说，小米的声情并茂和专业知识给人深刻印象。

　　李珂前三十年的足球生涯很辉煌，坚信他后三十年的足球生涯会更精彩。

—— 赵文杰老师

回首数学系新生杯的首胜

李义周

在2010年的交大新生杯比赛第一轮中，我们数学系在雨中以3：0战胜了材料学院，取得了数学系在这项赛事历史上的第一场胜利。作为队长，比赛结束后我就写了一篇题为《足球场上我们创造了数学系的历史》的文章（附在本文之后）。

转眼这场比赛已经过去了十年时间，曾经来自祖国大江南北的少年相聚在交大南区体育场，意气风发却又稚气未脱，如今从闵行交大分散到世界各地的我们青春已逝，也变得成熟稳重。

我们完成了一场值得自己铭记一生的足球比赛。虽然一场球赛在四年的大学生涯中只是一件小小的事情，毕竟我们踢了那么多场比赛，在漫长的人生道路上更是只似一条线段上的一个测度为零的点，如此无足轻重，但我们是从这场酣畅淋漓的新生杯比赛中开始了南区体育场的足球生涯。

李义周的10号队服

我们数学系人少，男生更少，所以组织足球比赛难度很大，然而幸运的是我遇到了一群热爱足球的队友，组成一支有实力的球队。我作为队长，感谢队友们和队务对我的信任和支持。我们曾经一起在绿茵场战斗过，一起为胜利欢呼庆祝，一起为失败失落悲伤；一起为进球呐喊，一起为失球痛惜；有团结协作，也有争论指责；有称赞，也有抨击。无论如何我们都是一支团结而有凝聚力的队伍，各自鲜明的特点正好促成我们组成一支有战斗力的队伍。在毕业晚会上，我们最后站在一起围成一圈，将手搭在一起，我起"一二三"，大家用最强力的声音呐喊："数学系，加油！"这是我们每场比赛前的仪式，哪怕知道等待我们的是失败，我们依旧充满勇气去面对比赛，对我们而言过程比结果更重要，参与就是热爱。

2010年数学系对材料学院的新生杯比赛是我们第一次"新生杯"胜利，其实学长们没能赢下比赛并不是实力不够，更多是运气差，遇到了过于强大的对手。在我们准备比赛的过程中，系队长王乐、大二的体育部杨赟颉等人都给了我们很多帮助和支持。两位女生经理的场外工作特别是球衣的订购方面，她们付出了很多心血。在2011年的新生杯比赛中，我指导新生队伍又一次取得胜利，最后还进入了四强，许多毕业的学长听说了都觉得很受鼓舞。虽然我们数学系弱，但从来不缺乏存在感。参与足球让我们的大学生涯有许多精彩之处。

当然除了数学系，除了新生杯，我在南区体育场也有很多美好的足球记忆，我永远怀念在南区体育场奔跑的时光。虽然离开校园许久，但是足球永远是我生命中不可或缺的一部分。

附：足球场上我们创造了数学系的历史

——写于2010年10月23日

数学系足球队的雨中合影

我们数学系足球队多年没有赢过新生杯的比赛了，但是今天我们终结了这个尴尬纪录。在与材料学院的比赛中，我们以3∶0拿下了对手。我们创造了历史！

虽然这个说法有点夸张，但是我们确实在很被动的情况下完胜对手，这里向所有队员表示祝贺，也向冒雨观战的同学们表示感谢！

赢下比赛，队员都很激动，这是正常的。实践证明，创造历史要把握机会。把握住机会的概率很小，但是结果总是符合大趋势的。就如同进球一样，其实很困难，但是打进了。

虽然结果很能说明问题，但是比赛过程却很艰难。在比赛前，由于事先的准备做得不够到位，我被主裁狠狠训了三次。有一个是我的失误，剩下两个问题是组织的问题，我无权评论，但是我不满意。

比赛中我做得并不好，跑动时没有速度，跑位也不够灵活，虽然有进球，但这不是我的状态。由于之前的受伤（所以前两天我穿拖鞋）和睡眠质量原因，我的体能感觉状态都不好，有的只是求胜的欲望。吴岑（7号）也没能表现出体力上的优势（睡眠原因）。

比赛过程很艰辛，由于第一次比赛，队员很兴奋。有好几个队员都深夜才入睡，这导致了很多问题。材料学院和致远学院打过一场比赛，所以比赛经验及配合默契都更有优势。另外比赛是在小雨中进行的，对大家的体能考验很大。第一个进球是不可能的，但是它确实钻进了网，这就直接影响了双方的心理状态。这是我们的运气实在太好了！第三个进球也是不可能的，不过比第一个合理些。球很高，加上有弧线，门将心慌导致失误。我进过不少类似的球，不知道要射还是要传，只是一搓而已。只有第二个进球是实力的写照。第一脚射门很果敢，恰好我站在合适的位置，空门当然不能错过。对方在第一个失球后急于进攻，防守上没有做好心理准备，而我们则在按照自己的风格进行着。

无论如何，我们赢得很精彩。有突破才会有进步，有信心才会有精彩，有目标才会有成绩。最后，也是最重要的，我要指出，我们今天的优势不是进攻，进球很有运气的成分。我们比对方做得好的方面是防守，可以说固若金汤，没有给对手机会，这就是我们能赢下的原因。我要表扬我们的三名后卫金嘉欣、张涵和方朝晖，还有门将鞠韬，并且感谢他们的贡献。比赛的胜利他们功劳更大，当然胜利是属于球队的所有队员的，是属于数学系所有成员的。

我们完成了我们的第一个目标，下一场（周二中午12：30打安泰管理学院）会更困难。但是我们会努力向下一个目标挺进——四强。希望到时候有更多的人来观战。

　　一场十年前发生在闵行校园新生杯的比赛，一篇十年前为这场比赛胜利而撰写的文稿，李义周对足球的热爱，对队友的思念，对母校的情感，在字里行间流露，一定会令有着同样经历的足球校友们动容。

　　数学系赢得这场比赛的胜利似乎有点偶然，其实不然。足球比赛瞬息万变，强弱转换，除了运气，更重要的是精神，是场上场下的齐心协力，是前场后场的同仇敌忾，是顽强拼搏的团队合作。

　　李义周的故事告诉我们，足球的本质不是输赢，而永不言败和追求胜利，则是足球的魅力所在。

　　一场比赛，铭记一生，是因为他已经从中悟出了人生的真谛。

—— 赵文杰老师

四十年的交大足球缘

熊 俊

2021年5月,纪念交通大学建校125周年暨交大足球120周年南洋杯校友足球邀请赛在欢乐的气氛中圆满结束,趁着这股热乎劲,我也聊聊交大足球的往事及足球运动对我人生的改变。

一、就是那年动的情

我是1981年从江西南昌三中考入上海交大船舶海洋及工程系。进校那时,正值1982年足球世界杯亚洲区预选赛如火如荼地进行中。当时喜欢打篮球的我,凑着热闹随着同学们一起观看中国国家足球队的赛事直播,特别是那场中国队对科威特队获3∶0的胜利,当晚就引发了同学们狂热的足球激情。第二天下午,同学们就争先恐后去篮球场进行足球分队较量,我本着无知者无畏的精神也赤膊上阵。

我以前从未接触过足球,结果当然是被会踢球的同学一通折磨,当时心里窝着火却又无可奈何。我小学时期练习过几年体操,身体素质不错且一直喜好运动,自我感觉良好且从未被同龄人这么"虐过",出于好奇心与好胜心,我当时就决心要学会并且踢好足球。往后我就找来有关足球知识的书籍开始研究,有空就独自一人偷偷照本练习,没有足球就用篮球来凑合,再结合观看各种足球比赛,琢磨球员们在场上的一举一动来提高认识。就这样,我足球水平慢慢地爬升,足球变成了我唯一的爱好及后来痴爱的运动。

二、爱到深处才疯狂

大二搬到徐汇本部,我自然地选择足球体育课,也有幸成为赵文杰老师的学生。当时印象最深是赵老师课间经常指导并参加我们足球班的七人制练习比赛,当年常见赵老师在球场上被多人包夹的情况下,合理使用各种技术轻松摆脱后的精准传球，给人出类拔萃的感觉。我数年后才领悟到这不单是技术，更重要的是球场上视野与观察能力。通过赵老师的言传身教，我的足球水平快速提高，大二那年就成为系队主力球员，为一系（现船院前身）取得交大杯亚军立下了汗马功劳。

　　到了大四，由于想早日告别学校的苦行僧生活而放弃考研，有大把自由时间。我当年无处安放的青春激情毫无悬念地去足球场上燃烧，不遗余力地逼抢、竭尽全力地防守、高速地突破和大力地爆射。不管是高温还是严寒，连续踢三四个小时是常规操作，直到筋疲力尽我才肯结束。这段永生难忘的大学生活塑造了我乐观的心态，健康的身体、坚强的意志和专注的性格，并对我以后人生有着莫大的帮助。

1983年一系足球队集体照（后排左二为熊俊）

三、心中有爱，生活不难

　　1985年毕业后我校分配到中船总公司708所工作，1991年响应中央的号召辞职下海闯荡，1997年后去深圳发展至2016年回上海歇息。期间我在上海经营过电脑及电子产品，在深圳与朋友合伙开厂做过电路板加工，最后尝

试过AOI的开发。一路走来，坎坎坷坷，每过一坎，乐观的精神与坚强的意志力助力不少。最严重的一次挫折是2003那年生意场上的惨败，我心里承受了巨大压力而患上严重的抑郁症，整天不愿见人也不想说话，挣扎了半年多也不见好转迹象。有天看足球赛，我突发奇想，我挚爱的足球运动是否可以尝试下疗伤，然后组织厂里会踢球的员工成立厂足球队，平时活动人少就近小场地进行三对三、四对四娱乐一下，参加人多的话就找足球场与其他球队较量，运动后常与球友聚个餐聊聊八卦。经过一年多时间的调整，我不光精神状态慢慢好转至康复，甚至感觉身体比几年前更具活力。这种有条件就去踢踢球的状态一直保持到2016年从深圳回到上海。

四、重温旧梦

2016年，考虑到方方面面的原因，决定回到上海安心生活。当然，我的生活肯定离不开与同品味的球友欢乐踢球。经过一番打探，通过贺礼及胡冲同学的引荐，2019年我被校友足球组织接纳。加入了这个大组织真是很快乐，我不仅可以尽情踢球，还可以体会到当年在校时那种单纯快乐的感觉。

2021年校庆杯使我浮想起1983年一系与六系（现机械动力工程学院前身）争夺冠军的那场11人制的比赛。开始我们一系先攻入一球暂时领先，而后在场外百多名六系学生啦啦队亢奋的加油声下，六系场上队员采用侵略性的逼抢并连入两球反超。离终场前还有十来分钟，我奋力为本队赢得一粒宝贵的点球。当时六系百多名场外学生立刻情绪激动地冲入场内，先是纠缠裁判而后是语言恐吓我们一系队员，以至于一系没队员敢去罚这粒点球。后来大伙花了好几分钟才做通胡冲的工作，让他放下包袱轻装上阵，胡冲这才硬着头皮上去罚点球。罚球时奇怪的一幕出现了，六系百多名学生拒绝退出球场，在球场上排成"V型"两行人墙，"V型"底就在罚球点附近，相当于将胡冲包夹在两排人墙之中，且人墙里骂声不绝于耳。在巨大的心理压力下，胡冲哆哆嗦嗦罚出的点球被六系守门员扑出，随后裁判也不敢补时，立即吹响全场结束的哨声，我们一系当年就这样输掉了这场"会闹才能赢"的决赛。

三十年后的这次足球校庆杯的"45+赛事"，我们船院的前两场比赛我怯场不敢上场拼搏，但轮到与机械学院（当年的六系）的小组比赛，我可是主动请缨出战，铆足劲要一雪当年之耻。比赛当中我接胡冲传球，打入了全场

2021年校庆杯船舶海洋与建筑工程学院校友足球队合影（后左二为熊俊）

唯一一粒进球，从而挤掉机械学院挺进决赛，当时心中那可是一个爽字。君子报仇，三十年不晚也。哈哈，小顽童变老顽童了，千万别当真哦。感恩交大与足球，带给我智慧与快乐！

熊俊有三段传奇而励志的足球故事，给人深刻印象。

其一，交大求学期间，熊俊爱上足球却苦于"零起点"，凭着不服输的劲头，通过自学足球专业教科书和模仿高手技术动作，进步神速，他证明了踢球确实是用脑子的。

其二，职场打拼阶段，熊俊曾经因中年压力再加上生意场挫折，患上严重抑郁症。面对疾病，熊俊重拾足球，球场的宣泄和球友的相聚，他终于走出抑郁阴霾，重新焕发青春活力，他证明了也许踢球比吃药管用。

其三，校友欢聚以来，熊俊积极参与，融入团队，不幸在训练中锁骨骨折。面对严重受伤，熊俊表现出硬汉的豁达和坚强，手术不久便随队前往抗疫英雄城市武汉，尽管不可能上场，他毅然决然

为这次具有特殊意义的沪鄂校友足球交流比赛站台，他证明了踢球确实让男人更阳刚。

奔六的熊俊，绿茵场的老顽童，校友群的好兄弟，风采依旧，快乐永远，加油！

——赵文杰老师

我为爱球足不闲，交通江海跃山川

邓煜坤

一、山中少年，飞檐走壁

我老家是贵州省晴隆县长流乡，在北盘江畔，离黄果树瀑布50公里左右。第一次碰足球是读高中的大哥寒假带了足球回家开始的，我们一起在山间的梯田地里踢球。球忽上忽下，一会儿在半山腰，一会儿飞到谷底，可想而知，捡个球不容易。由于梯田靠山一侧有天然的土墙，为了避免捡球，小伙伴们都喜欢将球靠土墙侧踢。本着对足球的热爱和消耗无处安放的旺盛精力，小伙伴们一次又一次追着足球，前赴后继迎着土墙，冲上去又冲下来。此处很可能会有画外音惊叹：这群山里的孩子，竟然能飞檐走壁地踢球！

除了在田里踢，我们有时候也在家里踢。农村的房子一般都比较大，有时候我们就把堂屋里的椅子、板凳、八仙桌挪走，在这么狭小的地方，我和小伙伴们却踢得不亦乐乎。这点我非常感激父母，他们虽然也会说几句，但总是能够包容我们在家里踢得乒乓作响，很少有父母能这么包容熊孩子。所以我现在的上海家里，在声音不影响邻居的情况下，我也都默许甚至鼓励孩子在客厅练球。

二、闵行交大，偶露峥嵘

1999年我考上交大电院，由于电院足球人才济济，再加上自己喜欢社会活动，所以我接触足球的机会只能是在体育课。大一的时候，现任交大足球队主教练陈钢老师是我们的体育老师，对于足球我们是普通班中的普通班，完全没有任何竞技性，很多同学根本不会踢球，考试颠球40个满分，不少同学颠不到，当时我的记录是100多个。大一时候有一个电院的比赛，我们班抽签抽到了一个大二的队伍。在今天闵行校区的棒球场（当时是泥土球

左图为二十年前，邓煜坤在交大闵行校区南区体育场；右图为二十年后（交大校友足球俱乐部成立日比赛），邓煜坤依然全场飞奔，纵横驰骋

场，场边草比人高，场里坑坑洼洼）举行，对手1∶0领先，比赛快结束了，夕阳西下，夜幕低垂，大伙都很焦虑。这个时候我在中路得球稍做调整后一脚超级远射，球从横梁下沿飘然入网。可谓是，"挽大厦于既倒，扶时局于将倾"。我禁不住迎着晚风，振臂狂奔。当晚的夕阳，是我七年来在闵行校区见过最漂亮的夕阳。

次日加赛我们晋级，下一场比赛对手太强，很快我们被灌了几个进球。队友们很失望，有些破罐子破摔，我当场暴怒，朝着队友们大骂了起来，球能输但我们不能做窝囊废认怂。队友们被我的愤怒点燃，怀着要和我打一架的情绪又勇猛踢了起来，后面我们虽然被淘汰但场面并不算太难看。

我们是99级电气系一班（班号为F9904101），和二班经常一起上课。有一次两个班踢一场，很快我们以4∶0领先，我进了俩。考虑到两班友谊长存，后面我们就收了，最后我们以5∶4赢了一场绅士球。二班兄弟们觉得大家差距不大，主动约了来日再战。次战中我们抖擞精神，9∶0完胜，我和屠欣栋都完成了帽子戏法，刘吉磊等球员都有入球。此后，两个班虽然在约饭看片等方面一直保持密切合作，但在足球方面关系彻底破裂，老死再不约球。

但客观来说，二班李佳文的球技，在我们两个班所有人之上，我们是好兄弟，经常一起踢野球。我当时认识的电气系球星，还有王笑天、张卜南等。

总体而言，在本科四年间，虽然很喜欢足球，但是没有加入特定的队伍。因为当时条件太差，学校里足球场太少了。光明体育场是真草坪，只有上足球课能进去；南区足球场，拥挤不堪；当然还有一个东区泥地足球场，草比人高，在这里谈恋爱倒是更合适。所以我的球技和校队、院队等球星比起来，绝对是草根中的草根、野球中的野球。

研究生阶段由于做了饮水思源BBS的站长（2004～2006年间），课余时间更加紧张，足球踢得更少。

三、校友时光，球涯巅峰

毕业后，我们就像散落江湖的珠子，没有线串起来，导致有好几年时间锻炼不够，篮球和足球都玩得少。

非常幸运的是，校友足球会来了！最初是赵琛豪组织大家周末在徐汇校区踢，后面参加的人越来越多。在赵文杰老师的关心下，足球校友会活动越来越规范化，活动搞得越来越好。随着2020年校友足球俱乐部正式成立，首任俱乐部主席卢建华和热心的校友们将交大足球掀开了新的篇章。

只要不出差，我基本都能定期参加每周六的足球活动，保持规律的运动强度。直接收获是，我的球技和身体状态，近年达到了人生新高度。在校友欢乐足球中，进了数不清的球，年度平均能进100球（以每周一场欢乐球计），还有过单场6球、5分钟3球等尽兴时刻。2021年1月30日晚，在漕河泾贝岭球场，赵老师亲临观战，他在场边对我说，我看到你今晚已进了5个。我既开心又很惶恐，不知道说什么好。因为在国脚级的赵老师面前，我知道自己那点三脚猫功夫，其实非常上不了台面。

邓煜坤等参加的校友足球队在2018年崇明岛小镇杯获得冠军

2018年7月28日，校友足球队参加崇明岛小镇杯，当天下午气温在35度以上，比赛异常艰难，对每一位球员都是极大的考验。但大伙依然奋勇拼搏，凭借叶潇等球星的神勇发挥，我们获得冠军。

2019年交大校庆期间，徐汇校区一场11人制的比赛，我作为外援担任左边锋，崔哲担任右边锋，两翼齐飞。对手整体强大一直压着我们围攻，球门前常常出现风声鹤唳、兵荒马乱、险象环生的情景，但真要进球却不容易。对方好不容易进了两球，我靠速度通过反越位打进两个，最后平局收场。

2020年1月11日校友贺岁杯决赛，开场不久，我接莫其勇开出的角球，头球轰开老同学邹杨镇守的大门，稍后助攻莫其勇取得2∶0领先，稳稳控制局势，终场以2∶1顺利夺冠。本场比赛对我还有另一层意义，陈钢老师代表决赛对手踢了半场，这样我们师生在20年后的交大绿茵场奇妙地同场竞技。两大青年才俊王海鹏和莫其勇在中场对陈老师围追堵截，都抢不下陈老师皮球，而我在边上也插不上脚，妥妥"三英战吕布"的既视感，这种球技、球感上的差距，就如天堑难以跨越。夺冠总是开心的，我平时很少喝酒，当晚在兄弟们的"威逼利诱"之下，痛饮而归。

四、总　结

我一直非常喜欢踢足球，我现在的状态可以说只有工作、家庭和足球。足球承包了我所有的业余爱好和快乐，足球不但带给我健康，更增强了校友之间的感情和母校之间的链接。但对足球要说声抱歉，对我而言足球永远是第三位，让位于工作和家庭，这也是为什么我基本不会报名参加一些业余比赛，一是时间无法保证，二是担心比赛激烈导致受伤，影响工作和生活。

我们都只活一次，而我对于工作和足球的看法，有一个相似之处，那就是可以活到老，干到老。于我，今生不会考虑养老退休的问题，而是不断去探索人生新的可能，不断去挑战工作中新的领域，或者在熟悉的领域挑战新的高度，从而拥有持续的满足感、获得感。足球也一样，保持规律运动，不断去提高自己的球技，去挑战自己的上限，不断去领悟新的足球哲学。足球和人生一样，只要我们不断去努力，不断提升自己，更好的总在前面等着我们。更重要的是，我们要对人生和这个世界充满深深的热爱，去承担更多责任，去创造更多价值，用我们的影响力，力所能及去感染周围的人，让我们的世界变得更加美好，而不用担心我们个人的力量过于微薄。我热爱足球，所以会严格控制踢球和锻炼的节奏，以便热爱得更长久。人生须不断努力奋进，将大爱传播给每一个人，赵老师言传身教给我们做好了榜样，有这样的精神领袖走在前面，我们能有什么困惑呢？

2022 年是交大成立 126 周年，也是交大足球 121 周年，很不一样的是，2016 年以来，交大校友足球成了交大足球非常重要的一部分。我很荣幸参与其中，获得无价的健康和无尽的快乐。祝交大足球就像最醇的酒，随着岁月的流淌，味道越醇越香！交大足球万岁！

邓煜坤踢球起步于孩童时期的山区田地和农宅客厅，进交大后虽未参加院系或校代表队，但始终是班队的关键人物。受校园足球浓厚氛围的熏陶，其对足球的挚爱得以升华。"校友足球"启动后，小邓热情洋溢，积极参加，成为球场常客。在足球校友团队，小邓的球技还在见涨，是颇具威胁的"门前杀手"，也是深受欢迎的"阳光少年"。

业余足球爱好者，学生时代面临读书与踢球的关系，步入社会后则要处理好工作、家庭和踢球的关系。从小邓自述中可以看出，他酷爱足球、痴迷足球，但深知足球不是第一，也不是唯一，巧妙地摆好工作、家庭、足球三者的位置，踢球非但没有影响工作和家庭，相反给事业和生活带来积极的促进作用。

小邓的故事告诉我们，只有工作顺利、家庭和谐，踢球才会快乐，也唯有如此，踢球生涯方能行稳走远。

——赵文杰老师

第 2 章 师恩隽永

足球绅士赵文杰

卢建华

上海交通大学已成立126年了，而2022年也是上海交大足球队成立121周年。在这跨世纪的双甲子里，交大足球正如中国近代史，经历着世纪交替，荣辱沉浮，有些人如过眼云烟，稍纵即逝，而有些人，则把他的名字与交大牢牢地写在了一起。

说到交大足球，不得不提曾经的交大足球队教练和体育系副主任、年过70还活跃在教书育人讲台上的赵文杰教授。也许他没有国家足球队履历，也许他没有执教过职业队，也许他没有辉煌的世界级奖杯奖牌，但他却是我们交大学子心目中的男神、足球绅士和精神领袖。

赵老师与新中国同龄。出色的足球天赋，使他早早就成为上海少体校一员。可惜生不逢时，那场十年浩劫，无情断送了赵老师那代人的足球梦想。像无数知识青年一样，他先赴东北上山下乡，后进上海体院深造，曾是上海市高校联队队长，并于1976年毕业，顺利进入上海交大成为体育系一名教师，兼校足球队教练。

我第一次见到赵老师，是1984年高考填报志愿前几个星期（我们鞍山中学刚刚获得上海市第四届中学生运动会足球冠军）。赵老师与鞍山中学的许云麟教练同为体院校友，他专程来学校游说我们报考交大。现在已不记得他当时穿什么衣服，唯一留下深刻印象的是他那高大潇洒的身躯、英俊骨感的容貌、炯炯深邃的目光，俨然一位绅士，而且举手投足，酷似我爷爷，顿生敬仰之情。

报考交大是我中学期间一直未变的目标，可能因为我叔叔也是1964届交大毕业生。20世纪80年代初的上海，高考虽然竞争没那么激烈，但是如果考交大，还是有一定风险的。当时交大足球属于非重点项目，没有特招待遇，必须达到一本分数线。赵老师的出现，坚定了我报考交大的信念。高考一本我只填了一个志愿——上海交通大学，我自己对考到一本分数线还是有信心的。尽管最后靠自己的努力考进了交大，但是永远要感谢赵老师，赵老

师是我的贵人。没有赵老师的及时出现，我也许不会有那份考交大的自信；没有赵老师的及时出现，我也许在高考时就没有了那份淡定和正常发挥；没有赵老师的及时出现，我的人生不会如此精彩。

赵老师不仅英俊潇洒，而且是儒雅之士。2021年校友足球群纷纷响应赵老师的号召，"讲我与足球的故事"为交大足球队成立121周年献礼。微信群上，几乎一天有两篇几千字且图文并茂的美文，每个故事都是独一无二且精彩绝伦，充满回忆和感恩。赵老师对每篇文章都做了500字左右的点评，字斟句酌，倾注心血。在这网络浮躁的时代，微博和微信群留言趋于格式化的年头，赵老师的点评是一道靓丽的风景线。一个已是70多岁高龄的老教授，认真仔细地阅读每篇文章，给作者提出修改意见，然后亲自将修改好的文章和点评，同时在"交大足球校友会微信群"和"交大校友足球俱乐部微信群"发布，这是一种什么样的精神。正如陶智程（1988级精密仪器系）在读了赵老师的某篇点评后发表的感慨："己欲立而立人，己欲达而达人。"赵老师以身作则，精益求精，为学生们树立了光辉的榜样。足球给人的印象是力量与粗犷，但是赵老师为我们交大所有爱好足球的学生点亮了另一座灯塔。

赵老师儒雅的外表背后，还有着高超的足球技艺，招招式式无不令人肃然起敬。曾经听许教练夸奖赵老师的球技，进入交大后，才真正领略到了赵老师的厉害。一次训练，赵老师给我们示范外脚背射门，只见他禁区外接左路地滚球，右脚背射门，连续三个都是弧线挂球门左上同一死角，令队员们佩服得五体投地。还有一次赵老师和我们一起分队比赛，有一个球也惊艳到了大家。一个30米开外的长传球到了赵老师的接球范围，但是球的落点在赵老师的背部。只见球弹地后，赵老师用屁股一坐，控制了球的反弹，然后180度转身将球控制在自己的脚下，防守队员虽然贴身，但是赵老师没有给他任何机会。这一蹲一转至今无法从我的记忆中消失。更不可思议的是70多岁高龄的他，现在还驰骋球场，代表上海老年队征战大江南北，一招一式还是那么纯正与淡定，跑位还是那么具有教科书般，传球还是那么富有想象力。这里特别要提的是，在与校友（50多岁）一起活动时，他的带球、跑动和传球，一点都不输给比他年轻十几岁的校友。用赵老师的话来说，发挥全力就是要"尊重对手，不倚老卖老"。赵老师是真正的足球绅士。

同时，赵老师还是一位上海顾家好男人。2020年很长一段时间，赵老师夫人身体欠佳，所以他婉言谢绝了许多活动。但是遇到重要活动，为了不让

赵文杰老师与太太的合影

大家扫兴，他还是尽可能参加。比如2021年1月9日的贺岁杯，天气寒冷，他还是安排好家里的事情赶来长兴岛助战。中午12点之前就到球场，迎接各路球星，不愧为我们的引路灯塔。70多岁的长者，在寒风中站立5个小时，细心观察比赛，与昔日的学生热情交流，为比赛颁奖，不愧为我们的精神领袖。但是，许多人都不知道，他的心在惦记着家里的爱人，而这一切只有我和王维理师兄知情。颁奖之后，他没有参加我们的聚餐活动，就匆匆告别大家驱车赶回市区。2020年11月8日，赵老师原本参加沪汉思源杯足球友谊赛，但是最后由于爱人身体原因，遗憾地与武汉之行擦肩而过，心中的不舍难以言表。尽管如此，赵老师还是亲自写了贺词，让我在晚宴上代为宣读，场面非常感人。他期待这次活动很久，因为这是一次"在特殊时期、特殊地点举行的具有特殊意义的比赛，除了欢庆抗疫重大胜利，还充分体现了交大人的重情和重义"（摘自赵老师武汉行贺词）。我想表达的是，赵老师是一个具有爱心的男人，他爱足球，爱学生，爱交大，更爱自己的家，称赵老师为上海滩足球绅士一点都不为过。

赵老师作为学校非重点项目的足球教练，有许多郁闷的事情，这里给大家透露一个鲜为人知的故事。我们那个时候大一新生都在法华镇路分部学习，每次训练都要走路到总部。由于刚刚开始大学生活，还不是非常适应，特别是学习压力非常大（高等数学老师讲的浙江话几乎听不懂，只能自学；还记得当时大一物理考试都是要乘系数才能保证大多数人及格），踢球自然

不可能放在首位。每次训练，人数都是三三两两，凑不齐整队。赵老师非常理解每个球员，毕竟我们都不是特招的职业球员。当初，游泳队和篮球队阵容豪华，他们的"快乐"学习生活，我们是羡慕不已。有一次，外出比赛，赵老师跑到分部（以前没有手机），四处找我们，最后找到了我和四系的一个球员，稍微批评了几句就拉上了大巴。已经记不得那天和谁比赛，也具体记不得四系那位瘦高个子叫什么名字（上海人，技术非常好），也记不得赵老师批评了什么。今天回忆起来，非常内疚，我要对赵老师说声对不起。这就是赵老师的人格魅力所在，事情虽小，但是你可以从中体会到赵老师的敬业精神、宽容大度和对学生的爱。正是在这种人格魅力的感染下，使我们成为复合型人才，成为一个个具有灵魂和担当的强者；正是这种人格魅力，成就了他在所有喜爱交大足球的校友心目中精神领袖的地位，至今无人撼动。

非常庆幸赵老师选择了教育事业，也成为我生命中的贵人之一，以此文表达对赵老师的敬仰和感激之情。赵老师，他不仅是一位足球教练，而且是一名大学教授，是上海交通大学的教授，他的学生遍布全世界，许多都是各行各业的领军人物，如果将这些校友对社会的影响进行度量化（比如创造的GDP或对就业的影响），赵老师的贡献不会比当今中国某些知名足球教练差多少。从这个意义上说，我们需要的是更多像赵老师这样的男神、足球绅士和精神领袖。

此文是卢建华献给我70周岁生日的礼物，文中的赞美之词，我是愧不敢当。我把它看成是学生给予我的激励与动力，是在为我精彩的晚年生活加油助威。如果从交大校训"饮水思源"之视角，他对我的赞美不仅是个人之感情，更是学生对老师的感恩，是校友对母校的感恩。卢建华是交大爱好足球校友的杰出代表，他对母校、对老师的感恩之情，不仅在这篇文章中流露无疑，更表现在他为校友活动的无私而杰出的贡献。历年来，他以崇高的人格魅力和出色的组织能力，带领团队，成功策划组织了一系列校友主题足球活动，使足球成为交大校友体育运动中最活跃的项目之一，成为凝聚海内外爱好足球校友的纽带。校友足球是校园足球的延续与升华，更是校园足球的丰硕成果，校友体育运动的蓬勃兴旺，是"终身体育"的生动体现和具体标志。作为一名老教师，我被交大足球校友感动，为交大足球校友自豪，愿意为校友足球尽微薄之力，与校友们共同享受足球给予的快乐和健康。

—— 赵文杰老师

校友足球谱新篇

施 灏

适逢交大足球队成立121周年，大家纷纷撰文纪念，也是2022年校庆的一项重要活动。我也不甘寂寞，遂捡起笔来，略记一鳞半爪。

1984年我从上海鞍山中学毕业，同年考入上海交通大学机械系。当年，鞍山中学代表杨浦区夺得上海市中学生运动会男子足球冠军，获得代表上海参加华东邀请赛的资格。在我去福建霞浦的途中和比赛期间，内心忐忑不安。直到返程前，收到了上海交大的入学通知书，心里才舒坦了，加之还有心爱的足球，心情愉悦之极。

当年交大足球队猛将如云，我是在大一参加了交大杯，表现尚可后，才被赵文杰老师召入校队的。之后我在校队踢中场后腰位置，基本告别了中学时代的右后卫。

我一直很怀念在六系（现机械与动力工程系前身）系队参加交大杯比赛，我觉得气氛和校队与高校联赛差别蛮大。系队里有更多的团结拼搏，校队则更多地体现为以球会友的精神。

本科四年，我代表六系参加四次交大杯，成绩尚可。印象最深的是得过一次冠军，其中印象最深刻的是半决赛时以1：0战胜了二系，以弱胜强，比决赛获胜时还要激动，还要兴奋。比赛中，85级的右前锋周屹开赛15分钟即摔伤右肘（赛后就医是骨裂），还是打满全场，并且助攻83级梁硕攻入制胜头球。

赛后全队兴奋得久久不愿离去。回到宿舍后我才发现庆祝时我右边下巴被撞了一个包。这些事情让我记了几十年。

我从大二起，代表交大参加高校联赛，高校联赛是分组的，我记得我们参加的是乙组，成绩比较好，有过升级的机会。足协杯是混合各组的，有两场比赛印象比较深，一个是领先上海体院大半场，最后被遗憾扳平，这场比赛是第一次见到徐坚老师，当时他是对方队员，这年他毕业后就到我校当老师了。另一场对手是同济大学，对方几乎都是省市级专业队退役运动员，感受了专业和业余的差异。

我踢球的方式虽平平无奇，但会兢兢业业、勇猛顽强。由于我学踢球比较晚，天资也有限，因此一直到大学期间技术正在进步。尤其是换了位置后，跑动耐力比较好的特点有所发挥了，感觉很舒服。

大学时受过两次伤，一次是训练比赛中，为了避免铲射伤害到冼嘉文的小腿而紧急收腿，结果崴了左脚踝，3个多月不能下地，恢复训练时，徐老师说我身体全都变形了。另一次是在大四对铁道学院的高校联赛中，对方队员又快又高，作风勇猛，我方守门员下颌骨折重伤下场，两名中后卫受伤下场，无奈我只能顶上拖后中卫。终场前15分钟，在和对方中锋的对抗中，右手腕撑地受伤。虽然没有骨折，后面四个月也不能拿笔。好在最后比赛赢了。

足球在我的人生中，起了很重要的作用，它是我不可或缺的朋友，让我的学习、工作和生活多姿多彩；面对再大的压力我也不会被压垮，也不会失去兴趣和信心。因此我发自内心地强烈地感激许云麟教练（鞍山中学的足球教练）和赵文杰老师。他们是我的贵人，他们把我领入足球世界，让我的人生多了温暖亮色；他们也是引领我进入交大的贵人，让我的人生有一些值得回味的片段。

2019年3月10日，施灏（左）和赵文杰（右）在交大徐汇足球场上的合影

师兄石岩队长毕业后，赵老师提拔我当了队长，我同时还接过了校足球协会会长的接力棒。协会工作的历练弥足珍贵，让我提高了能力。感谢赵老师对学生无微不至的关心和帮助。这份光荣陪伴我永远，此生难以忘怀。

比赛时还发生过一些趣事。大四的时候，有一次复旦大学足球队来交大训练比赛，我特意把女朋友（后来成为我爱人）请来助威。那天队友们总是传球给我，我还罚入一粒点球。比赛结束后我问她观感，她竟然说没有找到我，让我哈哈大笑但又无奈之极，此后就不勉强她看球赛了。

毕业后，长时间离开了这项运动。前几年，为组建"8090队"参加校庆杯，曾经的队友卢建华找到了我。从那以后，我逐步回到校友足球这个团队中来了，身体和精神状态有了显著的改变和提高，感谢卢建华（校友足球俱乐部主席）和各位师友。

最近的进展捎带着汇报一下，我们1977级到1986级为主的思源上院队于2021年6月12日正式成立了。每周六的内训活动也已经坚持了13次了。作为上海交大校友足球活动的有益尝试，我们有信心坚持下去，发扬光大。

2021年8月14日，上海交通大学思源上院队训练活动

前排左起：施灏、姚纤、贺礼、盛玉敏、金炜、邓皓、熊俊、卢建华、林征、宗鹏、毛杰；
后排左起：顾震、王维理、赵军、杨建夫、谢超、成军、赵文杰、瞿一兵、万晖、王君达、胡冲、崔德心、陈征峰、钱红斌

　　施灏在交大校足球队期间，由边后卫改打后腰，发挥其能跑善跑和表现稳定的特点，控制中场，协助防守，适时助攻，效果良好。施灏对球队的贡献，不但表现在比赛场上，还体现在球队日常训练活动中，他一贯认真积极，兢兢业业，同时协助教练，尊重队友，在球队中起到很好作用，后来成为校队队长和足球协会会长，为交大校园足球做出了贡献。

　　"校友足球"兴起后，施灏开始复出，回归母校球场。我第一次见到"失联多年"的施灏，他胖了很多，体力下降，在场上明显跟不上。但天性热爱足球，又有童子功的施灏，一旦回到球场和团队，便激情燃烧，坚持不懈，很快成为不可或缺的重要人物。经过几年"校友足球"的锻炼，当年的施灏回来了，身体苗条了，体力恢复了，球场上潇洒自如，球场下谈笑风生，生动展现了足球具有健康快乐和凝聚人心的魅力。

　　"独乐乐不如众乐乐"，施灏以其无私奉献精神和出色组织能力，在校友足球俱乐部指导下，于2012年6月牵头建立了1977级到1986级为主的思源上院校友队，开始有序训练，为奔60岁和奔70岁的年长足球校友们搭建了欢乐相聚的平台，一起朝着健康踢到70岁的目标前进，共同享受快乐足球。

——赵文杰老师

我与交大足球

梁　硕

我叫梁硕，1965年出生，天津人。1983年考入交大机械工程系机械制造与工艺设备专业。1985年我被赵文杰老师招入校足球队，司职中锋，1989年离队。在足球队期间，我每年都会参加上海高校联赛。

我至今都记得被赵文杰老师招入校队的那一天。那是1985年5月一个明媚的下午，在徐汇校园足球场南侧的7人小足球场，我们的足球班体育课即将结束时，不知疲惫的我快速左路突破，横向趟向中路，右脚劲射，球进了！"嘟……"赵文杰老师鸣哨下课。队友们嘻嘻哈哈地庆祝，我也高兴不已。

"梁硕，你来校队，怎么样？"赵老师突然笑眯眯地问我。

校队？我？天哪！这个大馅饼砸我头上了。我当时不敢置信。

我有几斤几两我自己很清楚，不像石岩、施灏、卢建华他们受过专业训练，我是踢野球出身，就是瞎玩，就是喜欢而已，而且我是上了大学以后才真正踢上足球。估计交大足球历史上，上大学才真正踢足球而且进了校队的，除了我，没几个。

我当然秒应赵老师了！必须的！赵文杰老师是我的贵人，他给我的大学和研究生学习时空增加了一个维度，一个足球维度，一个足球世界，让我结识了前几届和后几届队友同学，这些人组成了我的足球生命时空。我很幸运能拥有这些同学。

一直不明白赵老师为什么单单看中了我，论技术比我好的多的是，如机械学院冯建华、孙作春、易绛文等。直到有一次赵老师把这层纸捅破了："梁硕，你身上有一股劲，强烈的进取心，拼命，不惜体力，这是最主要的。技术可以练，战术可以学，强烈的进取心不是可以学来的。"

赵老师这么认可我，那我也不能让赵老师失望。于是，我每天下午放学后，都泡在了球场上，从基本的传球接球过人拦截练起。徐汇校区足球场上的每一寸土地，我都踏过无数遍，这个场地给我带来了无穷的欢乐，每次回到上海，只要可能，就到足球场，看看学弟们踢球，也偶尔参加老队友们的友谊赛。

从1985年进校队到1989年离开交大，我同时参加校队和研究生队。校队的最好成绩是上海高校联赛第三名。同济大学校队和华东纺织工学院（现

1986年交大徐汇校区足球场机械学院足球队的合影
第一排左起：程龙根（老师）、罗振东、徐家琦、施灏、郑南泰；
第二排左起：梁硕、周屹、泽先、罗军、冯建华、孙作春、彭为

1987年交大徐汇校区足球场研究生球队的合影
第一排左起：贺礼、陆启翅、梁硕、黄伟、姚圩、曾毅；
第二排左起：侯鼎康（老师）、胡冲、苏泳、金堃、蒋定波、华军、方为民、徐景福（老师）

为东华大学）是甲级专业队，垄断了前两名，研究生队则连续两届获得上海市冠军。

我离开交大32年了，现在客居澳洲，经常想到母校，想到大学时光，想到赵文杰老师，想到踢足球的片段。

有一次，赵老师给我开小灶，专门训练"接左边锋传中的地滚球，用右脚外脚背打球门左上角"。赵老师先示范，接连三个地滚球，他都稳稳地挂死角，我佩服得五体投地。为这个技术，我也练了不少，但成功率不高。想想，赵老师真是对我下功夫呀。

校队这几年，我有许多印象深刻的事情，既有遗憾，也有惊叹，更多的是喜悦与难忘。

1986年，交大校队主场对战同济校队。同济校队都是甲A联赛退役球员，我第一次跟职业选手对抗，体会到了被"吊打"的滋味：我是中锋，赵老师要求除了我，全体龟缩在自己半场防守，即使这样也被同济校队"狂轰乱炸"，基本没有还手之力，0∶2结束上半场；下半场，我们一次大脚解围，在中线左侧，球落在对方右后卫脚下，这个右后卫显然已经目中无人，他没有很"职业"地将球传出，而是想要过我，被我拦截住。在交大观战的同学呐喊中，带球狂奔40米，直奔对方球门。内心狂喜，就想能进一球，挽回点颜面。可是到门前已经筋疲力尽，射门软绵无力，被对方门将扑住。全场一片哗然和惋惜，我也懊丧不已。

1987年我们客场对战复旦大学校队，先是0∶1落后，临终场2分钟我们在对方禁区前沿获得任意球。对方门前筑好了人墙，我们也埋伏在四周。大家都知道，这是最后一次机会，打平进前四。这个时候，队长石岩主动要求罚球，随着哨声响起，球划出一道漂亮的弧线，直挂死角。晚上我们乘大巴车回到学校，其他食堂都关门了，只有招待食堂还开着，大家涌进去，"狠狠"地款待了自己一次，大排面、肉包子，对于饥肠辘辘的我们来说，真香。

80年代中国足球风行"两翼齐飞，下底传中"，交大也有样学样。右边锋卢建华的下底传中10次有8次能传出来，而且质量高，低平，速度适中，适合中锋抢前点。卢建华身材并不强壮，对方左后卫往往贴身干扰，传球很难。到现在，我也不知道他的一脚传中是如何练出来的。

诸如此类的回忆还有许多，就不一一细说了。

2017年，主管体育的老校长王守仁老师来悉尼旅游，我执弟子礼在家中招待，吃饭的时候，王老师谈到交大足球，后悔没有像篮球一样引进职业球员。我笑了："王老师，幸亏您没有做，否则没我什么事了。"

我今生最大的荣幸之一就是进过交大足球队。

　　梁硕，交大本科、硕士毕业，校足球队队员，校研究生足球队队员，施职前锋，其球风犹如他的作风，强硬拼搏而正直豁达，激活队友，威慑对方。

　　本文叙述了他在交大的足球经历，回忆了代表校队勇夺市大学生第三名和研究生冠军的比赛场面，栩栩如生，简洁直白，感受到他对足球的热爱，对母校的深情，也感受到交大学子顽强拼搏和永不言败的精神。梁硕热爱运动，但足球永远是他的最爱，交大校足球队永远是最精彩的经历，交大徐汇校区泥泞球场永远是难忘的地方，交大共同奋战的足球队友永远是亲密的兄弟。

—— 赵文杰老师

第 3 章

足球情怀

我为校园足球工作

张 茜

在交大足球队成立121周年之际，我们用回忆当年在学校参与校园足球活动的点滴，为交大足球献礼。我们以进入交大为荣，以参与交大足球活动为荣，愿我们共同将交大足球活动发扬光大，祝愿交大足球水平天天进步，比赛成绩节节高升，校友们向赵老师学习，一起踢到70岁！

2019年3月10日，交大徐汇足球场张茜（左）和赵文杰（右）的合影

我的故事平淡又温暖，我在2015—2018年期间，每周带领化学系足球队的学弟们训练，把希望杯降入乙级的球队带到了希望杯亚军的位置，创造了历史。偶尔想起，令人激动。

我是2002级化学化工系本科生，初来乍到的我不知天高地厚，不过很快就被球技出众的交大师兄们教"做人"。我们那时的足球氛围非常好，更是可以组织起班级内部的7人制足球比赛。当年新生杯，以我们班为班底的化工系足球队在核心阎巍的率领下一路战胜所有对手，爆冷取得了新生杯的冠军。大学四年，我参加了三次希望杯，球队成绩是两次八强和一次四强，

个人希望杯进球寥寥无几，在当时属于没什么特别名气的选手。当我从交大毕业，离开闵行校区的时候，我从来没有设想过，有朝一日我会与交大的校园足球重新牵手，书写一段新的故事。

大概是2014年的秋季学期，因为偶然的机会我回到学校，在路上巧遇到2011级的赵树煜，交谈中发现当年2004级的学弟金谊德还在校内读博。我联系上小金之后，和化学系足球队的缘分就这样重新建立起来了。

当时小金向我介绍化学系踢球的人比较少，希望杯成绩处于甲组保级状态，不过研究生水平不错，还曾经夺得了2011年致远杯的冠军。为了提振院队水平，小金邀请我回来周末带大家训练。作为上海交大的一个中小型院系，我们的球队水平起伏不定，一两批生源的足球水平往往能决定上下四年球队的命运。

2015年春天，化学系足球队的正式训练开始了。万事开头难，2014年的冬天我在外面踢比赛的时候严重扭伤了脚踝，那时候走路都不大利索，右脚无法发力（到现在也无法发力了）。很多示范动作自己也无法做到位，一度让学弟们对我的指导水平产生了怀疑。那年化院还从希望杯甲组降级了，大家意兴阑珊，最后一场比赛，只到场了9名勇士。

2015年秋天的新生杯，为了给化院补充生力军，我开始带第一批队员进行选秀，也找到了几个不错的苗子，例如高夏鑫，一个刚入队时候零基础、但是充满热爱和拼搏精神的蒙古汉子。由于大平台招生的原因，大部分看上的苗子都没有留在化院，去了农生、环境等兄弟院系。新生杯之后，化学系的院队在每周末早上固定训练，我们每周六或者周日早上8点到10点在闵行校区的南区足球场训练，我从浦东开车过来和大家汇合。

我们的训练从热身和身体力量开始，接下来是基本动作的纠正，无对抗的传球以及有对抗的传球，除此之外，小范围的逼抢也是训练的重点，主要目的是让队员们学会在快速思考的环境之下，最快速度把球从危险的地方转移出来。校园足球比较大的毛病是我们的基本功水平不够，因此需要花很长的时候矫正动作，但是同学们都是真心热爱足球，所以进步很快。

训练时我们会穿插组织一些友谊比赛，在比赛中找到问题。这时候部分已经分流的队员依然愿意继续参加我们的训练，这给我很大的感动和信念支持，说明大家已经认可我们的训练了。而且小金和江江（2005级）一起加入了球队的训练指导之中，我们的教练班子也得到了扩充。球队的水平很快得到了提高，在2016年希望杯上，球队已经不是只有9名勇士的残阵了。

2016年的秋天，我选新的时候发现了一个好苗子，也就是后来刷新交大校队历史射手王记录的赛达尔，他踢球简洁干练，充满能量，而且对于足球充满纯粹的热爱。有了这样的超级新人补充入队之后，球队实力突飞猛进。感谢林伟峰的努力，我们新生杯几乎把大平台最好的苗子全部整合过来，球队的短板被完美弥补。那年希望杯，我们从乙组开始冲击，连续两场比赛都是4球以上的比分轻松获胜，就在球队已经胜利在望，可以在希望杯淘汰赛成为黑马的时候，当时的队长艾克犯了一个令人遗憾的失误，在5∶0赢空外媒（由航空航天学院、外国语学院、媒体设计学院三院组成的球队）的比赛中，阴差阳错只填了10位上场球员，赛达尔没有写到大名单里，最终因违反比赛规则被判以0∶3负。我们因此失去了淘汰赛展示自己实力的机会，那是我唯一一次看到艾克流泪。

到2017年，球队已经完全走上正轨，校内热身赛已经开始能够展现实力。为了让学弟们知道我们和社会足球的差距，我开始带几位"球痴"学弟去社会上踢球，也把外部的球队带到学校和院队过招，经历过几次"爆锤"之后，学弟们发现足球进步是永无止境的。在这一年，我们和化学系老院队也建立了联系，这支球队的队员主要是1990年代化学系的学长们。至此，1990年入学段、2000入学段和2010入学段的化学系足球校友们全部联系到位。

2017年的新生是充满遗憾的一批，一方面，这批新生的水平非常高，我们在新生杯直接主打高位逼抢，小组赛成绩非常不错，场场大比分获胜，但是由于核心球员受伤我们也没有走到更远；另一方面，这一年希望杯大平台招生的上场规则发生了修改，之前大平台招生的大一新生可以自由选择希望杯的参赛院系，而这一年起，他们无法自由选择参赛队伍，这导致化学系足球队的组队策略被迫发生了重大变更。

在这一阶段，已经有好几个兄弟院系看到了我们化学系足球队的进步，主动联系加入化学系的周训当中，在最高峰的时候有3～4个学院的足球队一起参与了我组织的训练。

这一年补充了之前在篮球队征战的后卫尼玛丹增，以及留学生安迪奥，加上其他学弟们的持续成长，球队水平在这一年到达了巅峰，我们在希望杯一步一个脚印地走了过来。小组赛只负一场以第二名晋级，1/4决赛面对船建学院，我们以5∶0获胜，在比赛最后时刻，即将博士毕业的老队长刘可也攻入了在交大足球生涯的一粒精彩进球。半决赛的对手是空外媒联队，对方

阵中有多名韩国参军归来的留学生及校队主力前锋，经过一番苦战，我们以3比2获胜挺进决赛。值得一提的是，即将毕业的大四球员米拉利用对方球员经验不足攻入一球，这也是我们几年来外面踢球取得进步的证据。决赛在光明体育场举行，对手是电院，刚开场前任队长高夏鑫便受伤下场，我们人手不足拼到了90分钟，在最后一分钟被一个点球击倒，比分为1:2，我们输给了电院。不过我们也取得了21世纪以来希望杯的最佳战绩，也是化学系足球队在希望杯上的第二好成绩。经过四年的努力，我们从乙组一步一个脚印，走回了校园足球的最高舞台。那天晚上我和学院郑浩书记把酒畅谈，人生得意须尽欢。

四年来，所有人每一次参加集训时候的付出，每一次枯燥重复的动作都是为了自己的进步打基础，同时特别要谢谢树煜和赛达尔，把校队训练的心得带给每一个对于自己有追求的同伴，让大家持续提升自己的能力。我们最终在希望杯重新证明了自己。

当我们走完一段漫长的征途，即将到达终点之前，最后每一个能坚持下来的勇士，都是胜利幸存者，与最终的结果无关。我们的心灵已经完成了一段奇妙的旅途，希望在未来的生活中，这段旅途成为大家的美好回忆。至少在我的足球生涯里面，是我最值得骄傲和吹嘘的一段故事。

如果有一天我不踢球了，我想我依然会经常到学校去看学弟们练球。

2018年希望杯决赛时张茜的背景照
张茜个人最喜欢的一张照片——看着孩子们勇敢成长

　　张茜，人见人爱，大气幽默，热心公益，极具亲和力。他带给别人开心，带给团队欢笑，具有点燃他人、激活团队、调动气氛的活力和能量。张茜足球故事颇具特色，与众不同。他对足球的酷爱和投入毋庸置疑，无论在校期间，还是走上社会，他始终活跃在足球场上。更令人感动和钦佩的是，毕业多年后，他不顾工作繁忙，路途遥远，甚至脚踝受伤，数年如一日，坚持每周末赶到闵行校区，担任他母院（化学化工学院）院队教练，带领学弟们正规训练，硬是把希望杯降级的队带到亚军，体现了他对足球执着的爱，对母校（院）深情的爱，也证明了他不但自己会踢球，还能专业地带队训练和指挥比赛。这是一种什么精神？是饮水思源的交大精神，是无私奉献的志愿精神，是拼搏超越的体育精神，是追求卓越的上海精神。

——赵文杰老师

那些人，那些事，足球缘，兄弟情

成 军

一、校园足球

我出生在1967年，正是我们国家历史上"十年动乱"的开始。那个时候物质确实非常匮乏，但业余生活并不单调。在上海，各种小孩子的兴趣小组比比皆是。我在一个大学的家属区长大，一大堆集中在一起的同龄孩子和大学里一应俱全的体育设施让我们的生活丰富多彩。我的邻居王兴亚老师是国家级棒垒球裁判，在学校担任棒球队教练，他看着我们天天在操场上撒野就组织我们跟着球队练打上垒。后来发现大家更喜欢旁边的足球队训练，就足球、棒球一起练。从七八岁上小学开始，一帮孩子一直踢到高中时俨然已经成为田林地区"野球一霸"，当时流行一球下场制，我们经常霸场。小学一年级的时候，有人来我们学校选拔，居然把我选去参加游泳队，这样每天放学就被抓去主攻游泳，一游就游了5年。后来我一直在想我的天赋其实在足球，当时缺伯乐，就这样被耽误了。

1979年我考进了上海师大附中，家里希望我认真读书。游泳不练了，业余生活就全心全意踢足球了。高中时我选入了师大附中校队，那时的队长是严骏（交大1984级五系），他是一个全才型的人物，物理、作文、体育拿了无数的奖，好像无所不能，直到现在他在日本经营着自己的公司，业余时间打德州扑克还打进了全日本前8名，是日本国家队选手。中学时校队还有一个兄弟，帅气无比的王霖（交大1985级二系），我们分踢左右边锋，他凭着边路突破的绝活后来入选了交大校队，有一次在硅谷他家里，我们聊起当年百米十二秒几的速度，颇感英雄迟暮，唏嘘不已。

那时上海中学生足球最强的是杨浦、普陀，我们徐汇基本排不上号；但是徐汇的山头也是有座次的，徐汇中学、南洋中学是王者，我们经常赢的就是上海中学、南洋模范之类。记得1985年高考刚刚结束，我们在上师大的操场上碰到了南洋模范的学生在踢球，立马就下战书，一番较量，他们进了我们一个球，我们虐了他们2位数。战罢惺惺相惜，双方交换名帖，我知道对方进球的叫万晖（1985级十系）。

1985年的秋天，我进了交大工程力学系（十系）读本科，推开宿舍，发现睡在我上铺的居然是一个叫万晖的人，我们相视哈哈大笑。万晖是我们班的第一任班长，他说看到我的名字了，就赶紧分在一起，以后踢球方便，这是真正的足球情缘啊。

青葱岁月（左2是万晖；左3是成军）
摄于1987年6月徐汇校区

交大新生足球校队的选拔人才济济，我有幸被选入了一年级队。记得第一场比赛就是出征华东纺织（今东华大学），与他们的二队打比赛，全场基本被压着打，但是最后1：1打平，我在乱军丛中打中了一次门框，成为以后一直骄傲的资本，毕竟是华纺啊。不过这是我代表学校参加的唯一一场比赛，一个月后交大文学社的《新上院》把我招入麾下，当时的中国社会文史哲极其活跃，交大是上海甚至整个中国大学的活跃中心，《新上院》是当之无愧的全国大学顶流刊物，连交大诗社也是前几位的存在，我在这样的氛围感召下"弃武从文"了，在几位前辈特别是叶天蔚（1984级五系）的提携下一路成长，最后当了交大第四任文学社社长。

20世纪80年代的交大足球氛围非常活跃，由于工程力学系是个绝对小系，每届只有三十来人，院系的交大杯基本参加不了，记忆最深的是自由组队的俱乐部杯赛，创意和组织都颇为领先。地域的荣誉感使得比赛真正有了足球的味道，辽宁同学有辽宁队和大连星海队，山东同学有济南和青岛海

尔队等，一到比赛日，外校的老乡纷至沓来，摇旗呐喊，热闹非凡。当年梅林（1985级二系）、张全红（1986级四系）都是九头鸟队的主力，陶晶（1984级五系）是在四川天府可乐队。第一届冠军好像是广州的"Bad Boy"队。

1988年的夏天，我们在酷热中进入了南昌洪都机器厂实习。这里是中国空军强击机的生产基地，有来自全国各地理工男，血气方刚，足球约战是免不了的，但是没有想到在这里踢了我足球生涯最令人难忘的一场球。烈日下，只有三十余男儿的1985级交大工程力学班犹如当年的马尔代夫队一样用兵捉襟见肘，全场被动挨打的情况下，三次落后，三次顽强扳平，3：3结束。我打入三球，成为比赛英雄，万晖后来说三个球都是他助攻的。比赛的战况详细记录在我们00151班的班级日记里。赛后我们狂欢，沧海一声笑，那是我们的青春。

球场豪杰（前排右2是万晖；右3是成军）
摄于1988年7月南昌洪都机器厂（现南昌飞机制造厂）

二、上海三资企业足球联合会

20世纪90年代名噪上海业余足球圈的"上海三资企业足球联合会"绝对应该在交大足球历史上留有一席之地，因为它的诞生来源于交大和交大校友。

1996年的一天，我们一群交大毕业的球友聚餐，席间曾任交大学生体育总会会长的张全红说，由于交大足球队是非重点项目，经费、装备非常紧张。于是，大家建议举办一次杯赛，用报名费赞助交大足球队。达成共识后，大家充分发扬了交大学生实干的特点，不到一个月就完成了所有的赛事准备。第一届比赛共有8支球队参加，除了交大校友队，其余基本上也是交大校友活跃的三资企业球队，如姚玗师兄（交大1983级四系）的惠普。开幕式上，时任徐汇区区长的姜斯宪学长发表了致辞并开球，姜学长回忆了他与交大足球的不解之缘，他曾经在大连少年队受过专业训练，在交大求学时是校足球队的主力。

第一届三资企业杯赛赢得了广泛的好评。赵文杰老师和当时刚刚体院毕业来到交大工作、年富力强的张哲敏老师参与了赛事的组织和裁判工作，专业而有序；自学成才、业余出身的陶晶编写了每个比赛日的战况发布、花絮、总结，战报专业、华丽而有趣，大家争抢阅读，都说比《足球报》写得好，一时洛阳纸贵。

赛事结束后，许多外资企业的人力资源负责人找到我们，希望能够参加以后的比赛。我们知道应该成立一个组织了。1996年底，经上海市足协及有关部门批准，"上海市三资企业足球联合会"正式成立，由我担任秘书长，张全红、陶晶担任副秘书长。

交大人严谨、务实、高起点的特点在这个全新的组织发展中得到了充分的体现。陶晶（他已担任耐克中国区的足球运动市场负责人）按照国际足联的章程制订了联合会的章程，并规定以后比赛必须使用耐克中国有限公司赞助的世界杯比赛用球；直到两年后才改成必须使用阿迪达斯比赛用球，因为他去了阿迪达斯中国有限公司担任足球经理；所有赛事刊物均由郝青（1984级九系）的Snap印刷赞助提供；每个赛季的抽签仪式和闭幕仪式也绝对精彩，"不输世界杯的抽签仪式"（前五星体育台长张大钟语）。

用专业的精神做业余的事，在一群交大人的积极参与下，这个业余的足球组织迅速发展起来，到了1999年春季赛，注册球队已经发展到4个级别、近200支球队，其中参赛队级别和数量分别为冠军杯16支、联盟杯32支、优胜者杯64支，以及新加入球队参加的友好杯赛。

三资企业联合会改变了很多人的人生轨迹。组织九城参赛的朱骏（1985级六系）后来收购了申花，代表复星参赛的周军担任了申花的总经理；师兄郝青组建了"2000足球俱乐部"参加乙级联赛。改变最大的应该是陶晶，他

是交大材料系毕业的研究生，第一届比赛时在美标公司销售洁具，我们让他去耐克看看能不能为第二届比赛拉点赞助，当时耐克刚刚签了巴西国家队和罗纳尔多，亟须在全球抢占阿迪达斯的足球市场，当耐克中国区的负责人看过陶晶写的赛事综述，激动地说，赞助小意思，你愿不愿意来耐克负责足球？自此陶晶找到了他一生最重要的快乐——做自己喜欢做的事。以后的很多年，陶晶参与了中国足球的许多重要时刻，中国足球改变了他很多，他也改变了中国足球很多。

1999年是中国互联网元年，网络创业公司风起云涌，春季的某一天，我的同学季琦（1985级工程力学系）跟我说一起来创业吧，携程有很多你喜欢和擅长的东西。我说确实是这样，于是，我又一次暂时告别了足球。

三、足球精神

2010年，我所在的汉庭（现华住酒店集团）在美国上市后，我选择了换一种生活方式：周游世界，到有关国家去查一查档案，研究我喜欢的历史；去看一看各国联赛、俱乐部建设，当然还有世界杯、欧锦赛，毕竟足球是我的最爱。

十年了，一群原来一起踢球的志同道合的交大兄弟结伴基本跑遍了各大赛事。2014年跟郝青、严骏一起勇闯巴西世界杯；2016年欧锦赛和李宏（交大1985级十二系）穿梭在里昂、马赛，有过深夜误宿穆斯林区的惊险经历；2018年俄罗斯世界杯，乘着严骏买的从莫斯科到伏尔加格勒30小时特慢火车，去帮为亚洲争光的日本队加油……很多很多还历历在目。

2013年初冬，我和陶晶、郝青跟随中国国家足球队去西班牙南部集训，有一天在小城赫雷斯观看比赛，赛前有一场12岁以下小孩的垫赛，在伊比利亚半岛温暖的夕阳下，看着那些男孩女孩在天鹅绒一般的草坪上奔跑，看到那些黑衣裁判跟正式比赛同样严肃认真的专注，我突然有了很多感慨，足球为什么让我们痴迷？足球是一种选择，你必须在1秒甚至更短的时间决定是传球、是过人还是射门，这是一种智力的培养；足球是一种合作和大局观，你应该把球传给最有利的战友，你如果自私就不要指望别人将来把球传给你；足球是一种责任和规则，男人必须扛起属于你的那片责任，勇敢冲上去，面对强敌不要退缩，但我们不是莽夫，要在规则的范围内；足球是一种忠诚和感情，那是一种对国家、对城市、对集体、对球员、对球迷的承诺。体育是有感情的，我们这么多年看球其实根本没有得到过足球全部的快乐，因为精彩的比赛根本没有中国队。我们中国足球的差距到底在哪里？我们能为我们所热爱的国家和足球做些什么？

沿着地中海海岸绕过直布罗陀，我们去了葡萄牙，有一支中国U17青年军在这里留学，这是阿迪达斯的赞助项目，当时足协掌门人韦迪主推，陶晶主导的。在里斯本我们聊了很多，从足球哲学到足球文化，从青训体系到俱乐部建设。

"传统欧洲派认为球是因为防守失误才被打进的，所以他们注重阵型和场上战术纪律；拉丁派认为球是因为进攻球员技术出色而打进的，所以他们更放纵球员的天性发挥。巴萨、皇马的成功是兼收并蓄的欧洲拉丁派的胜利。从人种和文化而言，我们中国应该坚持欧洲拉丁派，日本的成功也证明了这一点。为此我们青训应该学习西班牙，U9之前的队伍男女混练不要讲战术任凭发挥，我们应该……应该……"美酒之下，豪情万丈。

在法兰克福转机回国的时候，陶晶说他决定从阿迪达斯辞职，扎根葡萄牙培养中国球员。

四、中国足球的交大人

日本足球的20年崛起事实上跟一大批东京大学和早稻田大学的足球爱好者校友有关，他们充当了青训教练、裁判、翻译、科研者等等，他们有文化、有责任、有热情。交大也有一批校友在为中国足球努力，我要讲讲他们的故事。

曾为校队主力的郝青师兄是一个非常典型的交大理工男，严谨务实，聪明能干。我最早认识他是大学时他搞了个印务中心卖托福试卷给我们，后来这个中心发展成上海滩蛮有名的"Snap时浪印刷"。1999年我开始了携程创业，郝青成立了"上海2000足球俱乐部"征战中乙；2007年他和阿迪达斯携手引进了"科化足球"，正式进入青训领域。郝青的英语很好，经常在国外给足协官员当翻译；他还曾亲自给相熟的国家队主帅做PPT，做数据分析，十几年无偿为国家队做了很多的事。前几年，中国足协正式聘请郝青为专业技术官员，中国足球需要这样的人才。

一起聊足球的时候，我们总会聊到仪式感和对职业的尊重，郝青认为中国足球落后的原因之一就是对足球这项运动缺乏尊重，改变要从最基本的足球运动的仪式感开始。2019年，我和刘奕（交大高金毕业，现中国足协秘书长）陪同严俊（交大安泰毕业，上港集团总裁）、成耀东考察英国足球，在

圣乔治公园基地下午茶闲聊，我问英足总官员有好办法提高中国足球水平吗？他答非所问地跟我讲，"海萨尔惨案"后英国球队被禁赛5年，英足总让所有的俱乐部翻修了球场，现在英国的球场草坪是全世界最棒的。我突然想到了郝青和欧洲著名草坪研究所合资成立的球场建设公司。是啊，当你踏入温布利球场，绿草、蓝天、国歌，一切都是那么神圣，这时候你还会认为足球运动是野蛮的运动？你还会阻碍你的孩子去踢球吗？由衷地祝福郝青，祝福他的足球新启蒙运动成功。

李宏是我同一届的校友，如同很多交大工贸系的校友一样，毕业后进了国资外贸公司，几年后自己成立公司做外贸，也开设了工厂。2013年以前，李宏就是一个不会踢球的球迷，他与足球的缘分更多发生在电视机前。但2013年他与国际足联的一个合同，让他从一个普通球迷变成一个足球行业从业者。那年他与国际足联签下了2014年巴西世界杯吉祥物全球授权合同，这也是第一家中国企业与国际足联签订周边衍生品的合作协议。好友张大钟创办阿里体育的时候，我曾自告奋勇去兼任他们的"总参谋长"。当时我提出了一个"足球天地联盟"计划，利用中国庞大的市场和阿里巴巴的市场销售能力吸引世界100强足球俱乐部进中国，即线上俱乐部官方天猫店，线下授权球迷商店酒吧、青训合作。实际上就是一个足球版的市场换技术，推动中国足球发展。我觉得实施这个计划李宏的公司是最好的合作伙伴，果不其然，李宏很快提出了一套完整的可操作的方案。虽然由于阿里内部原因这个计划最终未能实现，但是李宏的能力得到了一致称赞。

2016年我们相约去看法国欧洲杯，李宏的公司也是2016欧锦赛吉祥物等周边产品的全球授权合作商。我们半夜驱车夜宿马赛，第二天出门发现周围都是黑纱蒙面穿袍子的人，才知道被Airbnb骗了。在阿拉伯人集聚区"惊心动魄"的几天里，李宏交流了他对足球文化、足球衍生品、球迷产品等看法和发展计划，思路非常清晰且极具可操作性。回国以后，不断接到他的好消息：2018年，他成功运作俄罗斯世界杯授权项目，李宏公司成为北京国安独家授权企业和上海申花独家授权企业；2019年，李宏公司成为中超联赛授权联合运营商；2020年，李宏公司成为欧洲杯官方纪念品被授权商、阿森纳俱乐部中国区独家运营商和法国国家足球队中国区独家运营商。李宏把国际成熟的足球授权体系经验引入到中国，帮助中国的体育俱乐部和组织建立了授权体系，在足球文化领域做了很有意义的实践。言必行，行必果，脚踏实地，求真务实，他是一个交大人的典范。

陶晶从阿迪达斯（中国）有限公司辞职后飞往里斯本，带着一批17、18岁的青少年纵横在伊比利亚半岛，每年要跟各级别的球队踢上近百场球，实战经验极其丰富。我每年会飞到葡萄牙去看他们，这批球员水平也是年年提高，进攻行云流水，配合天衣无缝，颇有巴萨的风范。后来陶晶说："国内足球市场发展太快，收入高，人心思动。"我说："是的，但是一回去就会打散，如果国内的足球环境不改变，很可能就是健力宝队的结局。"陶晶说："尽人事听天命，只能学愚公，能挖一点是一点。"感动于陶晶的努力，我和葡萄牙的朋友文春等一起收购了具有百年历史的辛特伦斯俱乐部，希望能够助中国球员一臂之力。

2019年陶晶协助培养的41名球员陆续回到了中国，80%进入了职业球队，其中刘奕鸣、邓涵文、何超、李源一等入选了国家队，贾天子、刘军帅、张凌峰、陈哲超等十几人入选了国青队。辛特伦斯俱乐部也成为中国球员熟知的"著名小俱乐部"。2019年上港U17足球队在那里冬训；2020年1月，陶晶协助上海女足在辛特伦斯进行了为期近一个月的冬训；2020年欧洲停航的前夕，陶晶和上海女足一起回到了中国。

与"曼联亚洲王"朴智星的合影　左上：与穆里尼奥的合影；右上：葡萄牙夺冠庆祝；左下：收购葡乙球队辛特伦斯；右下：与门德斯的合影

五、后　记

2022年，适逢交大足球队成立121周年，受邀写一篇纪念短文，回忆往

昔，百感交集。为交大足球的历史而自豪，为交大人对足球的痴情而骄傲，为交大人振兴中国足球付出的不懈努力而感动。同时，我要感谢我们的榜样赵文杰老师，感谢相约一起踢球到70岁的交大校友足球俱乐部思源上院队的兄弟们。

　　成军的足球故事，独特而精彩。一位跨学科的学霸，却从骨子里酷爱足球，从一而终，不离不弃。他从小就喜欢踢球，哪怕被选拔去游泳训练5年，最终还是回到足球场。进入交大后，更是一发不可收拾，参加了各种校园比赛，结交了众多足球兄弟，留下了许多精彩的回忆。

　　我认识成军很早，尤其是在参与他与陶晶、张全红等校友精心策划并成功举办的上海首届三资企业足球比赛时，成军的热情、沉稳、智慧给我深刻印象。这次他娓娓道来、文字流畅、情深意切的往事回忆，字里行间充满对母校、对故乡、对中国足球的感情，而且身体力行地为此努力奉献。他不仅是绿茵场的奔跑者，更是胜人一筹的思考者和脚踏实地的实践者。

　　文章中介绍了郝青、严骏、李宏、陶晶、成军等交大杰出校友与中国足球的故事，这些理工出身的校友，把他们的专业知识和聪明才智运用到推动中国足球发展的事业中，体现了交大足球文化的高度和底蕴，以及交大学子的胸怀和担当，实在值得交大足球引以为自豪。

——赵文杰老师

腾飞吧，交大足球

曾　迪

"相聚在东海之滨，汲取知识的甘泉。交大、交大、学府庄严，师生切磋共涉艰险……"这是我作为上海交大合唱队队员录唱过的上海交大校歌。每次想起母校交大，我耳边就会响起这个美妙的旋律。

我叫曾育红，1983年从上海交大毕业后改名曾迪。赵文杰老师让我写写我和交大足球的故事，我说我是业余爱好者，没有什么好写的。赵老师认真地说我的足球故事是独一无二的。所以，我想了想还是写点关于我和交大足球的故事，和大家分享一下，也为纪念交大足球121周年出点力。

我是1979年应届高中毕业考入上海交大动力机械工程系学习制冷工程专业，我们班的体育老师就是德高望重的赵文杰老师。我的足球运动启蒙应该感谢交大的足球兴趣班，当时除了赵老师，还有徐景福老师教过我们足球。我们班有个来自广西南宁的同学，名字叫占波。我们在上体育课时，赵老师发现了占波同学的足球特长，原来这个皮肤黑黝黝的小伙原来是南宁少体校的足球高手。知道我喜欢足球后，占波同学经常在下午下课后叫上我一起去足球场上踢球。我惊讶地发现占波可以在球门很远处大力射门，而且又准又狠，让我十分羡慕。我想是不是他穿钉鞋的原因。有次我好奇地穿上占波的校队足球钉鞋试了一下，结果差点在第一宿舍走廊上摔跤。后来占波还教我如何铲球（尽管没有用过一次），还有我们班的同学用排球在室外排球场陪我练习头球。我的头球曾经在应届毕业生班的思源杯的7人足球赛中发挥了重要的作用，在占波队长兼教练的带领下，我们20291班一路过关斩将战胜对手，比赛中屡屡上演占波罚角球，我在对方后门柱小禁区外（占教练安排）高高跃起狮子摆头将球顶进的精彩片段。最后和同系的班级在下雨天进行决赛，双方在常规比赛时间战平，最后我们班点球失利，遗憾地获得了亚军。通过思源杯足球赛，让我体验到了足球比赛的魅力和快乐，也让我学到了足球比赛中的技战术和拼搏精神，理解了团队合作的重要性。

2019年3月16日，曾迪手捧
建设杯冠军奖杯

凭借我在交大学到的足球技术，毕业后我在每个工作单位都顺利地加入了单位的足球队，而且越踢越好，从右后卫踢到右前卫直到前锋。值得一提的是，在非典过后，我在深圳建设局举办的十一人制足球比赛中作为主力每场首发，最后又是决赛踢点球决胜负，这次幸运女神偏向了我们，我们单位的足球队获得了建设杯冠军，终于圆了我的冠军梦！让我捧起了冠军奖杯！那个时刻让我激动万分，我由衷地感谢我的母校上海交大培养了我，谢谢交大的老师和同学们，这个冠军奖杯也是献给你们的！

2005年由上海交通大学、西安交通大学、西北工业大学及中山大学的深圳校友发起，首次创办了以各高校在深圳的校友会组织的足球队参与的校友杯足球赛，我作为四个交大（上交、西交、西南交、北交）校友联队的执行领队兼教练和队员，带领交大校友获得了2005年和2006年的"校友杯"足球赛季军（外地高校第一）。之后十五年来，高校校友足球赛遍布全国各地，甚至发展到了海外。2020年是深圳特区成立40周年，为了纪念特区40年，致敬深圳足球，我撰写了歌曲《腾飞吧，足球》的歌词，由同样喜欢足球的汤龙伟作曲，现已经在音乐网站上正式发布。

2019年在交大广东校友会前会长俞正平（上海交大校友）和轮值会长杨智勇（北京交大校友）领导下，我作为交大广东常青足球俱乐部秘书长成功地组织了广深地区（粤港澳大湾区）交大校友常青队足球友谊赛，实现了五个交大（上交、西交、西南交、北交、台湾新竹交大）校友同场竞技的友好场面。交大常青队足球赛的活动还登上了香港商报和深圳新闻网，为母校增光添彩，很好地展现了我们交大校友"饮水思源"的精神风采。在深圳交大校友足球俱乐部章程中我提出的"天下交大是一家，足球联系你我他"成为交大校友足球的联谊宗旨！

以上是我和交大的足球故事。谢谢！

　　曾迪作词的《腾飞吧，足球》，脍炙人口，唱出了足球爱好者的精气神，展现出理工男的多才多艺，彰显了作词者对足球发自心灵的深爱。

　　交大足球百花园，不仅要有像曾迪赞赏的占波同学那样夺人眼球的红花球星，更要有像曾迪这样深藏不露的绿叶草根，相互映衬，相得益彰，方能争奇斗艳，万紫千红，春色满园。

　　曾迪足球故事的独一无二，既表现在交大求学期间的积极参与和不断进步，还表现在职场打拼过程的不离不弃和持之以恒。他的努力和执着，使他的球技不断见涨，场上作用也日益提升。更难能可贵的是，他坚持把上海交大百年足球文化和优良传统在更大空间努力传播，成为广深地区五个交大足球校友团队的核心人物，成功组织了一系列的高校校友足球比赛，为推动高校校友足球运动，增进高校足球校友间的友谊做出了重要贡献。

　　"天下交大是一家，足球联系你我他"，充分体现了"以球会友"的校友足球初心和"健康快乐"的校友足球宗旨。来吧，让我们唱响交大百年足球赞歌！来吧，让我们期待交大足球再次腾飞！来吧，让我们一起享受足球的快乐！

——赵文杰老师

人生如梦　交大驱动

陶　晶

　　2022年是上海交通大学足球运动开展及校足球队成立121周年，我们交大喜欢足球的校友就应该高高兴兴地庆祝一番！一年多以前，我在大家的鼓励下开始收集并整理交大的足球历史资料。通过获得的相关历史资料，得悉并反复考证了交大前身"南洋公学"在1901年就开始了足球运动，并在1902年与中国第一支华人足球队——约翰书院（后称"圣约翰大学"）足球队进行了中国人现代足球的第一场"同城德比"比赛！此后两校之间的年度足球赛很快成为沪上乃至江南地区的盛事，比赛日观者如云，恍如当今的申花和上港的主场比赛。从那以后，"南洋足球"（后来的交大足球）成为交大的一张名片。校内早期就有以年级为单位的级际杯，1935年开始出现以"系、院"为单位的院际杯。值得一提的是，交大徐汇校区运动场（现在的大草坪）也是当时上海华界最好的足球场，很多校外球队常来学校借场地比赛。

　　越深入了解交大足球历史，我越感到由内心驱动的举动是值得的。作为一个在徐汇校区饮水思源杯前路过了六年四个月，在（现名"郑坚固"）大操场踢了一千次足球的交大校友，作为一个学习金属材料专业拿到硕士学位并在国际专业期刊发表过论文的准技术男，却在后来30年的人生中变成了一个体育运动营销老手，感叹人生矣！在此前几天看到年逾七旬的母校体育教授、原足球队教练赵文杰老师依然精神抖擞地为在校学生讲授"体育，教学与人生"的哲学，我也心潮汹涌，思绪万千，特意写下这些文字，与大家分享我的心路历程和人生经历。

　　和许多20世纪80年代校友从中学开始踢球一样，我也是在进入中学后开始喜欢上足球的，大概都是因为1980～1982年的国足和1982年的西班牙世界杯完美地激发了几乎当时所有男孩子的兴趣。不过，我们那时候没有专门的教练和正规的比赛，只是一帮同学瞎踢。所以，我并没有掌握好踢球的一些基本功，但是，因为同时又喜欢打排球，手上功夫还可以，经常守门，发挥还获得同学们的称赞。在进入交大后，我很快就融入了班级和年级的足球活动中，50142班的25名男生中超过一半喜欢踢球，自然而然地在当时学校浓厚的足球氛围中成立了足球队并命名为"海浪足球俱乐部"。记得在短短的一天时间内完成筹款、买球和约队首战。下图为本班的足球记录本，近乎完整地记录了50142班足球队从1984年10月16日至1988年6月23日的所有比赛细节，现在再次阅读，依然心情愉悦，满满的足球情、同学情！50142班足球队打了31场比赛，取得23胜2平6负的战绩，共进球92个，失球30个。球队拥有校队球员严骏、钱红斌，系队球员张群、余小刚、梅武，培养出校队守门员陶晶。

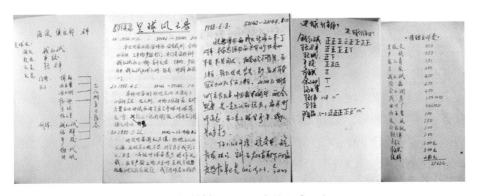

1984级材料系50142班的足球日志

大一、大二时我经常观看当时校队的训练及比赛，虽然心里痒痒的，但离进入当时的校队还有一定距离。在大三时，校队再次招新，我们50142小班因为在操场上的表现，我得到了赵文杰老师的试训召唤，结果在激烈的竞争中，我比拼掉同系同年级的谢超（篮球队的替补），获得入队资格，成为第三门将。我真心感谢赵老师，幸亏在1987年招我入交大足球队，让我接触了更专业的足球，乃至影响到我未来的择业方向。别小看第三门将，1990年世界杯时，阿根廷碰到门将危机，没打两场，第一、第二门将受伤无法出场，第三门将格耶切亚横空出世，力保阿根廷进入决赛！而作为上海交通大学足球队1987—1988学年的第三门将，我也经受了一次考验。在主力门将王厥敏毕业，第二门将吴为场上突然受伤时，我在没有任何准备的情况下被教练紧急派上场。我当时心跳加速，双腿直抖！因为我们刚刚取得一球领先，对手铁道学院队本来球风就硬朗，失球后更急迫，不但踢伤了吴为，还弄伤了施灏、梁硕等人。对此，最好的回应就是坚持到底获得胜利！我也幸

运地力保1∶0的战果。从那场比赛后，明显感到球队凝聚力大大提升，那年的联赛交大发挥很好，并得到了幸运女神的眷顾。

毕业后尝试了各种职业机会，因为内心的足球情节，发生在1996年的徐汇校区大操场"上海市三资企业足球联赛"的故事，终于为我铺就一条20多年的体育产业人生。我很庆幸能够找到自己内心喜欢的行业并长期为之工作，我想这也是我内心驱动的结果吧。

1996年，历经坎坷进入耐克中国公司，特别是进入了一个之前闻所未闻的部门—Sports Marketing（体育运动市场部），欣喜若狂！这才是我想要的工作！五年后非自愿加入阿迪达斯，同样地策划组织比赛，帮助球员更好地表现，站在顶级赛场享受顶级运动员的比赛和气氛！

总结我在两大国际顶级运动品牌的经历，我非常满足了。在申花、国安和四川全兴最鼎盛的时候，我与球队合作并帮助足球在中国快速成长；我很荣幸地成为现场的五万名见证者之一（也是最内圈的几百人之一）享受冲进世界杯的激动快乐，泪洒沈阳五里河体育场，当然还没忘记公司的重要任务——哨音刚落，立即给国足每一个人穿上"没有不可能"的绝版宣传T恤；自己最骄傲的，就是在北京赢得夏季奥运会的举办权后，立即规划适合公司的竞争方案，并帮助阿迪达斯公司拿下中国女排以及北京奥运会官方赞助商的资格。最自豪的是，我作为一个深度参与的工作人员，不仅仅是一

1998年夏天，我在刚刚竣工的上海八万人体育场创办了Nike 4V4足球赛。这是在开幕式上向嘉宾——申花四小龙介绍比赛规则

个观众和球迷，参与了在中国举办的北京奥运会（虽然我也参与了悉尼、雅典、伦敦工作以及几届世界杯赛的工作，但在北京的近一个月我认为才是人生顶峰）。

这些经历，使我对足球和体育以及运动的理解更清晰了。

当然，在耐克以及后来在阿迪达斯的工作期间，我也学习并领悟到更多的知识和经验。同时也冷静下来思考了很多，什么是体育？什么是运动？什么是体育产业？如何做体育产业？

首先，我一直认为，我们的先人由于不是现代体育及运动的先驱，把欧美人带进中国的Sports，Games，Athletes，Exercises等与运动相关的词，没有翻译好。造成中文的词汇语义与原词汇意境有相当差异。我们平常打球、踢球，是运动（Sports，Games）或练习（Training，Exercises）；体育（Physical Education）是学校里教育的一部分，也就是上体育课。所以严格上说，不能用"体育"代替所有和运动相关的东西。当然，我们用了一百年的"体育"也只能继续约定成俗了。

其次，我国体育运动的体制、机制要深化改革，更加完善。现代体育及运动是在一个国家或地区的经济发展水平及社会发展达到一定高度后才出现的，比如英国人发明了太多现代运动项目——足球、网球、乒乓、羽毛球、曲棍球、板球、橄榄球等等。那是因为英国是工业革命的发源地，是最先完成工业化的，最先产生富裕人群的。中国正在步入高收入国家行列，体育运动的潜力不可限量！但是我们需要继续不断地进行体育运动启蒙。上文说到，我们国家的体育运动取得了很多成绩，似乎优异无比，令所有国人骄傲。我却认为，我们的体育运动及管理体制功过各半，眼见耳闻太多的体育、运动、球队、赛场、运动员、球迷那里背后那些负面的事情，我们到了应该彻底改革体育及运动体制的时候了，否则不仅体育产业的期望会大打折扣，体育运动本身的精神也会被我们歪曲了。

多年前的交大校友中，不但涌现了钱学森、黄旭华等科技精英；也出现过（曾经的交大足球队员）周家骐、戴麟经这样的管理者和运动家；还贡献了中国走进奥运会主会场的先驱之一申国权（他也是后期韩国光复的英雄及韩国体育家，韩国足球教父）。

喜欢体育及运动就要毫不犹豫地去学，去练习，去打球，去比赛。同时体会其中的快乐，更重要的是，体会运动精神（Sportsmanship）：全力以赴，胜不骄傲，败不气馁，尊重对手，遵守规则，场上对手，场下朋友。与各位共勉！

　　陶晶，当年校足球队守门员，一个正宗的理工男，却从交大足球场出发，把推动足球产业作为终身事业。30年来凭借热爱、智慧和执着，参与并见证了中国足球一系列重大事件和高光时刻，应该说得益于具有121年历史的交大足球文化的熏陶。

　　陶晶热心公益，乐于奉献，是历次校友足球主题活动的主要组织者之一。陶晶对交大足球情有独钟，他经过大量考证，查实交大在南洋公学时期的1901年就成立了足球队，迄今已经121周年，并创意发起纪念交大足球队成立121周年活动，得到广大校友响应和校方积极支持。目前，陶晶正在继续潜心收集和编制交大足球百年历史资料，为彰显和弘扬交大源远流长的体育文化踏踏实实地工作。

——赵文杰老师

足球陪伴我的一生

郝　青

一、热爱（Passion）：我的足球爱好

我出生在1966年，那个年代没有什么幼儿足球教育。小学一年级时，我参加过一次校内足球选拔，很遗憾，从来没有踢过球的我肯定也没被选上校队，小学五年的体育课就是绕着学校的围墙撒欢地奔跑。进入上海市第二中学后，发现操场全部是水泥地和篮球场，足球是被严令禁止的。初二时，我参加了一年一度校运会800米跑，获得了初中组亚军，从此体育老师让我加入了校田径队，400米的最好成绩是58秒6。

1980年初，以容志行、古广明为代表的中国国家队在香港以4∶2战胜了朝鲜，获得了世界杯预选赛亚太区小组出线权，点燃了全中国球迷的热情。从那时起，我就深深喜欢上足球这项运动，在体育课上拿排球当足球踢，课间休息在篮球场用网球当足球踢。到了高中时期，虽然中学内严令禁止踢足球，我还是带头自发组织了校队，报名参加了区中学生足球比赛。虽然未能出线，但在这个比赛中，我结识了后来同在交大足球队的严骏（当时是上师大附中队队长）。

1984年，我以学校高考总分第一考取上海交大应用物理系。开学不久，我就去参加校足球队新生选拔，遇到了恩师赵文杰老师。虽然我是一个弄堂足球选手，但是赵老师还是微笑着把我选进了校队，让我兴奋得几天彻夜难眠。那时的校队有卢建华、施灏、严骏、石岩等优秀选手，记忆最深刻的是守门员苗壮，长得跟后来国家队的符宾、江津一样高高大大。有一次，对战机械学院，我打边前卫，在禁区前拿球后，我带球突破禁区，晃过了对面两个防守队员，把球传给中锋，完成了射门。老大哥苗壮赛后特意过来夸奖我的那次突破，使得我的自信心提高了不少。每次训练前我穿着钉鞋和球衣走在宿舍的楼道里，那种自豪感难以言表。另外，赵老师在训练和比赛中，很少训斥队员，循循善诱，耐心指导。每次训练时，我都和严骏结对传球，训

练完了也主动做一些队务工作，为上场的主力队员做好后勤保障工作。进入到大三以后，我和严骏都没能继续在校队坚持下去，他出了国，我担任了系学生会主席，同时还要报考李政道发起的中美联合招考物理研究生项目（CUSPEA）考试，因无法保证在校队的训练时间而主动离开了校队。

1988年毕业后十年间，我基本告别了足球，致力于读研和创办企业，平时除了通过电视观看足球比赛，接触足球的机会就几乎为零。1999年，我有幸认识了霍顿及他的两位助手柯林托尔以及基斯布伦特，从跟他们的交流中重新燃起了年少时对足球的热爱。之后专程去英国考察了英国的足球产业（社区足球俱乐部和阿森纳等豪门俱乐部），给了我巨大的冲击和震撼。同一时期，我的公司也报名参加了由成军、张全红和陶晶等校友组织的"上海三资企业足球赛"。校友重逢，格外亲切，大家一拍即合共同开始勾画出支持中国足球发展的蓝图：① 建设自己的球场，传承足球文化；② 成立足球俱乐部，走职业化道路。

从2000年开始，我又重新回到足球场，先后成立了多个以社区、行业为主体的业余足球俱乐部。通过每年参加各种业余足球比赛，锻炼了身体，也感悟了很多人生哲理，受益匪浅。2019年，交大校友足球活动又生龙活虎地开展起来了。我也积极参与其中，回到交大曾经熟悉的球场，参加了文杰杯、云南行、贺岁杯等一系列的校友足球活动，是足球把很多年未联系的交大校友重新聚集在一起，也使我们认识更多不同年龄、不同年代、不同学科的交大校友，这就是足球的魅力，也是交大学子的又一种骄傲！总结以上的个人成长经历，我的感悟是：① 生命在于运动，运动使人快乐；② 田径是各项运动的基础；③ 学习和体育锻炼并不冲突，而且学会一样运动恰恰是能够陪伴人一生的乐趣；④ 足球能够带给一个人在成长过程中的多种特质：沟通能力、社交及组织能力、团队合作能力、遇到困难永不放弃的精神、勇敢面对失败和挑战等，令人受益匪浅。

赵文杰（左）和郝青（右）的合影
摄于2021年1月9日长兴岛科化足球场

二、尊重（Respect）：我和中国足球

2000年我投资成立了上海碧云"2000足球俱乐部"，2003年参加全国首届丙级联赛（现在叫中冠联赛）获得全国第三名，次年参加全国足球乙级联赛，聘请前中国国奥队主教练柯林托尔担任主教练，征战三个赛季，一直到2005年，对中国职业足球联赛体系有了深刻的了解。

2001年我还成立了上海科化足球训练发展有限公司，致力于引进世界先进的足球训练体系和教育手段。先后在2001年引进世界第一的青训教材—科化足球训练法（Coerver Coaching）并出资与中央电视台联合拍摄30集大型电视教学片《足球》，是迄今为止国内唯一一套系统传授足球训练教学的系列电视片，是国内基层足球教练乃至国字号教练广为学习的教材。从2000年起，我先后在上海投资建设了金汇足球场、金桥碧云社区足球场、上海世纪公园球场和云南科化足球训练基地等多个面向社区和专业的大型体育设施，并出资对上海静安工人体育场进行了球场改造工程，开创上海公共体育设施尤其是足球场市场化经营的先河。2005年，在交大校友陶晶的大力支持下，科化公司与世界著名的体育品牌阿迪达斯联手合作，在全国开始了长达5年的"青少年绿茵成长计划"，在全国20个城市、1 000多所学校开展了校园足球培训、竞赛、推广活动。这项计划在2009年荣获国际足联授予的青少年发展成就奖，从而推动了中国足协此后正式设立全国校园足球项目。

上海科化一直为实现中国足球的腾飞梦想坚持不懈地努力。上海科化投资建设和运营的足球场一直都是中国国家队和国字号球队在上海的训练基地，也是世界著名俱乐部来上海交流比赛时的首选训练场所。在这些经历中有一件事令我记忆深刻：2012年夏天，老爵爷福格森率领曼联队

2015年夏天上海世纪公园球场上郝青与曼联总经理福格森的合影

到上海训练和比赛，这是他在曼联队以及退休前的最后一个赛季，他们是午夜10点到达上海浦东机场，凌晨1点准时来到球场，训练一个半小时回酒店，下午4点再次来到球场开始训练。全队教练和队员以及工作人员加随队记者近100号人无一缺席，酷暑闷热的气候无法阻挡他们严谨有序的高质量训练，在训练结束的时候，所有球员主动走向观看的球迷去签字，而福格森主教练把我叫到一起，拿出他事先准备好的全队签名球衣和礼物，非常高兴地赠送给我，表达了对我们提供他这次训练所做出努力的感谢，让随队记者拍照留念。我感受到的是在足球世界里的一份最好的礼物：尊重！

柯林托尔曾经在每一场比赛前的准备会上提醒队员要尊重对手、尊重裁判、尊重队友、尊重观众。欧足联在每一次官方比赛中要求球员必须佩戴"Respect"的袖标。在此，我也借花献佛，用这段文字表达对我的足球恩师赵文杰老师的无比尊重和感激！

三、公平（Fair Play）：祝愿未来

在交大校队训练和效力时期，给我印象比较深的是来自于鞍山中学的卢建华和施灏两位同年龄队友，他们也是赵老师在当时非常器重的准专业球员。但是在学生时代由于我们不是一个系，除了球场上训练时间，业余时间的交流并不太多。近年来参加交大校友会足球俱乐部的一些活动，使我跟卢建华的交流机会多了一些。交大校友足球俱乐部人才济济，年龄跨度比较大，来自各行各业的精英和成功人士特别多，要承担和组织好这样一个俱乐部并非易事，甚至会吃力不讨好。通过这一年多的参与，我觉得卢建华担任俱乐部主席身体力行，睿智而经验丰富，做得非常出色，他很好地诠释了足球这项运动的核心价值：公平！国际足联倡导的核心就是公平竞赛。中国足球之所以落伍，一定是有诸多的原因，其中有一条就是在足球运动的发展和组织中，没有把公平原则真正做到最好。

祝愿交大校友足球俱乐部越来愈兴旺，让更多的校友学习赵老师踢到70岁的精神，祝愿交大足球蓬勃发展，让更多的交大足球人为中国足球发展贡献力量。祝愿中国足球在公平、尊重、热爱的足球文化倡导下，早日实现与国际接轨的腾飞梦。

郝青，当年交大校足球队队员，是球队的重要成员和教练的得力助手。郝青是个智慧型球员，善于观察分析，有良好的大局观。关键比赛前，我会请他提前刺探对手情报，并提出针对性的建议，收到很好效果。据说郝青后来竟然位居国家男足技术官员，看来我对他的能力及其使用还是蛮有眼光的。

郝青的气质，正如上海城市精神中的"开明睿智，大气谦和"。他志存高远，又脚踏实地，把足球从业余爱好转变成终身事业，用他的聪明才智和勤奋努力，为中国足球做出一系列专业而又高端的开创性贡献。

郝青，还有陶晶、成军、张全红等热爱足球的校友，一直关注和帮助交大足球发展。郝青曾经多次邀请时任体育系主任孙麒麟和我，商谈关于把当时被誉为"白金一代"的国奥队引进交大的事宜，虽然没能如愿而令人遗憾，但足以可见其对母校足球的情怀和开拓创新的气魄。

校友足球兴起后，郝青在百忙之中，积极参与并大力支持校友足球开展活动，为"沪滇校友友谊赛"等项赛事提供专业场地及后勤保障。

郝青的经历，令人感动和敬佩，也值得交大足球人为之骄傲。

—— 赵文杰老师

足球和交大改变了我，值得爱一生

彭　亮

一、问题少年初恋足球

我是一个80后，老家在湖南张家界小山村，很小的时候偶尔看到电视上转播足球比赛，觉得一群人在追球，而且老不进，实在是好无聊，赶紧调看电视剧《西游记》。1995年我从一个小镇考进了省重点中学读初中。从小习惯了拿第一的我只身来到"繁华"的县城，突然发现怎么努力也赶不上县城里的小孩，优越感和自信心一次次被打击。于是，在那个《古惑仔》疯狂流行的年代，身高只有一米四的我变成了一个问题少年，打街机、打群架、扒火车等等，让从小以我为荣的母亲操碎了心。初一第二个学期，在一次因为闯祸被全校通报批评之后，我无所适从，同班县城的一个同学跑过来，笑

1999年，在张家界慈利一中煤渣球场，彭亮凌空抽射

着对我说，等会儿跟我们一起踢球吧。那个时候，我不知道踢球能有多大意思，只顾着说好，没想到，这一踢，就是25年。

二、我与为球痴狂的兄弟

当时所有的男生都为足球而疯狂，说疯狂一点都不过分。我母亲曾来到学校，被数学老师嘲笑"你家儿子不用念书了，天天踢球，以后身价五百万"。我知道，要改变命运，我必须得好好学习。但我从来没有放弃踢球，哪怕学校有一个永远要收缴我们足球的教导主任，哪怕是在学习任务最重的时候。相反，因为经常踢球，张弛有度，我的学习成绩越来越好，后来老师也就不再说了。早我一年进交大的赵捷几乎每周给我写信，让我考交大，说交大什么都好，特别是交大的新生杯、希望杯足球赛等等，后来无论班主任怎么劝我改高考志愿，我都不为所动，一门心思想来交大。

2002年夏天，我如愿来到"闵大荒"。长途跋涉之后到达闵行校区，下车集结点就在南区体育馆门口，赵捷已经在等我了。安顿好之后，在教育超市买了一双"双星"帆布足球鞋，下午就到圣南区足球场（煤渣地）踢球了。进了大学，再也没有教导主任来缴我们的足球了，每天下午3点半以后，就和赵捷来到了南区球场。我所读环境学院刚成立一年，只有2个班，但喜欢踢球的同学却不少，选拔出了第一支球队，我也成了第一届院队的队长。在新生杯比赛的第一轮中，就因为点球惜败，让我暗暗在心里较劲，后面的希望杯一定打出环境学院的气势来。后来在每年的希望杯上，环境学院不畏强手，奋力拼搏，屡次进入八强，甚至在雷博和殷杉、赵煜中、田亚等人的带领下杀进决赛，成为冠军的有力争夺者。

2003年暑假，我留在学校勤工俭学。那个时候南区足球场正在翻新成人工草坪，所以每天大家只能去商业街手球场踢5人制，而且这是当时唯一的踢球地方，造成全校的足球爱好者都凑到这里，排队踢球，每天要从下午4点踢到天黑。当时参加交大希望杯水平最高的球队，是研究生队，也就是全体研究生选出来的一支球队去参加希望杯，基本上是见谁灭谁，风头无两。当时这个球队的杨振炜、顾文俊、李喆、李翔、雷阳明等球星脚法精湛，配合娴熟，他们组成的校队代表交大参加全市的研究生联赛，冠军亚军都拿过。

那个时候我认识了很多踢球非常棒的同学和学长，后来成为一辈子的挚

友，特别是雷阳明（南区著名"雷博"，交大足球传奇人物之一，参加希望杯届数最多的校友）、袁华、李翔（貌似希望杯累计进球最多的球员，好像超过70个进球）、周光义、姜·赛力克、祖圣泽、任帅、陈翔、王何舟（南区公认的卡卡）、唐衍等等。当时饮水思源BBS也非常火爆，football版更是人气旺盛的TOP10，当时的版主shenwuwu（陈刚），也是非常热爱足球，不仅组织全校的球迷学生去看申花的比赛，同时也开启了当时异常火爆的基于全国各地地方球队的"水源联赛"，淮南皖风、彩云之南、京津联队、川渝手足、三湘四水、西北联队、东北联队等等纷纷参赛，水源联赛成为除了希望杯以外，各个老乡足球队展示的平台，好不热闹。

除了希望杯、水源联赛，当时还有一支对我非常非常重要的球队GALAXY。随着研究生队打散到各个学院参赛，很多配合相对默契的队员联合起来组了一个爱好者队，除了我们还有体总队、黑色动力、韩国留学生队等等，我们经常切磋比赛，记得有一次和"五星巴西"研究生队来了一场，打成2:2，而且场面不落下风，当时心里就暗暗觉得我们的水平在校内还算不错了。

三、车祸断腿，重返赛场

毕业以后，我在上海市公安局某分局工作，足球也让我很快地融入了新集体。在交大南区强化的足球技术让我们队在分局内的比赛冠军拿了不少。然而，2010年的最后一天，我意外被一辆醉驾摩托车撞飞，造成右腿膝盖前后交叉十字韧带断裂、内侧副韧带撕裂和半月板损伤，当时华山医院医生团队里有人跟我说，你以后最多在球场边颠颠球、散散步就可以了。但从小视罗伯特·巴乔为偶像的我坚信自己一定能克服伤痛而复出。经过手术和两年的痛苦复健，渐渐那些伤后的不适消失了，我也如愿回到了足球场。去复查的时候，医生都表示很惊讶，连连称赞恢复很成功。我一直坚持锻炼和踢球到现在，这正是足球赋予我的坚韧的信念起了最大的作用。

四、儿时梦想，就在脚下

从开始踢球时，我就觉得足球是人类发明的最伟大的游戏，是集智慧、身体、力量、技巧、团队等于一体的运动。足球教会了我不轻言放弃，教会了我积极面对困难，教会了我永远要有团队意识，教会了我做任何事要专

2015年6月，在杭州小和山上，彭亮与小伙伴开始建造第一块哇咔公司足球场

注。我深知职业球员肯定与我无缘，但如果能从事跟足球相关的工作也会很幸福、很满足。2014年底，我辞去了八年多的警察工作，和多年的足球好友来到了杭州创业电商，水泥场上夕阳下的奔跑成为了我们这帮创业痴汉日常最喜欢的业余生活。最初，我们想如果能把这个水泥场改造成一个草坪球场该多美妙，然后进一步的联想，觉得是否有同样痛苦或愿望的人有很多，发现这里面可以"玩"的东西太多了，既然几十年来这么喜欢足球，既然从小就有一个足球梦，为什么不去让它变为现实呢？

我们造完第一片足球场后，还成功举办了一次有近40个国家和地区留学生参加的杭州小和山世界杯。此后，萌生将足球作为主业的想法。2015年哇咔足球应运而生，当时正在北京安捷伦工作的06级电子系王浩羽在接到我的邀约电话5分钟后，就说我愿意和你一起来上海做哇咔足球，交大材料学院学弟陈晨随后也加入了哇咔团队。创业是极其艰辛的，解决一个困难又来一个困难，但发现这个工作能够给更多的人带来健康和快乐的时候，我们觉得正确的事情应该坚持做下去。"完全人格，首在体育。"

每个交大热爱足球的人谈论起交大足球故事，都能说上三天三夜，足球就是这么神奇，可能非球迷很难理解，其实每个人都有自己热爱的东西，它都是相通的，只要能让你变得更好，对社会有益，就应该一直坚持下去。

五、饮水思源，爱交大爱足球

与此同时，哇咔体育和我一直积极地参与到交大校园足球和教工足球中，一方面对环境学院、电院足球队、思源守护者校友队等交大球队做一些力所能及的赞助，另一方面牵手交大思源教育中心，在各级领导特别是交大体育系的关心支持下，哇咔聘请专业的教练，用科学的方式，做好交大教职工子女的足球兴趣训练。2016年初，哇咔体育王浩羽主动联系校友会及各地足球校友队，协助学校在120周年校庆举办了官方"校庆杯"足球赛。

时光荏苒，交大回忆是美妙的，交大足球的回忆更美妙，交大的足球氛围是浓厚的。20年前我是陈钢老师足球班的学生，现在还是他的队员，交大精神和足球文化都是可以传承和发扬的。交大足球走过了121年的历史，现在学校各级领导对足球越来越关心和重视，加上川怡博雅等专项资金对交大校园足球的支持，足球硬软件比以往任何时候都要好，交大校园足球的水平和氛围也会更上一个台阶，交大也会全方位地向世界一流大学稳步迈进。

彭亮文章披露了他的人生与足球的渊源，自小读书优秀的他，一旦痴迷上足球，足球便成为他终身伴侣，乃至终身事业。

彭亮带着足球梦想来到交大，一入校便被交大浓厚的足球氛围融化，如鱼得水地活跃在校园球场、校园赛事，结交了众多足球朋友，有的成为终身挚友和合作伙伴。

彭亮车祸重伤重返球场，自主创业投身体育（足球）产业，那种坚韧不拔的品质就是足球铸就的体育精神。正如彭亮所说，足球是"集智慧、身体、力量、技巧、团队等于一体的运动""足球教会了不轻言放弃，教会了我积极面对困难，教会了我永远要有团队意识，教会了我做任何事要专注"，足球具有影响人生的魅力。

——赵文杰老师

我所经历的交大体育两三事

丁欢欢

1994年，我担任交大学生联合会常务副主席。时任交大体育系副主任赵文杰老师找我谈话，希望学联能多组织体育活动，学联和学生体育总会可相互协调配合。1995年我当选学联主席后，赵老师征求我意见，希望我兼任学生体育总会会长。作为体育爱好者，能够更多地为同学们服务，我欣然应允，感到十分光荣。回忆当时的工作，有三件事情令我印象深刻。

一、组织了全校学生足球、篮球联赛

相对于学生体育总会，学联人手多，对各院、系学生会有指导职能，因而更有利于调动各方力量。我找了机械系等学生会主席商量，提出的工作方案是全校联赛由校学联、校学生体育总会主办，系学生会承办，他们都热情高涨。因为对于系学生会来讲，能够承办全校性的活动，也是不可多得的实践机会。我们把工作方案分别向赵老师、校团委、各系思政老师汇报，得到老师们的大力支持，经费问题也解决了。在校学联、校学生体育总会没有投入大量精力的情况下，全校足球、篮球联赛举办得如火如荼，同学们的课外生活得以丰富。

后来，我在组织学生艺术节等工作中，也采取这种方法，都达到了事半功倍的效果。

二、协助体育系老师组织参加全国足球知识竞赛获得冠军

1994年下半年，中国职业足球元年，中国足球协会和中央电视台联合主办全国首届足球知识电视大赛，共分八个赛区进行预赛，每个赛区冠军到中央电视台参加全国总决赛。分区赛和总决赛都将全程电视直播，影响很大。

上海市足协和上海东方电视台先要组织上海赛区比赛，第一名可参加中央电视台组织的决赛。领衔担任教练兼领队的赵老师找我谈话，说由于比赛会在电视台播出，对于交大学生体育工作而言是十分难得的亮相机会，让我通过团委和学生会系统，物色几位读书优秀、记忆力强、酷爱足球且熟悉国内外足球历史和动态的同学组队参加。赵老师强调，因为是足球知识而不是技能大赛，不一定要求球踢得好，但必须精通足球知识。根据赵老师的要求，我找了几个系的学生干部，推荐了几名基础好的同学。

竞赛是没有知识范围的，因而大家压力很大。当时还没有网络查询，队员们就利用课余时间，在图书馆翻阅报纸杂志，搜寻一切相关资料，做了大量的准备工作。同时，每天晚上我们聚集在徐汇校区三号学生宿舍的一间学生工作办公室，由赵老师指导集体备课和训练。

在上海东方电视台比赛时，16所高校分成四个小组进行预赛，然后四个小组冠军进行决赛。现场由唐蒙和袁鸣主持，交大队一路过关斩将，尤其是把当时挟"狮城舌战"冠军之威风的复旦队斩于马下，体现出高人一筹的实力，轻松获得上海赛区冠军，取得了进京参加总决赛资格。但是，过程中也反映出抢答技能不足的问题。后来赵老师利用规则，发明了三个队员同时把手指放在抢答器按钮上的方法，保证谁知道答案、谁反应快就能第一时间抢答。事实证明，这一方法在总决赛中起到了重要作用。

1994年12月，"交大昂立队"荣获首届全国足球知识电视大赛总冠军
后排：右1顾根陞老师、右4赵文杰老师、右5时任国家体育总局局长袁伟民

全国总决赛在中央电视台演播大厅举行并直播，国家体育总局领导和中国足球界大佬担任评委，全国八个赛区冠军同场竞技，势均力敌，比赛激烈。第一阶段必答题我们处在第一方阵。第二阶段动作题时，我们三位选手虽然知识丰富，但是球技差强人意，得分逐渐下滑。好在第三阶段抢答题阶段，我们用上述方法连续获得答题权，最后成功反超获得冠军。当我们凯旋时，正值教育部专家组在交大评估，我们一下火车立刻被党委副书记潘永华老师接到专家组所在的现场，接受教育部专家和时任党委书记王宗光、校长翁史烈的接见，成为交大学生综合素质的鲜活名片。我们都因能为交大争得荣誉而感到自豪。

为学校争得荣誉的队员分别是范晨咏、戴波、黎豪、邵智才、王毅以及学生干部魏杰、赵春彦和我。

三、组织大学生观看甲A联赛

1994年中国足球推行职业化，当时上海申花队的票务工作由东方电视台负责推广。东方电视台体育部的祝树明、唐蒙两位老师把我叫到办公室，询问我能否组织大学生观看比赛，票价方面给予足够优惠，但是要包销。

我找了复旦、同济等大学的学生干部商量，当时足球市场并不热，大家觉得电视台提供的票价有风险，但可以一试。我在反复考量、征询意见的基础上，向祝、唐两位老师承诺包销虹口体育场一千多张票，约占当时虹口足球场座位数的十分之一。

刚开始足球市场不温不火，我们还有经济上的压力，幸运的是几个月之后足球市场火爆。我记得当时上海申花和大连万达队的比赛一票难求，一场比赛的票价超过电视台给我的全年套票折扣后的总价。有个别同学劝我卖到社会上去，可以赚不少钱。但我还是信守对同学和其他学校的承诺，仍然以折扣价提供给同学们，有一些盈利全部用于制作横幅、旗帜以及给同学们包公交车的费用。

有同学戏称我们是当年上海甲A联赛最大的"黄牛"。我笑答，我们体育总会的团队不是"黄牛"，是为同学们服务的"老黄牛"。

我参与学生体育工作的经历，得到了老师的培养、同学们的支持，这是我大学生活的珍贵记忆和宝贵财富。

丁欢欢，时任校学生会主席和体育总会会长，毕业后先后在政府部门、企业任职。

在校读书期间，欢欢是优秀学生干部，热心公益事业，善于协调组织，显示出举重若轻的管理能力，为丰富交大学生业余活动贡献了精力和智慧。同时，他还是体育运动积极参与者，尤其爱好足球。我结识丁欢欢缘于校园体育工作，当时他是校学生会主席，我是体育系分管群众体育的副系主任。尤其是中国职业足球元年的全国首届足球知识电视大赛，我任领队兼教练，他协助组队、训练和管理工作，全程参与并荣获上海赛区冠军和全国总决赛冠军。这项永载中国足球史册和交大体育文化历史的荣誉，有丁欢欢的一份功劳，尤其是他慧眼识人，推荐了管院范晨咏，在比赛中表现出色，是夺冠的重要功臣。

丁欢欢可能不是交大足球球星，也不是交大运动高手，但他从更高更广的层面，为交大足球和体育做出贡献，值得点赞！期待丁欢欢有朝一日重回校友足球群体，共享快乐足球。

——赵文杰老师

我和交大足球的故事

陈华峰

一、与足球结缘

1. 父亲为我埋下了足球的种子

1977年9月20日，江湾体育场内掌声如雷，江湾体育场外高挂"中美友谊万岁"横幅，颇具那个年代的色彩。父亲告诉我，这是以贝利为核心的美国"宇宙"足球队！站在体育场外的我随着场内5万观众潮起潮落般的掌声和喝彩，充满新鲜，而又紧扣心弦。我时而揪心时而疑惑，想知道场内究竟发生了什么。为什么现场观众的情绪如此跌宕起伏，为什么绿茵场上的足球竟然有如此大的魅力？

现在想来，这场美国宇宙队比赛的爆棚程度远超如今的曼联或者巴萨等豪门球队的访华比赛。尽管当时没有网络，没有直播，票价达到了5毛（比一般票价贵一倍），但仍然一票难求。小小年纪的我站在父亲身边，聆听了人生中第一场伟大的盛宴。

这场比赛录像如今还尘封在中央电视台的仓库里而且从未重播过。

2. 作为小球童，我坐在虹口体育场边

时至小学三年级，我很荣幸代表学校参加在虹口体育场举行的区田径运动会。运动会结束后我作为获奖小运动员代表留下来为接下来的一场高水平的成人足球比赛（具体赛事不记得了）场边捡球。成了一名小球童的我，端坐在绿茵场的边上。那一刻，天是蓝的，草是绿的，一想到能够在这片草地上自由奔跑，我感到振奋。现场观众围绕，这颗小小的球左右着每一个人的情绪，也是在这一刻，我深深地爱上了它！这是一个让人热血沸腾的运动项目！此后我的世界，与它密不可分。

3. 追随足球精神，我把它盛开成花

1983年我考入了上海交大，作为一名上海的考生，可能是因为档案里此前的体育成绩还不错，我荣幸被老师指定为学生会体育部副部长。

　　1986年在当时体育系副主任孙麒麟老师和朱凤军老师的关心和具体指导下，成立了"校学生体育总会"，我有幸当选为首任会长。与我一同搭档的是当时球场上的风云偶像级人物校足球队长石岩、学生会体育部长严骃以及总干事王盈军。从此我们以体育总会为平台，大家一起努力开展学生群体工作，组织了学校内几乎所有的体育比赛，当然其中最最重要的赛事就是以系为单位的交大杯，以毕业班为主题的"思源杯"足球赛等。

首届校学生体育总会"结义四兄妹"合影，我们因共同的热爱，紧密联结
从左至右为石岩、陈华峰、严骃、王盈军

二、足球场本身就是一个英雄的诞生地

1. 从运动员到裁判

　　运动员的精神状态是非常紧张的，需要迅速地判断场上情况，掌握合适的传球时机等。这令我对成为一名运动员十分向往。

　　凭借不错的爆发力，我在交大第27届校运动会上以11.4秒的成绩获得100米冠军（超过了国家二级运动员的标准）。在绿茵场上飞驰，过人、传球、突破防线是每一个运动员的梦想，我亦如此。非常感谢赵文杰老师，可能是他觉得我的身体素质还不错，在他的引领下，我进入了足球队试训，成了一名真正的校级运动员。

当时在校足球队训练时，有苦有乐：苦的是看着当时的队友们都有扎实的基本功，过人防守跑动技术过硬，而我只是基于良好的身体素质，在技巧和球感上略微逊色；乐的是能和足球在一起，和队友在一起，能够在球场上飞驰已经是一大幸事。这时赵文杰老师发现了我作为裁判的潜力，建议我学习裁判知识并推荐我师从国家级裁判张鉴铨老师。通过认真学习，我在很短时间内顺利地获得了国家二级裁判证书。当年读大三的我要参与上海市高校足球联赛的裁判工作，几乎踏遍了上海市所有高校的足球场，可能是当时最年轻的主裁判。众所周知，业余足球比赛裁判，尤其是高校比赛的裁判是一个高风险的"职业"，稍有不慎，就会有被打的可能。得益于在校队时的训练，使得我对于运动员的习惯动作、运动趋势、传接跑位有比较清晰的认知，判罚比较准确和果断。更是由于校队这段经历，球场上的大佬们（特别是我的结义大哥石岩）都会给我些薄面，使得我的校园足球裁判员生涯十分顺利和平坦。

毕业后，我的裁判关系转入区足协，参与了上海市主要业余赛事的裁判员工作，如陈毅杯、新民晚报杯等，得到了老教练和老裁判的肯定。

2. 学生体育总会

学生体育总会，这六个字在我心里有着难以名状的分量。作为首任会长的我，大学期间的业余时间基本全放在了这里，由于经常组织各种类别的学生活动，因此和体育部系主任、体育器材管理员、球场画线员等相关老师维持了良好的关系。这些学生活动包括交大杯及思源杯足球、篮球、排球等校内最重要赛事的组织工作和训练安排：从比赛策划，到报名分组、制作秩序册、场地和裁判的安排，再到最后的比赛颁奖。这些统筹策划类工作在很大程度上是我人生中难能宝贵的工作经验。当然，作为运动员的我，最高光的时刻是带领50231班足球队获得到1986年思源杯的冠军。也感谢当时队伍里的大将，校队守门员王厥敏、长跑运动员樊刚。

学生体育总会的时光留下了无数美好的回忆，特别值得一提的是，我们独立筹办了上海市新闻界交大杯桥牌比赛。当时参加比赛的新闻界朋友有资深体育记者《解放日报》的程康萱、《文汇报》的杨仁杰、《新民晚报》的王志灵等。后来我的一篇《交大群体活动龙腾虎跃》的文章还被刊登在了文汇报上。

陈华峰（后排左三）在1986年思源杯夺冠后与球队合影

三、难忘兄弟情

时值交大足球队成立121周年之际，我们能够有机会欢聚一堂忆往昔峥嵘岁月，提笔写写我们年轻时候的梦想和故事，仿佛又回到了属于我们那一代大学生激情燃烧的岁月。

无足球，不兄弟。足球的永恒魅力在于团队作战，它的不可预知性在终场吹哨前把所有人拧成一股绳，哨前的90秒也可以全力拼搏呀！德弗里说过，我们有强大的精神力量和求胜欲，这就是我们那一代大学生的精神。

谨以此文致敬交大足球队121周年，愿母校培育出千万栋梁，永铸辉煌；愿交大足球勇攀高峰，再续佳绩；愿后来加入交大足球队大家庭的年轻校友们，勇敢追寻自己的梦想。因为足球就是无限可能！

　　陈华峰与其他足球校友一样，热爱足球，参与运动，他在交大求学期间，还有三个与众不同的角色与亮点：其一，交大学生体育总会创始人之一，并出任首任会长，永载交大体育史册；其二，第一批持有国家二级足球裁判员证书的交大学生之一，并执法校内外重要比赛；其三，交大校运会100米冠军，当年跑得最快的交大学生。

　　担任体育总会会长时，他与搭档们就就业业而又开拓创新，策划组织了一系列校园赛事活动。担任国家二级裁判，他严肃认真，公正执法，成为校园绿茵场的明星法官。陈华峰以其对公益的满腔热情、对体育的无比热爱，以及脚踏实地的工作作风，成为交大体育的学生领袖，为丰富学生校园体育生活，付出心血和智慧。

　　"授人玫瑰，手留余香。"陈华峰在为他人无私奉献的过程中，自己在不断成长，组织管理、团队合作能力得到大大提升，奠定了职场生涯成为企业高管的基础。陈华峰迄今保持乐于奉献的精神和良好的体能状态，在校友们的重要比赛中，他依然是威严而公正的首席法官。

—— 赵文杰老师

学生体总与交大杯二三事

严駉

1985年，交大体育教研室筹备建立校体育系。为了实现"学生体育学生办"的学生群众体育精神，时任校党委副书记王宗光指示体育教研室与校团委共同商议成立学生体育总会。1986年体育教研室副主任孙麒麟老师与分管群体工作的朱凤军老师负责筹划，经与时任校团委书记姜斯宪老师讨论后，以当时学生会体育部为班底，成立了首届学生体育总会，陈华峰同学出任首任会长，石岩和我出任副会长，王盈军为干事。

针对在同学中影响力较大的校级足球比赛，以各系足球队参赛的交大杯足球赛成为学生体总重点组织的重大赛事。其中发生了很多趣事、逸闻。

第一届学生体总三位会长与体育系老师合影

一、升　旗

现在的中超比赛前，都有升国旗奏国歌仪式。当年的交大杯开幕式，就已经安排了升国旗、奏国歌仪式。

第一次组织这样大型比赛，体总一干人马不免手忙脚乱。比赛前一天晚上，我们突然想起开幕式的升旗还没有安排好。升旗的旗杆选的是体育场北侧教学楼顶的旗杆，大家连夜找到总务处拿到上天台的钥匙，商量好国旗固定、升旗的事儿，同时还要联系好广播站对好国歌播放的时间。虽然没有彩排，第二天的开幕式上还是顺利升旗。

二、谈　判

参赛各队均以校队球员为主力，包括研究生、高年级同学，而且各系不乏各类"球霸"。体总的几位新领导当时都是大三学生，担心激烈对抗的比赛中会出现争吵、打架的场面，由原来老师们组织，转变为学生组织，不一

谈判后，体总学生干部与校队及球霸队员合影

定镇得住。

　　大家惴惴不安、心中没底时，都把目光集中到了石岩副会长身上。石岩是当时的校足球队队长，又是时任校队教练赵文杰老师的得意门生，不论是球技、还是为人，在校队乃至学校足球界都有相当的影响力。石岩明白大家的意思，笑眯眯地说了一句"包在我身上"。在赵老师的指导、支持下，他邀请了各系中担任系队组织者或者主力的校队队友，一起到广元路的三黄鸡店，拿出几瓶酒，告诉各位队友："这酒不是白喝的，是与各位谈判。比赛中、比赛前后，必须给面子，不但不能闹事、还得帮忙将闹事的摁下去。"

　　校队队长的面子，比刚刚成立的学生体总的面子可大多了。有了这班核心主力给面子，加上赵老师时不时在场边压阵，比赛中出现火药味时，石岩在场边扬扬手，自然有双方主力队员将伸出拳头的球员拉开。

三、裁　判

　　首场比赛，由体总会长、国家二级足球裁判陈华峰担任主裁判。进场时，就看见双方队员的不少好奇甚至不屑的目光。在一次进攻中，随着后卫推倒前锋，哨声响起，后卫犯规。比主裁判高出差不多一头的高大后卫怒气冲冲地冲向陈华峰，带着国骂质疑判罚。陈华峰一点犹豫都没有，掏出黄牌高高举起，同时厉声警告："再说一句，就是红牌！"高大后卫愣了一下，聪明地转身跑开。

　　经此一役，后面的学生裁判们（大部分都还没有裁判证的），都可以充满自信地揣着红黄牌面对校队球员以及各类著名球霸了。

　　有一场关键比赛，在严骊所在的一系（现"船院"前身）与石岩所在的二系（现"机动学院"前身的一部分）之间进行，只好由陈华峰作为第三方出任主裁。那场比赛进行得激烈也顺利，但是赛后石岩和严骊分别痛骂陈华峰，都指责他吹偏哨。多年后，石岩和严骊回忆起这件事，一致认为，当年两人都骂陈华峰，说明那场比赛吹得很公平。

四、换　人

　　参赛各系中最弱的是十四系（科技外语学院前身）。但是，十四系拥有校篮球队的几乎全部队员，当年校篮球队是从北京部队专业篮球队整体特招的！所以，一大群身材高大的国家级专业篮球队员一股脑地代表十四系出场参加足球比赛。

笑话出现在换人环节，十四系的换人完全遵循篮球比赛换人规则，换下去的球员歇了一会，打算再换上来。现场执法的裁判小伙子愣了足足有一分钟，不得不跑到场边花了超过五分钟进行足球规则讲解与培训，然后在一帮一米九几的球员们的抗议声中重新开始比赛。

五、观　众

当年的比赛场地在徐汇校区的足球场，没有看台，没有专门的观众区，但是每场比赛，不论热门或冷门，所有替补球员、比赛队的啦啦队、关注比赛以及看热闹的观众同学，都是将球场围得里三层外三层。

第一天的比赛中，凡是有进球、争议球、犯规判罚的情况，都会引起场边的群情激奋，多次出现兴高采烈或者怒气冲冲的观众冲进场内，拥抱本系球员、指骂裁判、追打对方犯规球员等等，各种宣泄打断比赛，体总的草台班子组委会、各系的指导员老师，不断被迫进场扮演各种拉架角色。

无奈之下，体总只好在后面的比赛中，请每场参赛球队的两个系，各出一支纠察队，带上袖标在场边拉起"人链"维持秩序。意外的情况是，当有一个系的同学准备冲场，对方系的纠察队就会出面阻拦这样的意外态势，很好地保证了场边秩序。

充满了学生喜爱、集体荣誉、竞技精神的交大杯足球赛，一直是学校的重大体育比赛赛事。体育教研室的指导和撑场，让新生的学生体总顺利地开启了学生承办学校体育赛事的先河，也为一众体育爱好者在校期间留下了一份浓重的记忆。

谨以此文，祝贺上海交通大学足球队成立121周年！

严駉来自足球热土——广州，自小酷爱足球，进入交大积极参与各种校园赛事，成为校园足坛活跃分子。严駉勤于思考，处事沉稳，热心公益，组织管理能力突出，曾任校学生会体育部长。1986年，为了践行"学生体育学生办"的精神，参与创建交大学生体育

总会，并出任首届副会长。此间，与陈华峰、石岩等团队成员，策划组织了交大杯等品牌赛事，为热爱足球的学生们搭建了竞技与交流的平台。文中，严驷以风趣的语言描述了赛事中的升旗、谈判、裁判、换人和观众几个片段，还原了那个年代发生在交大徐汇校区沙土球场的足球故事，读来很有味道。

严驷在校期间就获得国家足球二级裁判证书，毕业后在广州工作期间，参加广州市足协的裁判工作，与后来成为国际裁判的陈铭基、李少峰、皮迪均等同在广州市东片组，期间获得国家足球一级裁判证书。

难能可贵的是，严驷始终坚持奔跑在足球场上，年近60岁的他迄今保持着良好的状态，稳步向健康踢到70岁的目标前行。

——赵文杰老师

第 4 章

足球之缘

我与交大的足球情缘

方　军

　　源于从小对足球的酷爱，同时又要兼顾读书学习的考虑，故我放弃了进入区少体校的机会，考入了上海市鞍山中学读书，由此开启了我的校园足球之路。凭着自身扎实的足球基本功，进中学后我就顺利地加入了校足球队，并成为队里主力。当年队里可谓是人才济济，队长卢建华和谭建文均是学校学生会主席，施灏、陈征峰都是市三好学生，年少的我就视他们为偶像，默默地为实现自己的目标而努力付出。付出总有回报，在六年的上海市中学校园足球比赛中，我们取得了多次冠军，最为印象深刻的是上海市中学生足球大奖赛，因为有体校的参与，所以竞争激烈，最后还是凭借年龄的优势（我们是高三生，他们是高二生）力克上海普陀和上海杨浦体校夺冠，为学校足球的辉煌成绩做出了一定的贡献。期间学校还代表上海市中学生足球队参加了华东六省一市中学生足球比赛，并取得了较好的战绩。

　　对于我个人而言，由于在众多比赛中的优异表现，在1985年夏天有幸被选入上海市混合少年足球队（队友有后来进入交大的於彪和何明明），代表上海参加全国少年足球锦标赛，获得分区赛冠军，全国总决赛第五名。记得当年的教练跟我说，一个校园足球选手能达到专业队水平不容易，如果继续留下来还有更大的提升空间，可我当时正好面临人生的选择——1986年高考，经过反复的思考我最终放弃了心爱的足球而投身高考的大军。

　　也是因为参加高考，知道了交大德才兼备的赵文杰老师，我的教练许云麟老师是赵老师的队友加好友，同时当年我的偶像卢建华和施灏都在交大就读。在选择大学时，我很犹豫，由于我从小体弱多病，一直想成为一名医生，最终还是遵循了自己内心所愿考入了上海市第二医科大学，与交大失之交臂，感觉很遗憾。毕业后我成为一名外科医生，一直奔波在医学事业的道路上。没想到三十年后的某天上午接到卢建华师兄的一个电话，又一次将我从时间隧道中拉回交大，重续前缘。记得当时交大120周年校庆，要举行校

1987年，在中国纺织大学，以3∶1取胜华东化工学院后的合影（前排左二为时任二医大校队队长的方军）

2017年4月16日，于交大徐汇校区足球场，方军与赵文杰的合影

庆杯足球比赛，卢建华问我现在还踢足球吗？有没有想加入"8090队"一起参加比赛的意愿？我是立马答应邀请，只是疑虑我是二医毕业的学生能不能参加，师兄说现在你们已经成为交大医学院了。从此，我从一个只能仰慕的角色变成一名交大的正式足球学员，这也让我开始真正了解交大的足球文化——饮水思源、积极向上、奋力拼搏的精神。也是因为这次比赛拉开了我的交大足球序幕，之后受於彪的邀请参加了闵行校区30年庆的足球比赛，并在比赛后有幸加入1987—1990级校友组织的交大老炮俱乐部，并成为一名正式队员。随后参加的一系列交大足球活动，让我有机会再一次在场上

和场下聆听到赵老师的谆谆教诲，我获益匪浅。我要感谢交大足球俱乐部所有队员的信任和关爱，正因为你们所有人的付出，才成就了交大足球的辉煌！

足球，永远能绽放出男人的火花！在交大足球迎来121周年之际，让我们一起秉着饮水思源的文化精髓，共同努力奋斗，为交大足球一起摇旗呐喊！

方军，当年上海少年足球的希望之星，也是交大相中的足球重点鞍山中学的"王牌"选手，却来了个令人遗憾的"擦肩而过"，被二医大招入麾下，成了交大的强力对手。之后两校合并，方军终于以校友身份与交大足球牵手，成为交大校友旗下的球星。当然，如果当年进了交大，国家就少了一个优秀的外科医生。

方军踢球技术扎实，攻防俱佳，能控善传，具有良好的大局观。他的球风如同他的人品和酒品，充满激情而又低调谦和。迄今，奔六的方军在球场依然保持着良好状态，与其掌握医学专业知识和健康养生素养有关，更由于他一贯的严格自律和运动的持之以恒。难能可贵的是，方军还主动兼任校友球队的医疗保障志愿者，在线上线下为球友们的伤病预防及治疗康复解疑释惑。

"有情人终成眷属"，方军与交大的足球情缘传为佳话，方军也一定会为交大校友足球的蓬勃发展和交大足球的再创辉煌做出新的贡献。

——赵文杰老师

"圆来" 是足球

王 欣

2021年庆祝上海交大建校125年及足球队建队120年的校庆杯的时候，我因在两周前的老炮俱乐部训练时被撞倒地，有了人生第一次被确诊的受伤，错失了与各位大咖校友场上切磋的机会。因为我不是速度和拼抢型踢法，受伤的次数屈指可数，偶尔也有过因无知导致的骨折，但这次确实是需要安静地休整一段时间了。

读小学开始，体育一直是我的优势。在小学的操场上练50米，绕着唯一的一幢教学楼跑圈，在小学高年级时，已经可以把手榴弹扔出学校的围墙，只能改练铅球。那时学校新来的体育老师是体院学足球的，我们得以

2021年交大校庆杯足球邀请赛，机械动力学院校友队全家福
前排左5为交大校友会体育运动分会秘书长王维理、左6为赵文杰老师、后排左1为王欣

有机会跟在他下课后或在田径队训练之时在小小的操场上瞎踢一阵，还时不时要翻墙出去捡球。从那时开始，知道了什么是踢球。恰逢中国队参加1982年的世界杯亚洲区预选赛，认识到了怎么踢球。看着国家队连胜沙特、科威特，在手握5球的情况下，我天真地认为中国队是亚洲最强的球队，中国将会是世界杯的常客，我对足球的喜爱也扎下了根。遗憾和愤怒也就在一场莫名其妙的比赛后，国家队被做出了局，以为稳操胜券放假一个月的国家队被紧急征召参加了和新西兰的附加赛，结果让我们黯然神伤。

足球的基础是田径，而我在田径上没有特长项目，发展比较全面，这也是为什么我被最终定格在跨栏这个冷门项目去代表中学参加市里面的比赛，还斩获了不错的名次。但说到喜爱，还是那个圆的足球，蹦蹦跳跳，变幻莫测。学校里仅有的几次参加区级的足球比赛我都参加了，现在只记得初中时和鞍山中学的一场小比分失利的赛事。应该说，比过才知道不足，但我们也没有专业的训练，不足也只能业余地去进步。中学里和同学们经常中午在篮球场踢到肚子疼为止，放学到所住的上海机械学院校园操场和大学生踢，踢到天黑没人了才回家吃饭。我和家属子弟有几个好友组队在假期参加过几届新民晚报杯，有一次因为门将旅游未归憾负，最终没有昂首走出杨浦区。草根足球的梦想没有实现，这也是常有的事。那时候，孙吉、孙祥的父亲是上海机械学院的教练，我们经常坐在球场边的围栏上，津津有味地看（他带队的大学校队的比赛），真恨不得也上去踢几脚。偶尔也会看到几个突出的球员被大家评头论足，好羡慕这些校园明星。1985年世界杯外围赛的失利，让我领教了校园足球的疯狂，大学生们用烧被子、砸课桌椅来发泄不满。他们为什么这么不理性？我当时这么问自己。后来和同校的中学小伙伴有机会和来自街道的业余球队踢野球，才真正意义上知道了专业水平。有几个四五十岁的退役球员，他们对球的控制、摆脱能力和站位意识，不是哪个中学生靠鲁莽就能战胜的。

进入大学后，学习外的业余生活，还是基本和足球相关。在学校的比赛中，我们系队好像只拿过一次交大杯的亚军。我经常在校园踢球，但没有经历过正规的选拔和推荐，没有正式入选过校队，只是临时被校队调用参加过两场大学生联赛。记忆中是在和同济的比赛中，悲惨地跟在对方前锋后面从中场开始回追，到大禁区口眼睁睁目送皮球被送入球门，这个打击对我来说是巨大的。踢球和看球还是不一样的，往往错误和失败记得更深刻。在学校里，我基本固定了中后卫的位置，大脚解围也颇有心得；如果有预先观察的时间，解围和助攻可合二为一，我对此乐此不疲。这个其实和停球结合过人是一个道理，目的就是一个：快速以攻其不备。除了比赛，学生会的体育部负责人找到我，让我试着做做裁判。基于对足球的理解，我强化进修了裁判知识，在交大杯的比赛中做了裁判，自我感觉尚可，赛后还意外获得了最佳裁判证书。直到毕业二十几年后我参加了老炮俱乐部，才知道了交大校园足球，才知道了赵文杰老师。我是否能说我在交大踢过球？我想很多不熟悉的人会有疑问，我自己也有疑问。不管怎么样，那个时候，在和同学们一起瞪大双眼看球，躺在床上熄灯评球，岁月就此匆匆溜走。

毕业后，我曾代表中智公司参加过师兄们联手组织的首届三资企业杯。有一次由中学时几个好友为班底的球队和一个专业球队在奉贤体育场某个杯赛上交手，逼得对方半场结束前才进了一球，在领先我们的情况下，对方某球员却回手肘击我们逼抢的前锋，致其鼻骨骨折，专业球队的球风在当时可见一斑。平时我每周到单位附近的业余俱乐部训练，偶尔也参加一下小型的区内联赛和杯赛，也和东华老年队、上海女足等球队有过交流。俱乐部以球会友，球队内年龄差异大，比赛时基本还是那些年轻选手和年龄大些的半专业选手参加为主，但踢球纪律性不强，自由发挥空间很大，包括相互指责。我坚持了近十年，直到近年渐渐参加活动少了，但重要的庆祝活动至今偶尔还是会参加的。对于足球的热爱让我们每周六上午相聚，早上踢个球，

第四届开拓者杯上海交通大学校友足球邀请赛

中午小聚，周而复始，遇上比赛一起相约助威。2003 年非典期间，我们到处寻找可以踢球的地方，一度在复兴岛公园大树下面的一小块泥土空地上度过了几个月的周末，并加以野餐，没想到这段艰难的岁月在 2020 年后疫情再次发生。

直到 2017 年的暑期，我和交大的足球缘才得以圆满。2017 年正值交大闵行校区建立 30 年，首四届也就是 87 级到 90 级入校的校友在闵行校区举办了足球邀请赛。我作为 90 级的后期队长参加了比赛，我的球感是在基本中断了几年的情况下通过几场球赛才逐渐恢复的。小组赛的最后一场，在面对具有一半校队队员的 87 级对手面前，我们必须取胜才能出线，结果大家众志成城，战术合理，我在那场比赛中作为自由中卫也尽心尽力，和众校友以 1∶0 拿下了比赛，自认为这是堪称近期的经典之作。在决赛时，我们被再次相逢的黄浩东和方军师兄如教科书般的两颗复制式的横向中长传接着大禁区处头球打败。之后，9 月 16 日被定格并定义成由赛事发起者组织成立的老炮俱乐部纪念日。以后的每年 9 月 16 日成为四届球友交流聚会的固定赛事日，屈指数来也已经有四个年头了，欢乐的"916"是上海交大思源老炮足球俱乐部的起点。现在我们每周六定期在某个球场欢乐地踢一场球，痛快地喝一顿酒，聊聊球、聊聊校园，还不时参加学校组织的各项活动和比赛。吕忠源为首任群主，现俱乐部已经发展成过百人的群体，并发展了非四届会员，还有美女啦啦队成员。我作为 90 级的理事代表，负责老炮俱乐部的资料档案和财务审计。老炮俱乐部的成员以个人身份也参加大群交大校友俱乐部的活动，体验快乐足球。在交大校友足球的天地里，我慢慢找到了感觉，也回味过去畅想未来，曾经叱咤球场上的足球高手、风采不减的师兄们壮心不已，当打之年的师弟们成中流砥柱。尤其是认识了原交大足球教练赵文杰老师，真是相见恨晚。

随着年龄的增长，我感觉到踢球时要更加着重传球。在停好球的基础上，加大对球的控制，避免无谓的失误，把奔跑能力下降的影响减少到最低程度，延长足球生涯。建队 120 年纪念的校庆杯，给了交大校园足球新的方向，我预感校园足球新的建队和赛程将引领我们在快乐的感召下再次圆梦启航。大家的小目标或近或远就在前方——欢乐足球到七老八十。足球，还将继续滚动，继续前进。

　　王欣，交大闵行新校区初创阶段的老四届先行者，亦是庆祝闵行校区30周年开拓者杯足球比赛而问世的"交大思源老炮足球俱乐部"的知名球星。外表高大帅气，气质温文尔雅，与他在球场上的形象如出一辙。司职中后卫的他，不靠身体优势，不以拼抢著称，而以良好的意识、合理的站位、有效的抢截、积极的助攻和稳健的球风，在赛场发挥着重要作用，赢得球友们的信赖与好评，成为老炮俱乐部和校友足球群闪亮的"天王星"。

　　无论在老炮俱乐部，还是在校友足球群，无论是在校友自发的各种足球活动中，还是校方主办的历届校庆杯比赛中，王欣都是积极参与者和默默奉献者，虽然始终低调不张扬，但总是那么激情奔腾而吸引眼球。

　　正如王欣所说，交大足球建队121周年纪念"将引领我们在快乐的感召下再次圆梦启航"，我们的目标是"或近或远就在前方——欢乐足球到七老八十。足球，还将继续滚动，继续前进"。

—— 赵文杰老师

我和交大足球的一世情缘

张泉泓（别名：张全红）

一、始于少年

1968年我出生，适逢"全国一片红"的时代，外婆依着口号给我起名为"张全红"。等我1986年报到交大，在户口登记时，激动急问户口管理老师，是否可改名？老师说："须当机立断，无悔即改。"我当场改名为"张泉泓"，这个大名伴随至今。迄今有点后悔，还是外婆起的名字浑然天成。

我从小贪玩，1978年世界杯就守着9寸黑白电视看球，且订了一份《体育报》，只要报纸上有足球照片必精心剪辑、工整贴好，日日展看。因自小无启蒙教练规整指导，我只能放学与小伙伴以赛代练，按剪报的图片动作模仿切磋，球技倒也算纯浑然天成，无人工痕迹，自乐其中。记得1986年高考前夕，正值世界杯如火如荼，央求父亲要看球，害得父亲提心吊胆直到高考结束，现在想想，我当年得入交大实属侥幸。

二、校园足球

说起在交大的记忆，我能想到最多的就是足球记忆，这份记忆这么多年一直在发酵更新，不断地积淀出更多的故事和情怀。入学我就积极"混迹"于法华镇路的分部小操场，天天和新同学切磋，幸而打小练就的草根球技得入一伯乐慧眼，被招入一年级新生队。伯乐名为王毅强，来自广州的帅哥新生，至今仍记得他，是因为那是我一生当中第一次被足球队选中，并激动地感觉足球江湖开始有我的一个小波纹了。更重要的机缘就是选择了足球班，得遇足球恩师赵文杰老师，赵老师翩翩儒雅，他的球技让我这个没见过正道足球的"野路子"立刻佩服得五体投地。经过赵老师点拨，加上性格比较活跃，大一我就成为系队主力。在校期间几乎参加了所有交大的足球比赛，班级、系级、俱乐部比赛，大二开始在校体育总会任职，参与组织了所有交大

的足球比赛，可惜自己所在各种队都没有得过冠军，但却全是满满快乐的
经历。

三、上海三资企业足球总会

　　毕业后，没有了在校时的足球氛围，直到1996年，我约上在校时期一
起踢过球的、能联系上的、在上海的校友，组织了一个校友队，最初的想法
就是能每周约着踢会儿球。其中就有成军、陶晶、万晖、姚玕、陈险峰、许
泽辉等。我们第一时间找到赵文杰老师联系踢球场地，赵老师二话不说，马
上落实了徐汇校区足球场，且无偿使用。让我们感觉到了母校及师长的关
爱，赵老师也成为我们当仁不让的主教练。几周后，我们就开始印队服买装
备。当赵老师看到面貌一新的我们，不禁唏嘘校队的困境，当时校队还穿着
破帆布球鞋。赵老师和我商量，是不是校友队可以凑出2 000元改善一下校
队的球鞋。当时我们讨论了一下，一致响应，只是大家认为简单的出钱好像
缺点意思。而当时我们纯自娱自乐缺少对手，何不趁此机会邀约一些能够以
赛代练的对手办个邀请赛呢？马上行动！当时姚玕学长在惠普公司担任员工
俱乐部的负责人，表态惠普公司愿意组队参加比赛，万晖提出可邀请当时徐
汇区区长姜斯宪学长出席开幕式，陶晶说他交大同学阿彦是上海电台著名音

首届上海市三资杯足球比赛的校友队合影

乐主持人，可以搞个媒体队，并对赛事免费进行媒体报道，我和徐海光把在专营外企人力资源的中智公司工作的顾卫东拉进来，组建中智队，并通过中智公司对接上海众多三资企业。赛事很快安排就绪，赵老师为了确保交大校友队成绩不能名落孙山，就派出当时大四的赵琛豪、刘强两位校队主力作为我们的外援。在第一届比赛中，有 8 支球队，我们杀入决赛，与媒体队争夺冠军。最后虽然不敌媒体队，却意外地获得了上海电视台体育频道和新民晚报对我们的持续报道，并在第一届赛事圆满结束后依托上海市足协成立了上海市三资企业足球总会。此后上海三资企业足球总会发展如火如荼，不再赘述（请欣赏本书中成军的回忆文章）。

　　我当时负责大赛闭幕式的娱乐部分，陶晶负责宣发，成军负责组织。每年闭幕式办的都是 2 000 ～ 3 000 人规模的上海白领嘉年华聚会，并都是在上海滩数一数二的地标娱乐场所举办，至今无人超越。当时上海滩乃至号称亚洲最大的酒吧"哈雷酒吧"，上海滩最大的 Disco 场所"JJ 迪斯科"等都是我们的免费主办地。到现在成军还在嘲笑我，我当时就是上海滩夜场的常驻代表，基础大概就是那时候打下的。

　　当时 30 岁左右年纪的我们，正值创业期，毕竟要养家糊口打天下，最终还是因为工作暂时放下了足球梦。虽然身上这个足球梦终是没应验，但是我比较自豪的有两点，一是我被中国足协邀请去北京，向后来的国家队领队朱和元做上海市三资企业足球总会群体活动的经验介绍。二是多年以后看到媒体采访当时已是申花队老板的朱骏，言及之所以爱上足球和投资申花，就是因为当时他的第九城市组队参加了我们的上海市三资企业足球比赛，让他对足球热情一发而不可收。而现在申花的总经理周军当时通过上海市三资企业足球总会这个平台得以和朱骏相熟。这些都让我现在偶尔也畅想一下，如果当初我坚持下去，我的天啊，那现在我会有什么样的足球成就啊！

四、梦醒时分

　　交大 120 周年校庆晚会上，我在徐汇文治堂上台唱了一首《无人的海边》，几乎述尽这么多年来无人一起踢球的寂寞。幸运的是得遇赵文杰老师，两人感慨过去，又说起 120 周年校庆，各种校友会热闹非凡，应该搞一个足球的校友圈子，发起了一个交大足球校友群。由赵琛豪负责建群，我们广泛拉校友进群共商大计，很快就发展到几百人的规模。而此时母校和师长的博大再次

在交大120周年校庆上台演唱《无人的海边》

体现，在孙麒麟老师、赵文杰老师的关心下，在体育系领导的支持下，陈伟伟老师从中排除万难地协调时间，终于把每周六下午3～5点的黄金时间段专门留给校友踢球。真正快乐的时刻开始了，每个周六的下午，秉承快乐足球的理念，交大校友切磋球艺，感受无比畅快的宣泄。我们奉行的"有组织无纪律讲规矩"的群规也一直可以傲视众多各类交大校友群，足球的氛围里没有争吵，没有商业元素，所有足球校友都倍加爱护和维护这个群体的纯洁性，这里只有快乐足球、师生情和校友情。连交大校友总会体育运动分会秘书长王维理也赞叹，整个校友体育活动中，我们足球校友会是办得最有声有色的。这几年校友足球总会的发展，更离不开很多热心的校友，比如赵琛豪、卢建华、赵贤德、徐军、何翔、黄宏骏、李琳等，他们耗费了大量的业余时间志愿投入到每次活动的组织与召集工作中。这几年校友足球总会的快乐回忆我也不赘述了，本书大部分作者都有精彩描述。

我们足球校友群从相熟的校友集聚，到不同年龄段的校友汇聚，已经发生了很大的变化，我自己默念能叫出名字来的应该不到100人，更多的是不太熟悉和认识的校友，可是只要一上交大的球场，我看到的都是快乐的足球校友面孔，都是谦让彼此、相亲相爱的足球校友兄弟。对此我尤为感动，也由衷感谢这个集体。来到球场，就回到了校园足球无忧无虑的状态，我更想像赵文杰老师一样，把足球一直踢到80岁，这就是我现在的梦想和我与交大足球的一世情缘！

五、后　记

适逢2022年交大建校126周年暨交大足球队121周年，足球恩师赵文杰老师叮嘱我也写点东西，讲讲和交大足球的故事。我不敢怠慢，可心中忐忑。我独自从外省考学来到上海，在上海成家立业，此生所有的工作和学习，无时无刻都离不开交大毕业带给我的光环，而我回馈母校的却实在没什么可以大书特书的事迹，在此记上一些点滴，一份感恩的心情，以此祝福母校交大生日快乐，母校足球蒸蒸日上。

真应了"文如其人"这句话，全红的文字轻松自然，洒脱优雅，丝丝入扣，谈笑风生间将其对足球的酷爱，对校友的深情，对母校的感恩，跃然纸上，读来深受感动，令人感悟。

全红在校期间，是球场红人，不但自己疯狂地踢遍所有的比赛，而且是交大校园足球的组织者和推广者。身为校学生会副主席、体育总会会长，他倾其热情与智慧，开展丰富多彩的校园体育赛事，尤其足球比赛热火朝天。

毕业以后，他践行"饮水思源"之校训，心系母校，牵挂足球，与成军、陶晶等热爱足球的优秀校友，为了改善校足球队的条件，策划组织了具有开创意义的首届三资企业足球比赛及其专业组织机构，展现了交大学子"爱国荣校"的风范和胜人一筹的能力。

现在，全红成功转型为商业领域投资者，但他对足球的热情丝毫未减，是校友足球俱乐部的核心成员，也是足球校友心中的重量级球星。

——赵文杰老师

我和缤纷精彩的交大校友足球

赵贤德

作为普通足球爱好者，大学前我对足球的印象很少，真正参与足球活动，主要是在交大闵行校区起步的。我的踢球生涯是在徐汇本部和赵琛豪师兄（原校队队长，人称赵队）一起踢球开始的，发现师兄的球可以这么踢的，轻盈潇洒变向摆脱，大脚准确转移调度，赵队踢球让我大开眼界……

毕业后，校友足球可以说是遍地开花、热闹非凡！校友足球场合有很多，常踢的有"95科机""交大IC校友会足球群"和"悠方番茄"，高手出没，各有特点。在集成电路这个行业的球赛中，我也能经常在不同的公司队中遇到校友球星。

足球校友会如今成了我的足球生涯主体。足球校友会是个500人的大群，校友们热情友善，不分长幼大小、技术强弱，相互礼让照顾，氛围十分亲切与融洽，颇具吸引力。周六下午3～5点的快乐足球和赛后的食堂绿豆汤组成了每周的欢乐时光。

在足球校友会群里，大家交流信息、众筹组织、回顾比赛、欢乐激励、分享快乐；线下活动时，热情高涨、精彩纷呈；赛后聚餐时，轻松愉悦、你来我往、欢笑不断，浓浓的师生情谊、校友情谊充盈在次次相聚中。

球友们的社会责任感，在日常活动中也时常发光。不仅在赛场维持秩序，也会助力学校，还在支援抗疫。学校也给足球校友会提供了巨大的支持，专门在徐汇校区郑坚固运动场拨出黄金时段，用于足球校友会活动，提供相关便利，令校友们时刻能感受母校的温暖。

文杰杯令我印象尤其深刻，足球校友会自发为德高望重的赵文杰老师献技祝寿，以感念恩师教导。校领导亲自到场，献花赠礼发表感言，尊师爱教爱校友，具有浓浓的关怀温暖。

为了更好地组织活动、服务校友，体育分会及足球校友会组织者们在足球校友会基础上成立了校友足球俱乐部。校友足球俱乐部受校友会体育运动分会指导，目前正在逐渐壮大，已有240多位会员，俱乐部首任轮值主席卢建华，设立了20人的理事会、7人的常务理事会，俱乐部名誉主席为赵文杰，监事由王维理担任。俱乐部目前规划每季度举办一次内部杯赛，每年一次校外联赛，常年与各地校友会开展交流活动。

俱乐部组建后，各种活动组织更加专业，校友的凝聚力和活动的多样性越发增强。作为足球校友会的主体，校友球星们是足球校友会的魅力源泉。组织活动，富有挑战；与校友球星的相处，又是令人愉快的。赵琛豪师兄球技优异，作为前校队队长，勇于担当，号召力强。赵队汇聚校友会人气，精心组织每周足球活动，发展壮大足球校友会。在赵队的模范感召和大力支持下，我也业余参与了每周活动的组织，并有幸多次获得赵队指点。

足球校友会球星很多，由校队传奇支宏师兄牵线搭桥，足球校友会首次组队出战，参加了崇明小镇杯邀请赛，卢建华师兄发起了组队并定制了队服，校友队在三强角逐中获得了冠军，足球校友会热情高涨。比赛中，我发挥特点，错位搅拌成功抢断对方中后卫并送出单刀，孙锟首开纪录。获得人生第一个足球赛冠军和足球校友会外战历史首球助攻也让我高兴了好一阵子。

我初识赵老师是从师兄们口中的传说和初期活动时赵老师的亲和以及对晚辈的关怀，多次接触后，我强烈感受到了赵老师的大师风范，后来有幸读了赵老师的访谈文章后，更能体会赵老师坚韧独立和责任担当高尚。

王维理师兄是体育分会秘书长，悉心关注和指导校友足球俱乐部建设，并出任监事。王师兄亲和热心，共事很愉快。王师兄大力支持足球校友会和校友足球俱乐部发展，善于拎重点，让我们觉得轻松简单。顾根陞老师、陈钢老师也一直默默地关注足球校友会和校友足球俱乐部的发展，关键时刻给

2020年上海交通大学校友足球俱乐部成立大会的合影

予大力支持。温情、担当、关爱、支持、智慧，这也是卢建华和赵琛豪师兄的样子，名师出高徒，优秀有传承，可能说的就是这种情形吧。

校友们口中的赵队，不仅家庭事业足球都美好，人好，吉他也好，三好学生已经不够形容了。足球校友会在赵队的带领下，逐渐聚集了大量的人气，每周的活动成了最受大家期待的时刻，尤其是11人制球赛，为感谢赵队的卓著努力，俱乐部特别为赵队准备了0号球衣，铭记俱乐部初创开拓的辛劳和成就。

卢建华师兄是俱乐部健康成功运作的"关键先生"。从率先组织校友会球赛，到支持校友组织校友会球赛，一路过来，硕果累累。他参与组织的崇明邀请赛、多届贺岁杯、文杰杯、50+杯、武汉校友邀请赛、昆明校友邀请赛等，极大地激发了我们的热情，俱乐部的凝聚力和号召力不断增强。卢师兄的努力，得到了校友们的认可和赞誉，获选首届俱乐部理事会轮值主席，并在会员们的强烈呼吁下连任。

陶晶师兄对足球的热爱，能感觉到已经融入生命里。每当讲起足球和老故事时，他的两眼是放光的。难怪陶师兄潜心搜集和研究交大足球历史资料，修炼成了交大足球博物馆。陶师兄为俱乐部生命力的提升贡献卓越，组建"8090队"并参与了校庆杯、交大足球双甲子等多个赛事活动，获得热心校友的认可和慷慨支持。

张全红师兄风格大开大阖，重要活动需要支持时，总能见到，听说踢的是前锋，但是，是靠脑子在球场上生存。2019年校庆杯时，他在禁区外打入关键一球，在我心中形象顿时高大许多！

方军师兄年少成名，早早就听说，但可惜很晚才有幸见识。他的球风灵动犀利又写意，赏心悦目。他亲和热心，用心支持校友足球，默默推动校友们足球水平的提升。

师兄毛杰、邓皓，热心地为校友活动捕捉精彩镜头，为比赛带来新的活动高潮。师兄陈华峰、陈辞，热心执裁校友会比赛，为大家打造安全尽兴的活动环境。师兄杨燊华、郑朝晖持续支持校友活动、热心赞助校友会活动，为交大足球校友会的活动和发展提供强劲助力。组织者群是足球校友会中一群默默付出的校友，有赵琛豪、卢建华、唐盛祖、李琳、李新寅等，理事会群是俱乐部活动组织的中坚力量，有林征、方军、蔡向罡、黄宏骏、郑艺放、张茜等，常务理事群大都兼任企业高管，思路清晰、处事稳健、责任感强，他们获得了校友们的认可和宝贵支持。还有王君达、梅林、施灏、徐军、黄展续、崔德心、黄宏骏、张越、邓煜坤、陈小刚、邢宇轩、何翔、郑艺放、王一可等师兄弟，数不胜数。

涓涓细流，汇聚成海，校友球星们共同谱写足球校友会的精彩，调和出足球校友会的独特魅力！能在这样有才有爱的团队里一起助力校友足球公益，我十分荣幸。

和足球校友会老师校友们一起的时光，是快乐和充实的，我收获了健康，也收获了友谊。在师长校友们的熏陶下，我的足球水平也持续提升，目前的特点在能跑之外，又增加了灵活性。特别又有幸得到了方军师兄的亲自指点，技术意识和信心迅速攀升，活动范围也从边后卫扩展到边前卫，也许还有可能继续向前发展，我感觉非常有信心。

校友们的足球热情非常高昂，一起战斗过的情谊常常令人难忘。我参加过崇明岛邀请赛，和文杰杯老鹰队的校友们自发成立南洋鹰纪念队，邓煜坤参与了发起并热心赞助。南洋鹰队大部分球星是足球校友会的热心成员，积极参与足球校友会公益，球队也对校友会的球队组织形式做了积极探索。

作为纪念队，南洋鹰队严格控制球队规模，也为新的兄弟球队的成立引进和保留种子，期待着有更多的兄弟球队加入，共同增加俱乐部活动的乐趣。南洋鹰队也不负众望，坚定地支持校友足球活动。

在老师和师兄师弟们的鼓励支持下，我也参与了足球校友会和俱乐部组织工作，协助每周活动的安排支持，组织了2019年的最佳观赏性杯、2019年的宁波邀请赛足球校友会队、2020年的俱乐部成立活动等，收获了许多乐趣。

祝愿大家继续在交大校友足球俱乐部获得健康、友谊和乐趣。

祝愿交大足球越来越红火！

赵贤德足球生涯可以分成三个阶段：中小学菜鸟阶段，偶尔为之；交大成长阶段，倾心投入；校友欢聚阶段，高光时刻。交大校园足球的熏陶，贤德如鱼得水，快乐享受，足球成为伴随终生的行为。

认识贤德，一方面缘于他的球场表现，他处理球的灵巧和满场跑动的能力，给我留下深刻印象；对他进一步了解，是在线上校友足球群和线下丰富多彩的活动中，他积极参与日常训练和历次主题

活动，热心、无私、沉稳，默默奉献自己的聪明才智。他主动承担500人的校友足球群和200多人的校友俱乐部群的管理员工作，维护了校友微信群的风清气正。

　　贤德在文中以细腻而形象的笔锋，回溯了120周年校庆以来校友足球的形成和发展，赞誉了赵琛豪、卢建华等为校友足球做出杰出贡献的组织者们和志愿者们，赞誉了积极参与和热心支持的足球校友们，表露了他对足球、对母校、对校友的热爱和感恩之情。

——赵文杰老师

致青春，若热爱总会相遇

刘亚虹

一、我与交大的足球缘起

虽然我从小就非常喜欢运动，但从未想到过有一天自己会与足球，特别是交大百年足球历史有任何交汇。我出生在20世纪70年代的哈尔滨，上大学之前都成长在北方的石油名城大庆。现在回想起以前的少时生活，都是充满着芳草香般的快乐。那时，除了学习，就是尽情玩耍。放学写完作业后就会跑出去和附近的同学们一起丢沙包、跳皮筋。至今还记得，当时自己可以跳过伙伴们高高举过双臂的橡皮筋儿，一直跳到天黑。下班经过的老师很担心地冲我们喊，要考试了赶紧回家复习功课，我们玩得尽兴根本顾不上这些"谆谆教导"。所幸，那时候的学习都是发自内心的求知与乐趣，功课并不会成为一种负担，考试的结果自然也是好的，老师每次也就不能多说什么了。至今我仍记忆深刻的是小学五年级时学校举行的运动会，当时根据自己的兴趣，我直接报了个人800米和5 000米两项以及班级团体百米接力赛。当时的我平时并没有进行过系统的跑步训练，也没有跑5 000米这么长距离的经验，父亲很担心我跑出问题，希望我在800米与5 000米之间做二选一，但我还是都舍不得放弃，最终还是坚持两项都不放弃。运动会当天，我先跑了5 000米，得了第一名，但接下来跑800米时体能可能受到了一定影响，只取得了第三名的成绩，但这个成绩我和父亲都很满意了。尤其是最后一项比赛，当我作为第四棒参加4×100米接力比赛时，在第三棒已经落后的情况下，我奋力奔跑、追赶并反超前面的选手，最终为班级赢得了团体第一名的荣誉，追赶与超越的感觉至今仍然令人兴奋和愉悦，成为一生美好的回忆，这就是运动的魅力吧。

1987年，我考进了市里唯一的省重点高中，离开家到几十公里以外的高中住校。那时候的学校很流行打排球，一下课大家就跑到操场围成大圈，排球垫球接力，我记得球特别硬，胳膊经常被球打得通红，但是我们仍然乐此

不疲，排球成了高中集体生活最重要和最放松的活动。高二时，我偶然得知学校有校排球队，每天下午都在训练，我好胜的心又开始蠢蠢欲动，当时性格还很内向的我，却能够鼓起勇气找到排球队的大胡子教练，自荐请求加入校排球队。教练开始是拒绝的，主要是怕耽误我的学习，当时排球队的同学多数是不准备考大学的，另外我在当时身高也不是最高。但在我恳切的要求和保证不会耽误学习的情况下，教练还是让我加入了。就这样，在大多数同学都在紧张复习备战高考的时候，我每天下午都坚持去和排球队一起刻苦训练，教练看我反应很快，于是不久就让我担任了排球队的队长和二传手，而且经过一年多的训练，我们代表学校夺得了市里高中排球联赛的冠军。20世纪80年代正是中国女排辉煌的时候，还有日本电视连续剧《排球女将》的小鹿纯子，这些积极向上的偶像都是影响我们喜爱排球运动的原因。直到现在我还保留着当时的排球运动队服，现在看来是非常复古了，而且当时的大胡子教练非常有爱心，经常带给我奶粉补充营养，可惜再也没有机会去看望他，希望他一切都好！这些温暖永远留在心底，得以照亮人生！

　　1990年，我来到上海读书。在这之前唯一与足球的一次亲密接触，就是高中曾经在体育课踢了一次雪地足球。来到交大，有点与想象的大学不太一样，而且女同学们似乎都不太喜欢运动，只是在上体育课的时候可以活动一下。当时的乒乓球课老师教的是推挡技术，我正好和喜爱乒乓的父亲练过一点点，加上老师上课指导，考试的时候得了满分，体育系女老师还夸奖我，说比她的动作都标准。但交大的体育活动实在满足不了我这颗爱运动的灵魂，于是在课余，学着当时同学，自己买了木质的网球拍，开始自学网球。当时是把教学楼的一面空墙壁当作练习的场地，就这样自学了网球。后来读MBA作为交换生去加拿大UBC交换，很羡慕他们有灯火通明、非常现代的体育馆。虽然读书时有些许遗憾，感觉没有玩够，但是热爱运动的火种一直在心里。2017年，一个偶然的机会我参加了闵行校区建立30周年的一系列活动，其中还包括校友发起组织的1987—1990级四届校友的足球友谊赛，在与校友们互动的过程中，我了解到交大的足球文化基因与传承竟然有悠久的历史，也听到了很多当年精彩的故事。

二、足球老炮的交大情——归来仍是少年

　　2017年是上海交大闵行校区启用、也是1987级学长们入学30周年。

1987—1990级校友组织了一场闵行校区30周年"扬帆起航"的校友返校活动，作为其中最重要的校友活动之一就是"闵行开拓者杯"校友足球赛。我也是稀里糊涂被拉入班级联络人，重新与很多校友相识、建立联系并成为挚友。当时有1990级的同学苦于找不到参赛的队员，就来问我联系一些可以参赛的同学，我在学校和毕业后都没有接触过踢足球的校友，只是那时刚认识几个同级的男生是足球爱好者，于是就热心地帮忙招募队员。没想到，因为有了微信的网络，我们从美国到全国东南西北都召唤到了不少热爱足球的同学，从寥寥几个人，到最后参赛时我们1990级就已经成为后备队员最多的一支队伍，大概有四十几位同学，于是我也就稀里糊涂地成了1990级的足球领队。当时四支队伍，夺冠大热门是1987级的学长们，因为他们主要以之前的校队球星为主力，而且平时也经常在一起合练，有专业加上规律性的训练，是一支非常成熟、专业的队伍。不出所料，在第一轮比赛后，我们输了。在当晚的微信反思会上，大家都很不服输。这时候，我在其他运动中的竞赛精神也体现出来，以前做过排球队长，很自然地就会鼓舞大家的士气，并开始和队员们商量第二天的战术。虽然我不很懂足球，但是谁说领队一定会踢球呢，于是我和大家分析对手特点、取长补短。我们的优势在于体

首届闵行开拓杯颁奖仪式，冠军为1987级校友队（右一为刘亚虹）

力，于是我通过对队员的多方了解，把我们队里体力特别好的几个，有跑马拉松的爱好者，有体力保持非常好的"超人"，一支"快骑兵"已经准备好，大家众志成城准备在第二天重振士气。果不其然，战术选择正确，87级的师兄们没有料想到我们的队员体力和速度大幅提升，这样第二天我们赢得了比赛。大家非常开心，这是团队团结、齐心合力的胜利，也是团体比赛的魅力。当然最后我们知道要不忘初心，友谊第一，比赛第二，而且终归是临时组队，配合和技术都不是最默契与纯熟。最后，整个比赛众望所归，1987级夺得首届闵行开拓杯的冠军，我们1990级夺得亚军。我们特意定制了冠军奖杯和银盘，在绿茵场打开了香槟，这也是整个活动最开心的时刻，值得终生记忆。

三、老炮足球俱乐部始记，未完待续……

首届老四届校友足球赛举办得非常成功，大家对足球的热爱被重新燃起，至此2017年9月16日成为一个特别的日子，参加比赛和活动的所有人都希望能够继续将这种形式延续下去，而且提出，平时也以参赛的校友为

首届闵行开拓杯
亚军为1990级校友队

主，吸引更多的校友进行训练与比赛，这期间很多热心校友都做出了默默的奉献。我因为个人工作原因，渐渐减少了活动参与。时光一晃已经4年过去了，这一群已经年过半百的老男孩儿对足球的热爱与坚持令人感动。从我的视角观察，前几年刚开始，很多人因为工作、应酬等原因身材已经难掩发福迹象，几年过去，大多数人已经矫健很多。

这样的精神面貌就应该是交大的体育精神所指引的方向吧，真替这些老炮高兴！祝他们在绿茵场上能够永远青春不毕业！还有更多的足球故事、足球情怀，体育精神，等待交大人共同去书写。

刘亚虹，1990级自动控制系，稀有的交大理工女，稀有的交大足球宝贝，更加稀有的还是交大老炮校友足球俱乐部领队。她与足球相遇，似乎偶然，其实必然，源于她对体育的热爱和运动的天赋，更源于她对母校、对校友的真情和对团队、对公益的奉献精神。足球的魅力，不仅是胜与负，更是健与美。足球的无限快乐，不仅是场上球员的体验，也是场下粉丝的共享。足球是充满男性阳刚之气的运动，也特别需要女性温暖的关注支持。刘亚虹以女性特有的视角，细腻而富有情感地讲述了她与体育、与交大、与老炮校友足球俱乐部的精彩故事，为交大校友足球增添了绚丽的色彩。

感谢刘亚虹，感谢老炮足球宝贝们，感谢所有关爱交大足球的女校友们。交大121周年足球历史，有你们的篇章，交大足球文化的传承，需要你们的参与。

——赵文杰老师

偏偏喜欢你

王毅敏

2022年3月，生机盎然，上海交通大学足球队迎来121周年诞辰，作为交大足球队的铁杆球迷，我深感荣幸，在此特别分享与交大足球结下的不解之缘。

我从小喜欢体育，中学时代时我酷爱打篮球、乒乓球，当时只能从收音机里收听球赛转播，可以说，我是听着宋世雄激情洋溢的体育比赛转播长大的。进入80年代，随着电视机的普及，可以身临其境般目睹紧张激烈的比赛。有一次，电视正在转播一场国际青年足球邀请赛，由于场面大，几乎看不清电视中的球员，而且长时间没有进球，让我感觉足球比赛索然无味，好不容易熬到比赛结束的哨音，万万没想到好戏才刚刚开始。原来，这是一场淘汰赛，必须以点球决出胜负。一场属于男人之间的决斗开始了，寂静与轰鸣，射门与扑救，激动与懊恼，瞬间与永恒，观众的呐喊与球网的飘扬，交织成一幅波澜起伏的雄伟画卷。啊，这就是足球，世界第一运动名不虚传！从此，我爱上了足球。80年代初，我上了高中，《新体育》是我最喜欢的杂志，几乎每期必买，有一期杂志图文并茂地报道了阿根廷足球冉冉升起的新星马拉多纳，让我一见钟情，开始疯狂地追逐未来的巨星，并最终见证了一代球王的诞生。1981年，我考入上海交通大学电工及计算机科学系电力工程专业。交大不仅是中国著名的工科大学，而且群众体育活动欣欣向荣，尤其是足球运动更受欢迎。从大一开始，我和几个同学就迷上了足球，经常在篮球场踢大号足球（篮球），并参加了学校组织的三人制足球比赛，篮球场成为足球场，篮球架成为无守门员镇守的球门，由此构成了交大校园一道亮丽的风景线。毕业前夕，学校组织了毕业班之间的思源杯足球比赛，我有幸参与其中，并亲历一场点球大战，收获一粒点球，助球队闯关成功。

最令我难忘的是赵文杰老师，一人身兼数职，辛勤耕耘，培养了无数学子。他不仅是我的体育老师，同时还是校足球队的主教练。上体育课时，每当讲授完规定的教学内容，赵老师还会亲自担任裁判，组织我们进行一场酣畅淋漓的足球比赛，让我们身心极度愉悦，大呼过瘾。除了参加足球活动，我最喜欢观看校足球队的比赛。每当路过足球场，看见中圈和四周的白色划线，我的心会怦怦直跳，因为这意味着一场校队的比赛就要开始了。当校队的队员从体育馆的更衣室走向足球场的时候，飒爽英姿，威风凛凛，好一群英雄豪杰！当哨声响起，交大球员个个如猛虎下山，头顶脚踢，前呼后应，尽显球星风范。

　　交大球星们各有千秋：支宏——交大马拉多纳，闯关夺寨，势如破竹；王磊——交大雷东多，盘带潇洒走N回；胡冲——交大古广明，脚法细腻，人球完美结合；林征——交大鲁伊·科斯塔，中场指挥官，指哪打哪；许明——交大风之子，边路突破，势不可挡；石岩——交大足球皇帝，十八般武艺，样样俱全。现场观看校队的比赛，是我的最爱。校队的比赛日，成为球迷的节日。我还多次追随校队去客场观看比赛，为交大足球队加油助威。其中，有两次客场，分别是在华纺（现东华大学）和同济大学，虽然没有赢

交大足球队在1987年的合影

前排左起：施灏、陶晶、钱红斌、王霖、卢建华、陈征峰、周珉、王闯、吴为、杨军、张政、史睿；后排左起：徐坚、徐景福、赵文杰、袁旦、伍晓峰、王厥敏、兰志军、冼嘉文、梁硕、郭世杰、石岩、泽先、陆启翅、胡冲

得比赛，但是交大队员的拼劲和不服输的干劲，赢得了对手的尊敬和球迷的赞扬。我深深地体会到，交大足球队的拼搏精神折射出交大这所百年学府争创世界一流大学的雄心。我爱足球，更爱交大足球！

> 王毅敏（一鸣）在校期间爱踢球，但更多的是看球，是校队的铁杆粉丝。足球校友们对他的名字可能不太熟悉，但以"一鸣"名义曾经为校友足球制作的"向经典致敬"等精彩美篇，应该留有深刻印象。这次，他以细腻而热情的文字，回忆了他喜爱并参与运动的经历，尤其从一个球迷的视角，赞誉了他所崇拜的校队球星，读来深切感受到交大足球的火热态势，以及普通学生球迷对母校足球的真挚情感。
>
> 交大足球是个大舞台，各种不同角色登场表演，既有校队、研究生队、院系队、班队的球星，又有自娱自乐的游勇散兵，更有矢志不渝的忠实球迷，共同演绎了一台精彩纷呈的好戏。
>
> 感谢毅敏对交大足球始终如一的热情和参与。
>
> ——赵文杰老师

我在交大足球队的两次"囧"历

匡力超

我的足球经历大致如下：1982年10月进入校队，踢拖后中卫；毕业后在几个单位都从零开始带出单位足球队；1990年我作为主力中后卫代表武汉市大中专教工联队参加湖北省第8届运动会足球比赛。

因为我是进交大才开始踢球，所以我的足球基础很差，技术一塌糊涂，传球基本上是传哪指哪。1982年9月，校队因数名主力面临毕业，开始找备胎。一天下午，我在场上踢野球。因为是班级队水平，对方没有厉害的前锋，我踢得有点无精打采。下来以后，赵文杰教练在场边把我叫住了，直接让我对位当时校队的主力前锋支宏。

匡力超在交大徐汇校区足球场上的留影

接着，我就被支宏那一往无前的气势和快速灵活的脚下技术折磨了十分钟，至今他身体的晃动和脚下神出鬼没的钉鞋仍然历历在目。唉，去年我跟支宏聊天，他已经完全不记得这个事情了。下场之后我惊魂未定，但惊喜不约而至，赵老师让我第二天去校队报到。当然，这只是我校队生涯被队友们练习赛暴虐的开始。前锋就不说了，中场小广东、胡冲、钱师兄也经常把我当假想敌（类似踩单车动作经常让我晕头转向）。

在我的记忆深处，一直存留着我"悲惨"后卫生涯中最难忘的事和最"囧"的两件事。

1983年上海高校甲组联赛，我们客场对阵复旦大学。因为复旦大学队一

直都是交大的"送分童子"，交大去看这场比赛的球迷也特别多。比赛场面如大家所料，交大占明显上风。对方只有一个大个子中场是强点。就是这个大个子在一次进攻中突然在30米开外突发冷箭，足球势大力沉直奔球门而去。但是这个球角度一般，守门员苗壮正不慌不忙做出潇洒的接抱球动作。我看到皮球要经过我左侧约一步距离飞向球门，当然不能放过，以一夫当关万夫莫开之势飞起一脚，惨案发生了——皮球在我的左腿上折射，打了苗壮一个措手不及，我回头看到皮球钻进球门死角，顿时感觉生无可恋。事实上，这个球是我的一些哥们能记住关于我足球生涯的唯一事情！

1984年临近毕业的暑假，虽然分配工作未定，我还是随队参加了在天津大学举办的全国部分工科院校足球邀请赛。我们在面对唯一不是工科学校的北京大学队的比赛中，两队实力相当，交大略占上风。在一次对方反击中，我已经完全补防到位。在离我方禁区线三四米左右，对方中锋带球冲我而来。前面的几十分钟比赛我跟他已经对过几个回合，觉得对方能力一般。我眼角左右一扫，看到右边有对方队员在接应，但是王磊已经到位盯防。我突发奇想要秀一个声东击西式的断球——身体向右佯动，右腿发力，然后向左突然启动。这个动作的失误率很低，断球成功率很高，而且即使不成功，也能把对方逼向左侧边线方向，减少对我方球门威胁，阻断对方第一时间向我右方的威胁传球。但悲惨的是对方在我主动向右晃动的同时，直接赌博式地选择向我左侧趟球（可能其他人看来这人的动作甚至比我更早一点点），造成的现场效果是我在对方向我左侧突破时主动让出左侧防守！我的搭档王磊看到这一幕目瞪口呆。等我身体转向左侧时对方已经基本上形成了突破，在禁区线前左脚左肩扛住我后射出一脚刁钻的地滚球，球从苗壮的远门柱入网。真是一次标准的偷鸡不成蚀把米的表演。

我离开母校三十多年了，依旧一如既往地热爱母校热爱足球。

祝贺母校成立126周年！愿母校永葆青春！祝贺交大足球队成立121周年！愿交大足球根深叶茂永放光彩！

> 匡力超文章与众不同，他不讲在校足球队期间的高光表现，却自我调侃地暴露两次比赛中的囧事，足以反映他坦诚豪爽、敢于担当、开朗乐观的性格。

匡力超施职中后卫，球风硬朗，充满激情，干净利落，具有激发、调动和凝聚团队士气的能量。同时，匡力超在日常生活中，是个有情有义的好人，又是个疾恶如仇的硬汉，对看不惯的人和事会直言不讳，对需要帮助的人则施以援手，是个正直善良的"大哥"。

足球有"囧"事，人生何不如此。遇到了，发生了，一笑了之，继续前行，这就是体育精神，这就是匡力超要告诉我们的。

—— 赵文杰老师

一生痴爱足球

王义喜

2022年是上海交通大学126周年校庆，也是交大足球队成立121周年之庆，当年的校足球队教练赵文杰教授发起"我与交大的校园足球"故事征集活动，许多师兄师弟纷纷投稿，令我也止不住心潮澎湃，遥想起当年我的足球青春岁月。

一、混

1982年我从湖北省武汉市第一冶金建设公司的第一子弟中学（同中学有79级的徐青院士）考入上海交通大学动力机械工程系制冷工程专业。小时候我最喜欢的就是混在大哥哥们的屁股后面捡足球，顺便踢两脚。初中的时候，因为长跑比赛经常获冠军，我参加了校足球队，在紧张的文化学习之余，每周还参加两次校足球队训练。高中时的班主任陆明惠老师非常反对，又无可奈何，只有在足球队每次训练之后，赶快把我抓到课堂里面学习。

高一的时候参加了武汉市中学生足球三好杯的比赛，破天荒第一次领到了一双带鞋钉的足球比赛专用鞋。因为高二的队员多，我们高一的队员基本上都是替补板凳队员，好像是穿上鞋子还没有踢上一场球，比赛就结束了。球鞋还是崭新的，以后舍不得也没有机会穿，一直把它带到了上海。

刚进入大学，校足球队赵文杰老师来新华路分部组织一年级新生校足球队选拔赛。当时正是秋雨连绵，我穿的是足球钉鞋，在泥泞的球场上脚不打滑，占有优势，经常盘球连过几人，估计入了赵老师的法眼。分组比赛后，又进行传球测试，那个时候体力充沛，我又是左脚将，左右开弓，传球到位，有这个特长的人还比较少，估计就是这两个原因，就如同混进交大一样，我又混进了交大校足球队。同期被录取进校队的有广东的林征和陆启翘、上海的许明和陈秋华、北京的史睿和大连的苗壮等。

1982—1985级交大湖北球友会合影（后排右1为王义喜）

进入球队后，师兄们的水平比我高太多了，有足球世家的子弟，有少体校的骄子，而我完全是自学成才，眼睛视力600度高度近视，戴着眼镜踢球不方便，不戴眼镜的话球在哪里都看不到影，根本坐不上主力的位置，一直就是板凳队员。

加入校队的好处是体育课免修，每周还有正儿八经的踢球训练时间。校

获得1985年交大杯的二系足球队
前排左起：3彭小蓟、4石岩、5张委东、6黄伟、7孙克坚、8章越；后排左起：3任鹰、4张惠良、5王义喜、6黄方景、7袁旦

队的每次训练我基本上不会拉下，而且几乎都是我拎球袋，看在勤劳的份上，也需要有队员做服务工作，赵老师让我在校足球队混了三年。

二、痴

大学生活中我基本上都在放飞自己，一周七天不管刮风下雨，起码有五天混在球场上，为了占球场，与其他人发生扯皮的次数也不少。每年参加完校冬季十公里长跑比赛，我还要到球场上踢两个小时。

四年的足球生活，我没有什么出彩的地方，每年上海市大学生足球联赛，我都是跟着球队大巴车出去，像啦啦队一样坐在场边喊喊，再坐着大巴车回来，与啦啦队不同的是，可以免费乘车。

一次分队比赛，一个飞铲，把即将射门的足球牢牢地封堵下来。现在两条大腿的外侧，还有铲球后留下的长长的伤口汇聚成的一团肉瘤。印象比较深的还有守门员苗壮，每次上场比赛之前都要拉着我上厕所，到小便池前站一站，缓解一下紧张的情绪。

三、爱

大学四年，我参加和组织了二系（动力与机械工程系）足球队，在交大杯的足球赛中参赛三次，两次获得冠军。我还组织了湖北的校友成立湖北球友会，那时我们有足球队和篮球队，足球队员有陈祖华、李国刚、孙作春、曾祥和叶建喜等，篮球有王珏、孙耕、陶立军、张继勇等，经常和其他省份的球队比赛。有一次约了和其他省队比赛，我很不幸正在补考理论力学，窗户外面有队友等着拉我去球场，我迫不及待地把四道题目呼啦一下写完，交卷后直奔球场。

大四的时候，学校组织过一次女子足球系队间的比赛，我做二系女子足球队的教练。看着她们踢球，我真是着急，估计赵老师当年看我踢球的感觉和此时此刻的我是一模一样的。

四、校园足球的延续

1986年大学毕业回到武汉，原校队的匡力超师兄加入了我们的队伍，特别是1987年孙作春这一届同学回来后，力量更加壮大，我继续组织湖北校友足球爱好者在武汉的各个球场上约球踢球，足迹遍及武汉三镇，汉口的新华路体育场外场、武昌的华中科技大学、武汉大学足球场和汉阳的船舶技术学院足球场等等，持续了几年，随着同学们谈婚论嫁、结婚生子，队员变得稀稀拉拉，没了后文。

2009年交大湖北校友会成立之后，首先是拉起了足球队，我们仿佛又回到了学生时代，热闹了一年，后继无人，又断了情缘。我只有踢野球，到处混球踢。

2020年在上海成立的交大校友足球俱乐部，延续了交大足球的传统，把热爱足球的校友又集合起来。

随着武汉抗击新冠病毒疫情的胜利，全球交大学子都关心湖北的校友，在赵文杰老师的关怀指导下，卢建华主席、王维理监事和我共同发起组织了交大足球俱乐部全国队员于2020年11月7日来武汉进行慰问比赛，此举联络了校友感情，弘扬了交大精神，增强了交大凝聚力。

回顾历史，展望未来，我以交大为荣，以交大校友足球为荣，以交大校友足球队教练赵文杰教授为荣！同时，也以自己是交大校足球队校板凳队员为荣！

谨以此文，献给上海交通大学126周年校庆和交大足球队成立121周年之庆！

祝福上海交通大学！

祝福我的足球教练赵文杰教授！

祝福为母校足球带来荣誉的全体校队队员和全体校友！

王义喜如同他武汉籍校队师兄匡力超，措辞低调，自嘲调侃。其实，低调就是腔调，自嘲来自底气。义喜自称"混"进交大，"混"进校队。好一个"混"字了得，没有胜人一筹的水平，门槛颇高的交大岂能轻易"混进混出"？没有球场上的拿手绝活，高手比拼的校队怎能数年金榜题名？我对义喜印象很深，他就像当年"金左脚"申思，堪称"超级替补"，是个有个性和特点的球员。更可贵的是，义喜虽"怀才不遇"，但绝对顾全大局，具有团队精神和集体荣誉感。他比赛上场机会不多，却毫无怨言，服从安排，时

刻准备着，并积极协助队内辅助事务。

　　义喜是个既有热情又有能力的公益达人，在自主创业日理万机之余，积极主动承担为校友服务的工作。尤其令人难忘的是，2020年11月，以义喜为核心的武汉校友，精心策划并成功举办了沪鄂杯上海交大校友足球友谊比赛，为庆祝抗疫阶段性胜利和传播交大足球文化做出有益的贡献，得到校友们的高度点赞。

　　祝福湖北校友会兴旺发达！祝福湖北（武汉）校友足球日益强盛！祝福王义喜绿茵场再展雄风！

—— 赵文杰老师

踢球？读书？交通大学？同济大学？

——我曾面对的两次选择

高春武

人在一生中需要做出无数次选择，其中一些有重要影响的选择会经久不忘。我在考入交通大学之前和进入交通大学之初，就曾两次面对这样的选择，六十多年后回想起来，仍记忆犹新。

一、第一次选择：踢球？读书？

因受兄长影响，我自小就喜欢足球运动。1955年大连市组建了第一支少年足球队，我有幸被选入。球队发扬大连足球的优良传统，进步很快，1956年获得辽宁省第一届少年足球锦标赛冠军，1958年又夺得全国少年足球锦标赛冠军。这支少年球队的优异表现，在社会上造成了一定影响，也引起一些地方或部队专业球队的关注，有的队友就弃学去专业队踢球了。当时，作为高中三年级学生的我，本应进入刻苦备考的阶段，可十七八岁爱玩的年龄，再加上那个时代学校经常停课，学习时间难以保证。怎么办？是继续踢球还是坚持读书，是去踢职业足球还是去读大学深造，人生中一次重要选择摆在我的面前。经过认真思考和反复权衡，我认定读书应该是我一生的追求，用知识武装自己才有本领为国家和社会服务。足球不能成为我一生的职业，只能作为业余爱好和强身健体的项目。这样，想清楚了，目标明确了，行动就跟上来了，我彻底安下心来，争分夺秒地刻苦复习，经过几个月的拼搏，终于考取了全国重点学校——（上海）交通大学，使我的这次选择，有了令自己、家人、亲友都满意的结果（注：1959年我报考和录取时，交通大学仍是一个学校，但分为上海和西安两个部分，1960年国务院才决定分设为上海交通大学和西安交通大学两个学校。在下面的记述里，我就以"交大"简称我就读的上海交通大学）。

二、第二次选择：交通大学？同济大学？

　　1959年秋，我满怀喜悦从家乡大连来到上海，走进交大这个大家庭，开始了我的新生活。可仅仅几个月后，校方就有人来征询我，是否愿意转学去同济大学读书和踢球。这是怎么回事呢？原来，上海市为使上海知名高校在主要体育项目上有所突破从而扩大影响，从1960年开始，对全市高校进行重点布局，篮球重点放在交通大学，排球在复旦大学，足球在同济大学和东华大学。全市高校中凡有三大球特长的学生，要向相应的重点学校集中。这种调整对我个人而言，使我面临又一次选择，是坚持交大还是转向同济，我为此而矛盾着。经过分析和冷静思考，我认识到交大是座历史悠久、国内外知名的大学，为国家培养了一大批以钱学森等人为代表的顶尖人才，为国家

1961—1963年球队成员

前左起：刘汉东、顾友良、陈州、周永刚、陈宏坤、张殿元；
后左起：李积德、张小隽、陈勇福、印仲元、张邻康、丁聚宝、芦甜、高春武、李佑俭

建设做出了不可磨灭的贡献，是全国工科院校中的佼佼者。而我更属意于她的原因是，她无外国及教会的背景，她是国人的骄傲。我是以第一志愿报考的交大，被交大录取是无比自豪的事情，我不能因为踢球就弃她而去，我必须坚守交大，在交大完成我的大学学业。

经过五年苦读，1964 年毕业后我走上建设祖国的工作岗位，发挥出自己应尽的力量。从 1985 年开始走上领导岗位直至退休，使我有更多机会为国家和社会服务，这一切都得益于交大的培育。交大足球队是培育我成长的另一个集体，团结拼搏、勤奋争先的团队精神鼓舞我不断进步，被选入上海大学生足球队后，参加全国比赛并夺冠，表明交大足球在全市高校中的传统和影响在延续。交大足球也为我强身健体打下了很好的基础，使我至今（虚年龄 80 岁）仍在随苏州市元老足球队活动，每周踢上两场九人制的比赛，真是其乐无穷啊！

人的一生可能会忘记许多事情，可我终生不会忘记交大，我的母校；不会忘记足球，我的至爱。

高春武是 20 世纪 50 年代会读书、会踢球的学霸型球星。1955 年入选"足球之城"大连少年队，并先后荣获辽宁省和全国少年比赛冠军。他具有走专业足球之路的功底和考进名校深造的实力，最终因选择读书而进入心仪的上海交大。入校后，他是交大校队主力，他代表上海市大学生荣获全国比赛冠军。足球重点项目的同济大学青睐于他，而高学长对交大情有独钟，毫不动摇地留在交大。

"踢球还是读书"的择业和"同济还是交大"的择校，这是高学长当年面临的人生发展重要抉择，也是不少喜爱踢球的青少年以及他们家长"烧脑"的选择。当"鱼和熊掌不可兼得"时，显得严峻而又现实，考验着人们的智慧和能力。当年的高学长毫不犹豫地选择了读书，选择了交大，选择了交大足球。年逾 80 的高学长以精炼简洁的文字，回顾了他在 20 世纪 50 年代的亲身经历及其感悟，字里行间充满了对足球和母校的挚爱，以及对当初选择交大深造并坚持业余足球的欣慰。

高学长的故事告诉我们，业余足球不但能强身健体，而且会

有效促进事业、家庭、社会的发展，给我们带来诸多意想不到的红利。"一切得益于交大的培育，交大足球队是培育成长的集体"，这是高学长的深情感悟，也是众多足球校友的共同心声。

80高龄的高学长还参加苏州元老队活动，每周两场九人制比赛，为爱好足球的校友们树立了"踢到80岁"的榜样。让我们跟随着高学长的步伐在绿茵场上一起奔跑，一起享受足球的快乐！

——赵文杰老师

第 5 章

激情岁月

难忘的足球兄弟

杨振炜

一、进入交大

我从小在静安区业余体校训练足球，1997年从市西中学考进上海交大就读于材料学院，一起进交大的还有我的队友马翔（管理学院）。入校不久，校队的学院师兄，来自鞍山中学的朱震华就得知我是足球二级运动员，希望我加入院队参加希望杯，从此我就成为材料学院足球队的一员，接着进入校队。

朱震华师兄平时戴着眼镜看上去非常文艺，在场上，司职边后卫的他抢断毫不含糊，进攻也可以下底传中，非常全面。中轴线也基本都是来自鞍山中学的师兄，前锋是抢点高手王征，顶到的球如带着瞄准镜一般精准；中

2021年南洋杯校友足球友谊赛中的杨振炜

133

场刘强，调度能力非同一般，经常一个人压制整个对手防线，胡健传接抢断跑位是中场的屏障，后卫王志伟和刘斌智配合默契，加上朱震华和队长钮劲峰，坚不可摧。当时的门将是张议，技术全面、霸气非凡，就是那种走路带风让人恐惧的那种。但是庆幸他跟我一个队。

刚加入校队，我和马翔有点志忑自己能否可以有好的表现，在场上我们选择了左右前卫。随着大四的师兄们毕业逐步离队，我和马翔也在队里渐渐地站稳了自己的位置。

我们在闵行校区的几个队员，平时在闵行参加希望杯作为训练。其实校队和院队都是我们交大足球队员心中神圣的队伍。很遗憾材料学院相对规模小，希望杯总没有带大家走得很远，和刘强（电力学院）、王征（化学化工院）、马翔（管院）他们在的大院比起来总有差距。我个人的感叹就是足球队伍所在土壤的强大很重要，我院也是人才辈出，只是碰到各个位置都有深度的大院就捉襟见肘。我的同学们非常喜欢和我一起踢球，而且总是以我在校队为荣，这点我既高兴又很抱歉，我对自己学院的足球队非常愧疚，没有在队中打出好的成绩。

二、校队成长

大学足球队迎来送往，每年都是一个周期。第二年的时候，加入校队的就是唐盛祖，那可是超越常人的队员啊，他竟然还是左脚将，我一直感叹，他是可以头球顶得比人脚踢都更精准有力的前锋。

每年的比赛季，总是学期中最兴奋的时候，也日益加深球员对球队感情的时候。当时上海市大学生联赛，前两名总在足球重点学校东华大学和同济大学之间，那几年主要琢磨着怎么把复旦大学拿下。每次出校比赛，和各高校球队交流，便使球员和教练之间有了更多的熟悉。

我对校队的每个新人都是充满感激，毕竟每一年都是靠阳光鲜活的一批批新队员填补毕业兄弟们留下的心灵巨创。随着我们中场主力毕业，有一次我们到南洋中学去踢了一场友谊赛，他们的后腰太全面了，抢断加调度，我们全队都被他一个人牵制。赛后就跟两位老师说，我们能有蔡振华这样的腰就好了，甚至在心里琢磨，是不是要帮他补补课，从徐汇过去的话路也不是很远，让他考交大。还好他很争气，新学期他就考进了交大，我们瞬间就有了"腰好什么都好"的幸福感。

2002 年还是 2003 年的时候我们打入了"飞利浦大学生联赛"全国阶段比赛，进入决赛阶段也伴随着很多老队员毕业。唐盛祖毕业后我一度很沮丧，幸而大乔和研究生队的余骏与张峻来到了校队。在研究生队，我就打心里喜欢他们两个电信人的性格和踢法，率直犀利，能冲能抢，非常聪明。决赛阶段在济南，这是交大足球队少有的出上海的集体活动，很有意思。但是我们没有取得好的成绩，我也有门前凌空打飞，心情也一度低落。

在校队基本是高年级的当队长，因为我考了本院研究生，所以我有幸在校队待了近 7 年。后几年也可能因为年级最高，我担任了队长。平时虽然喜欢说话，但是在球场上并不太会指挥。午夜梦醒的时候，我总是在想，我会不会是在校队时间最久和担任队长时间最长的一个，顿时觉得我真幸运。

其实在大学踢球，我脑海中总想起外公告诉我的话，说他那时候，好球员也都是高知，像方纫秋、朱家桢，会用脑踢球，要我像他们看齐，踢球学习两不误。在大学也可以把足球踢好，恰到好处的传切跑接，封抢争射，令人非常快乐。

三、离开学校

毕业后，我没有从事和足球相关的工作，现负责一家外资工业品公司在国内的运营，从事进出口和国内贸易。生活中，走到哪里都有足球。中学、大学我一直兼着教小球员，而且乐此不疲。1997 年王后军建立足校的时候我就是首批的教练，后来业余时间我会找机会带些小朋友踢球，足球给我的快乐，我希望有更多的人可以感受到。

小时候踢球是理所当然，长大成为一个快乐的业余足球运动员，忙碌的时候就挂靴，永远不用担心退役。无论今后我在哪里，发展如何，这辈子是走不出球场的，希望有机会的时候就可以做些让人开心的事情。

四、生在球场边

作为家里老二，生于 1979 年 4 月的我，得到的一切似乎都是幸运的。亲家双方各带一个，我是跟着外公外婆长大。我的外公林耀清，无锡状元楼世家，和唐文厚先生等人列于上海足坛"五虎将"，长几岁的唐队长和他各司右左前锋。外公在静安任教，我从小就在静安区第二体育场长大，跟着外公

从小跟着外公和舅舅在球场边长大的杨振炜（第一排小孩为杨振炜）

训练，在场边看球挖沙。

林耀清桃李满天下，并且于20世纪80年代早期开始成立上海首家少年儿童足球俱乐部"永和少儿足球俱乐部"，当时上海有资质的球员都汇聚于威海路体育场的七人制泥场，训练、比赛忙得不亦乐乎。他还组办了上海市多届九龄童足球比赛，为足球孩子提供交流的平台。而且当时我舅舅林志桦也已经在五届全运会崭露头角，作为队长带队到上海申花进行职业化转型。他是我可以接触到的传奇，虽然在一个屋檐下却很少见面，但可以感觉到职业运动员的艰辛。

受外公、舅舅影响，在球场边长大的我，自然也走上了踢球道路。然而小学毕业了，我还没有参加过正式比赛，因为我所在的西三小学并没有球队。直到初中，我和队友才在市西中学聚首，前几年代表中学参加新民晚报杯，后来代表静安区体校参加市少体校比赛。

静安少体校球队有很大的年龄断档，到我这个年龄段，球队在上海属于弱队。预备班开始，我们平均每场丢球达到两位数，到初一的时候有场球输了5球，我们快乐地感到，兴许机会来了。果然到初三我们在市里体校比赛可以进入前三，到高中的时候，我们可以在市里前二，唯一一直没法战胜的就是当时人才济济的普陀区。适逢徐根宝的有线02俱乐部开始组队，他们年龄小我们2岁，第一届有线02杯足球赛，我们基本不分上下，毕竟我们是业余体校，这个成绩已经不错了。每次比赛，我总是单纯地沉浸在可以一个人请假走出书声琅琅的教室的快乐中。

五、感　谢

在交大踢球，非常感谢赵文杰老师、顾根陛老师和陈钢老师对我的培养，老师们对我的要求和教育，不同于以往的教练，他们更多的是给我一份帮助、一个目标、一个个机会和一片天空，让我自己去做。回首这些年来的成长，我努力了但没有做得很好，将来我会更加尽力投入，为爱足球的人创造一个好的发展空间。

感谢洪浪找到了学院的照片，感谢各位老师、队友、同学、朋友的关心支持，在交大足球队121年之际，衷心地感谢学校可以给我一个整理过往足球经历的机会。继续前行，每一次相遇都是新的起点，也给各位最美好的祝愿！

杨振炜的外公林耀清是当年享誉上海滩足坛的"五虎将"之一，徐根宝的恩师，上海足球青训的老法师；其舅舅林志骅，是上海申花队主力、上海女足功勋教练、上海足球青训优秀教练。

出生足球世家的他，从小跟着外公在球场边长大，起跑就是赢家。进入交大后，以其扎实的技术和优良的球风，很快占据校队主力地位。本科和硕士期间，为交大足球征战7年，施职中场，能攻能防，能控能传，还有极具杀伤力的临门一脚。他个子不高，力量和体能也不占优，但凭借良好的大局观和基本技术，再加上积极奔跑和顽强拼搏，始终是球队的核心，也是对手重点防守的对象。

杨振炜为人低调，待人和气，在队员中有很高威望，也是教练的得力助手，成为交大足球史上鲜有的校队和校研究生队双重队长。

——赵文杰老师

致青春——我的九年交大足球往事

李 翔

　　说起我和交大足球结缘，第一位领路人就是赵文杰老师。在新生入校后的第三天，在食堂门口的社团处报名了体总足球部，然后一周后被通知进行裁判培训，培训老师就是赵文杰老师，给我们上了第一堂裁判课，期间也给我们讲述了交大足球和上海足球的一些历史，由此拉开了九年足球生活的序幕。

　　我是1997年从无锡考入上海交大物理系，而后又在物理系攻读博士学位，一共在闵行交大待了九年，也足足地踢了九年球。难怪毕业时候，我的博士生导师曾经说过一句话"你是主修足球，辅修物理毕业！"九年间，有太多值得回味的比赛和瞬间。

2019年3月，在交大徐汇校区足球场上，参加文杰杯校友足球邀请赛前的合影
左为杨振伟，中为赵文杰老师，右为李翔

一、内战篇

本篇主要回忆我参加交大校内希望杯的故事。物理系是个小系,每一届学生一般是30 ~ 40人,整个系不满200人,甚至都不如电院的一个年级人多。物理系在希望杯的历史上基本都是陪太子读书的角色,小组从来出不了线。生在小系,既是不幸的,也是幸运的。不幸是因为整体实力积弱,幸运是因为我们1997年这一届有好几个喜欢踢球的。因为人少,我们大一时候就可以作为主力参加希望杯,这是其他大系没有的福利。

1997年大一希望杯第一场,我的希望杯首秀,3比2赢了同为小系的船舶学院,踌躇满志,以为可以在交大小系逆袭,第二、第三场接连遇到化工学院和建工学院(后来化院是当年的冠军,建工是第三)两个强队,分分钟被教做人,尤其是化院的王征和谭伟锋两位快马,我们两条边被打成筛子,两场比赛都以接近两位数的比分输了,第一年希望杯就此惨淡收场。不过必须要提一下,那一届希望杯决赛化工对电院的比赛,我个人认为绝对是我在校九年所经历的希望杯历史上水平最高的决赛。化工王征和电院刘强两位校队成员的水平都发挥得淋漓尽致,最终化院3比2夺冠。1998年大二,随着珠宝班从上中路迁回闵行校区,尤其是超巨刘斌智的加盟,物理系的实力有了显著提高。小组赛第一场8比2大胜建工,也算报了上一年惨败的仇,大三师兄朱槿一人五子登科。那一年在闵行校区掀起了"物理风暴",一路杀到四强。半决赛时候,很荣幸在新建成的光明体育场真草足球场上进行,但是不幸遇到了拥有校队成员马翔、阿布拉提等人领衔的管院,最终遗憾止步四强,这也是物理系在希望杯历史上的最好成绩。

2001年直博后根据希望杯规则,我加入了研究生队。那年我研一,研究生队实力还是比较强的,希望杯顺利进入淘汰赛,对阵化工学院,半场2比1领先,可惜下半场没多久球队超级巨星杨振炜(上海足球世家子弟,林耀清外孙)大腿拉伤退赛,结果结束前五分钟被化院雷阳明(在交大比我踢球年份还要长的活化石,活跃在交大足坛13年)接连两个神仙球淘汰出局。不过我个人获得了当年希望杯最佳射手,因为那年有小林House赞助,还拿到了一双阿迪达斯Copa皮足作为奖品,也算聊以自慰。2002年因为南区体育场翻修人工草皮,希望杯暂停了一届,那一年唯一的踢球去处就是商业街旁边的手球场,全闵行交大踢球的人都挤在两个手球

场上，人满为患。

2003年，随着雷阳明、顾文俊、袁华、胡松、周光义、王俊、蒲东麟、张卜南等人陆续考上研究生，研究生队迎来了实力最鼎盛的一届。那年分组，研究生队和法学院，还有电院分到死亡之组，因为法学院当时有校队成员伊里夏提等领衔，电院从来没有缺席过希望杯四强。第一场对法学院，赛前一晚两队分别在校门口"成都饭店"和"新疆饭店"密谋商量战术到很晚。第二天我们开局很专注，开场五分钟就破门了，结果上半场就以5比0领先，最终获得了开门红。其后，一路全胜，小组出线，小组赛电院和法学院的生死战中，电院不幸告负，是唯一一年电院没有进入淘汰赛阶段。而后我们一路挺进到决赛，面对的是由校队成员丁璇、小乃比江、留学生队队长韩尔率领的管院。决赛踢得非常艰苦。因为下雨，研究生队的整体配合很不流畅，上半场0比1落后，好在半场休息时候大家心气仍然很足，下半场开场没多久管院的小乃比江面对我们传中的时候不慎自摆乌龙，物理系扳回了一个。而后我们继续保持压力，袁华则在中场死死缠住丁璇，最终在下半场三十分钟的时候由王俊一脚远射，反超了比分。那一年也算是我个人在校内比赛的最巅峰时期，夺冠的同时还获得了最佳射手，可惜的是那年没有赞助商，没有任何奖品。

因为2003年研究生队的夺冠引发了"众怒"，并且随着硕士生扩招，在校研究生人数越来越多，在各院系球星的强烈要求下，2004年开始研究生不允许单独组队参加希望杯，打散到各院系参加希望杯，并且限制每个队最多三名研究生上场。于是，我又代表物理系参赛。印象比较深的是2005～2006年的希望杯，那也是我最后一届希望杯。物理系又迎来了一批资质不错的本科生，加上我和胡松两位研究生外援，时隔三年后物理系再一次小组出线。因为当时我在校时间实在太长了，进入了第九个年头，已经"熬走"了整整两茬本科生，所以年轻一代的球星们对我这个"老头子"已经"颇为不满"。八进四遇到了另外一个小组的第一，是吴廷华领衔的信安学院。赛前吴球星觉得抽到了一个好签，扬言要轻松进入四强了，这也成功激起了"老头子"的好胜心。在那场比赛里，我先是通过角球头球攻入一球，而后又突破助攻小师弟打入一球，最终以2比0带领物理系再次昂首进入四强。可惜因为整体实力关系，在半决赛中输给了拥有田培琳、余顺林、魏强等人的船建学院，就此退出了希望杯舞台。

二、外战篇

这部分主要回忆代表交大参加上海市比赛的一些片段。这期间主要参加了钱伟长杯上海高校联赛、上海高校研究生联赛和延锋杯五人制比赛。

2003年上海大学为庆祝校长钱伟长90周岁（据说钱老也是个足球迷）而举办，这也是上海高校草根联赛的雏形。在此之前，飞利浦大学生联赛基本上各高校都以特招生、体育生为主组队，而"钱伟长"杯是面对普通学生，飞利浦联赛的队员不允许参赛，我有幸得以入选代表交大出战。当时的球队教练是陈钢老师，政委是顾剑平老师，领队是朱凤军老师。不知道陈老师当时处于何种考虑，没有给我最喜欢的7号而是给了我10号球衣，搞得我压力很大，第一场对华师大几脚射门全打了飞机，最后0比1告负。第二场对上师大变成了必须要取胜的关键之战，而且还是客场作战。那场比赛我们最终1比0取胜（我突入禁区被放倒，获得个点球）。而后华师大被查出有飞利浦联赛的学生参与，被取消资格，交大后续又客场赢了东华，以小组第二出线。那场比赛印象最深的是雷阳明，在对方禁区被断球后一路回追到本方底线铲断对方的反击，全场震惊；我则依靠突入禁区后继续赢得了一个点球。但是半决赛对手是东道主上海大学外加客场作战。比赛开始没多久就先失一球，好在没多久付川就任意球扳平，下半场李仲凯又在对方禁区利用对方守门员扑任意球脱手补射反超比分，艰难地在客场取胜晋级决赛。决赛对阵复旦，赛程先主后客，在主场我们1比0小胜（周先连底线传中，我中路头球打入唯一进球）。一周后到复旦客场，复旦给安排了北区的土场，而且前两天下过雨又突然起风降温冰冻，场地坑坑洼洼。结果开场三分钟，复旦一个毫无威胁的任意球落在小禁区的一个土坑里不规则弹起变向，守门员来不及反应，先丢一球，两分钟后复旦一个传中，因为大风影响守门员的判断，结果直接进门，我们一下子心态崩了，最终客场饮恨总比分输给复旦，屈居亚军。可惜钱伟长杯只举办了这一届。

从2001年开始我还连续四年参加了上海市研究生联赛。2001年第一次参赛，在复旦大学举行，唯一的印象就是大冬天雪后参赛，赛后一身泥巴，然后就进卫生间冷水冲洗，冻得浑身发抖。不过那一届交大由李心刚老师带队，后勤安排得非常好，每次比赛结束都会安排小巴车统一送队员到本部享用午餐和洗澡。2002年的比赛在二军大举行（这个比赛规定每一届的举办地是前一届的冠军），杨振炜是我们的队长和大腿，小组赛全胜，其中4比3赢了复旦的比赛，杨振炜一人包办了四个进球。半决赛对阵华师大，我把握住一个单刀机会以2比0取胜进入决赛，对阵东道主二军大。二军大有三位很有特色的队员至今仍然记得，两个前锋，一位接近1米9但很少头球和一位1米6出头但是很壮，中场那一位人送外号"巴拉克"（长相确实和巴拉克很像，毕业后有次去二军大踢球还遇到过）。决赛双方踢成1比1，进入点球决战。我们的守门员任尊茂扑出了对方最后一个点球，而杨队罚进，最终获得冠军。到了2003年，研究生联赛换到交大闵行举办，我们也是一路杀进决赛，又是对阵二军大，又是进入点球决战，结果这次运气不在我们这边，点球失利，主场痛失冠军。2004年之后，随着杨振炜、李仲凯等人毕业，研究生队实力有所下降，没有再能进入决赛获得好成绩。

期间陈钢老师还带着我们参加了一届上海市延锋杯的五人制比赛，印象当中有一百多支队伍，小组出线一路进入32强，16强，8强。在八进四的时候输给了上师大校队，遗憾止步。那个时候智能拍照手机还没问世，因此很遗憾没有留下太多照片。

以上就是我对交大足球的回忆，一晃已经毕业15年，但是最难忘怀的仍是在交大球场挥洒汗水的日子。愿交大足球发展得越来越好！

李翔是个典型的"双料"人物，交大九年求学，既是会读书的学霸，一路从本科轻松读到博士；更是会踢球的"球痴（星）"，物理和足球伴随他漫长的交大生涯，乃至其博士生导师笑侃他"你是主修足球，副修物理毕业"。

李翔的文章有一个特点，用大量篇幅详尽地描写了他参加过的校内、校外比赛中的细节，有些简直就是用文字回放比赛实况，人物、情景、结果和事件栩栩如生，令人惊叹。这除了他与生俱有的超强记忆外，恐怕更是他对足球的深爱，尤其对交大足球刻骨铭心的情感。

如今，李翔活跃在交大校友足球团队，其体能、技术、意识依然状态良好，尤其快速插上助攻的能力堪称一绝，往往给对手致命一击。李翔不仅球技出色，而且为人谦和，球品优秀，具有团队精神，因而受到队友们喜爱，被尊称为"李博"。

——赵文杰老师

我刻骨铭心的交大足球缘

章浩然

我叫章浩然，来自上海，是上海交通大学凯原法学院2007级校友。我自小酷爱足球，也有幸从小受到了比较正规的足球训练，曾经是上海申花梯队中的一员，并在高中时随队获得过市运会的亚军和青运会前六的成绩，从而获得了足球二级运动员的资格。但是我高考时并非体育特长生入校，因此在大学期间可以不受限制地参加所有比赛。

我有幸在上海交大度过了四年美好的青春时光，而足球情缘又是其中的重中之重。今年是交大足球的121周年，我在校庆杯时幸运地获得了赵老师给予的机会来记录这段美好。我首先感谢给我带来深刻影响的三位交大足球前辈：赵文杰老师、顾根陛老师和陈钢老师。

一、校队篇

1. 2007～2008年

刚入学不久，由陶晶学长发起组织的"长三角大学生足球联赛"，简称UFL，随即拉开大幕。通过层层选拔，我和7号周栋鹰很幸运地成为当时仅有的两名能加入校队的大一新生。当时我获得号码是11号，而11号也成为我在四年交大校队生涯的唯一号码。

当时整支队伍实力相当强劲，队长是王何舟（10号），球星包括但不限于：艾里哈木（2号），吴骏（4号），朱恩佑（5号），丁一（6号），周栋鹰（7号），傅歌（8号），彭旭丹（9号），刘夏汀（12号），刘睿（21号），陶锦超（23号），唐灵寒（24号），黄志英（26号），努尔（29号），卢志坚（门神）等。

在此年度UFL的常规赛中，上海交大取得了第三的成绩并顺利进入到了淘汰赛。在此后的半决赛中，上海交大与华东政法学院在120分钟内互交白卷，但最终遗憾地在点球大战中惜败，错失争夺冠军的机会。不过这也是我

2007年交大校队集体照、2007年UFL铜牌奖牌及最佳射手奖
杯和2008年大运会金牌奖牌

们这支球队磨合的开始。相信没有2007年的UFL，之后大运会的冠军之旅
会异常艰难。此处还要再次感谢陶晶学长。我在比赛中得到了全队的大力支
持，获得了最佳射手的荣誉。

2. 2008 ～ 2009年

当年对于交大足球来说最重要的事，莫过于上海市大运会。那年夏天，
许多原校队功勋包括队长王何舟、黄志英、傅歌等毕业离队，顾老师出乎意
料地任命当时只有大二的我为新任校队队长，这是巨大的责任和压力，但是
队友的支持很快让我将压力变成了动力。交大在整个小组赛阶段直到半决赛
之前，除了小组赛2∶1险胜东华大学以外，其余比赛净胜均在4球以上。

半决赛时，交大遇到的又是小组赛的对手东华大学，整场比赛打得异常胶
着，但是依靠周栋鹰以及我的各一粒进球，我们最终再次以2∶1战胜东华挺进
决赛。

交大在决赛的对手是上海大学，由于对方也是UFL参赛球队之一，知根
知底的双方在比赛开始后没有任何试探就直接开始了对攻。当时在校队锋线
上与我搭档的是同样来自法学院的刘光宇。比赛中我分别接到了刘光宇和唐
灵寒的传球，并两次头球使交大取得了2∶0的领先，随后我们坚固的中后场
顶住了对手强大的反扑。终场哨响，上海交大获得了2008年度上海市大学
生运动会男子足球冠军，这也是我交大足球生涯中最难忘的时刻。

大运会决赛首发阵容
后排左起：卢志坚、吴骏、唐衍、唐灵寒、周栋鹰、刘光宇；
前排左起：练聪、努尔、章浩然、丁一、朱恩佑

3. 2009 ～ 2010 年

此学年中，交大的比赛任务比较少，仅仅参加了当年的上海大学生足球锦标赛（8 人制）。首场小组赛即以 5 : 0 战胜了后来获得冠军的华东理工大学，但是在第二场与应技大的比赛中发生了突发不愉快的情况，导致遗憾退赛，应该说凭借当时我们交大的实力，再夺一冠的希望非常大。

4. 2010 ～ 2011 年

在这一年中，校队的主教练由顾根陞老师变成了陈钢老师，而球队中也加入了包括田亚、张帆、王天洋、衣涛等众多实力派选手。交大参加了当年的上海阳光体育联赛。整个小组赛中，交大可以说是兵不血刃地以全胜战绩进入淘汰赛。在四分之一决赛中，交大的对手是同济大学，比赛打得十分胶着，甚至也出现了一些不太愉快的场面。但是我们顶住了各种压力，下半场我罚入了一粒直接任意球，最终 1 : 0 险胜同济大学进入半决赛。随后半决赛的对手是华东理工大学。上半场结束，交大出乎意料地以 0 : 4 落后。但随后在陈钢老师的鼓励下，下半场我们打出了气势，并连追 4 球，直接将比分扳

成了 4：4 平。可惜在最后阶段的一次失误使对手偷袭得手，遗憾告负失去了三年内再次夺冠的机会。之后的季军争夺战中对手为上海电力大学，上半场又是慢热导致对方连进三球。但是下半场开场后由张帆和我先后各打入 1 球，随后在比赛最后 1 分钟我再次打入一记远射将比分扳平。而交大也在随后的点球大战中以 4：3 战胜对手获得比赛的季军。

二、院队篇

法学院作为交大中的绝对人数小院，每年本科及研究生招生人数不及 200 人。虽然法学院人数基数少，但出乎意料的是实力派选手众多。拥有的球星包括但不限于：刘光宇——法学院足球队灵魂人物；余顺林——本科期间为原机动学院院队队长；石金飞——法学院坎特；徐奔——希望杯铜靴获得者；还有覃维斯、孙平、熊小明、徐之和等众多球星。

另外法学院还拥有大约 5 名左右的韩国留学生队员，尤其值得一提的是 2008 年服完兵役归队的曾入选过韩国国青队的白石荣。我所经历的院队生涯可以说充满着精彩，作为交大的小院在 2007～2011 年间取得了希望杯亚军一次和季军两次的好成绩，可以说战绩相当傲人。但却也带着一丝遗憾，即我们三次闯入半决赛，一次进入决赛，都在最后阶段铩羽而归，尤其两次半决赛均是以点球告负。不过足球往往就是这样，可能些许的遗憾才能品味出最美的回忆！

三、番外篇

1. 申花队试训

由于在 UFL 联赛中表现比较出色，荣获最佳射手，作为奖励，我获得了前往上海申花队试训的机会。本次试训一共为三天，第一次能与大量球星近距离接触和同场竞技的机会必然让我倍感兴奋！虽说三天的试训很短暂，但却是实打实地与当时申花的一线队一起进行的合练。时间虽不长，但确实也让我认识到了自己与职业球员全方位的差距。

2. UFL 全明星对抗赛

作为 UFL 全明星周末的一部分，此次的全明星对抗赛也在我大学四年的足球记忆中占有很大的地位。当年 UFL 联赛结束之后，根据各学校的名次，我们交大获得了四个参加全明星赛的名额。很荣幸我能成为其中之一，另外

三位交大队员分别是王何舟、傅歌、艾里哈木。

比赛是在交大徐汇校区进行的，对阵双方分别是由我们UFL球员组成的联赛明星队，以及由范志毅领衔的职业明星队，成员包括有秦国荣、李中华、虞伟亮等。

此次比赛我也很幸运地成为当时UFL联赛明星队的队长，因此也是由我和范大将军相对一起挑的边。比赛开始后，我们UFL明星队由于年龄的优势占据着场上的主动。开赛不久我就接到后场长传，单刀打入一球。随后的比赛大家你来我往，范大将军也在比赛中利用任意球打入一球，最终比赛结束我们以5:3的比分获得胜利。虽说这只是一场具有娱乐性质的比赛，但是因为比赛双方的特殊性，相信参与那次比赛的选手都一定会记忆犹新。

以上由于我部分记忆的缺失，可能会遗漏不少过往交手或者组队球星的事迹，在此报以歉意。另外也由于作者文笔有限，可能无法将当时很多场景完整准确地描述出来。应该说虽然四年的交大足球生涯留有些许遗憾（亚军、季军总数远超冠军数），但是这四年交大足球的美好记忆是永远刻在我心中的，在此我发自肺腑地感谢我所热爱的交大，感谢各位带过我并给予我指导的老师前辈，感谢所有一同在球场上奋战过的兄弟们！

章浩然，2007级入校的年轻校友，也是当年校足球队队长，"粉丝"口中的"历史级球星"。他曾是申花梯队成员，接受过正规训练的"准专业"球员，凭借自己高考进入交大法学院，一位全面发展的学霸型球星。他的加盟，提升了交大校足球队实力，在与队友协调配合和共同努力下，他淋漓尽致地发挥了自己独特的能力，取得一系列优异成绩。2008年荣获上海市大学生运动会男子足球冠军，这是交大足球高光时刻，章浩然在决赛中以两粒精彩的头球破门锁定胜局，堪称夺冠的头号功臣。

章浩然有情有义，懂得感恩，他怀念交大的足球生涯，怀念昔日共同拼搏的队友，感谢母校与老师对他的培养，彰显了"饮水思源"的交大校训。

——赵文杰老师

回味交大足球

冼嘉文

我是冼嘉文，1984年入读上海交大管理学院（当时叫十二系），专业是工业外贸，1988年本科毕业。毕业后，我一直从事外贸出口工作，2010年我在广州开始创业，成立了自己的公司生产刷涂料/油漆用的滚筒。另外，我还担任上海交大广东校友会的副会长，以及校友会下属的体育委员会的主席。

我来自广州，初中和高中都就读于广东广雅中学，初中开始踢球，高中时我加入了广雅中学的校足球队，曾经代表广雅中学参加过多场中学校际比赛。当然，作为广东的著名中学，广雅是以高考为本的，所以我们踢的都是野球，没有受过什么正规训练。其实我在广雅中学校队踢球，是很少用脚的，因为我是校队的守门员，当时上扑下扑，经常要飞身救球，我常常为救了一个险球而兴奋好几天，也会为不应该的丢球而耿耿于怀。

进入交大以后，我还是天天和一班球友踢球。大一时期，在球场上听说校队要选拔新队员，就赶紧去报了名。选拔的时候，被赵老师一眼看中，心里十分高兴，但是不敢和赵老师坦白我原来是守门的。就这样，我在大一的时候，就成了管理学院唯一入选校足球队的学生，心里感到十分骄傲。

进入校队以后，才知道什么是一山还比一山高，校队里高手如林，有林征、胡冲、石岩等超级巨星，个个都是专业水准，比我这个踢野球的水平高出很多。我既然技术不够，那就只好用拼劲补上，赵老师先是安排我打右边卫，后来又改为打中卫，我也就玩命地踢。印象比较深的是有一次参加校队的比赛，上半场的时候，我与对方前锋争头球，我个子不高，鼻子被对方用肘子狠狠地打了一下，当时已经流鼻血了，我也不当一回事，继续比赛，直到全场结束。到了第二天，鼻梁越来越痛，只好去医院看医生，检查结果是鼻梁骨折断，鼻子有点塌了。医生马上帮我做复位手术，我记得这是我一生中最痛的一次，当时痛得眼泪禁不住地流。直到今天，我的鼻梁还是有轻微的不正。

另外，作为后卫，我觉得最恐怖的对手不是实力超群的华纺（现东华大学）和同济大学，而是上医大。上医大有几个从非洲来的留学生，个个身材魁梧，看看他们的大腿，足足比我粗一倍，身材瘦小的我，在他们面前，好像是小孩一样。而且，这几个留学生来路不凡，听说还有摩洛哥国家青年队的，我防守他们时真是吃奶的劲都得用上。

有一次，赵老师夸奖我的铲球技术好，还特意帮我拍了张铲球的照片，当然是摆姿势的那种。这张照片，是我站在全体校队队员前面，做了一个铲球的动作，后来这张照片还上了体育系的宣传栏。

在校队四年，我最大的荣誉是在1985年获得了上海市大学生运动会的第七名，当时的交大，不是以足球为特长，所以这个名次已经很不错了。这个第七名的奖章，至今我还保留，我把它和校队全体队员的合照，以及毕业时校队赠送的相册的首页，一起镶在一个相框里。这枚奖章，埋藏着我对交大足球的那份真挚情感。

上海市大学生运动会第七枚奖章与校队全体合照

另外，还有一件值得我自豪的事情，当年学校决定举办交大足球俱乐部杯赛，这样的活动，我当然不会错过。我们以广东老乡为主，组建了一支球队参赛，我担任队长。受当年英国歌星WHAM乐队的影响，我把球队命名为Bad Boy。我们这支Bad Boy球队，过五关，斩六将，最后获得了当年交大足球俱乐部杯的冠军。这可是我一生中唯一获得的冠军！

毕业以后，我就很少再踢球了，但是对足球的感情没变。前几年，我加入了上海交大广东校友会，在校友会里负责体育委员会，我持续赞助了校友会的足球队和羽毛球队（在交大时，我还在校羽毛球队混过），前年还带领广东校友会足球队回母校参加了校庆杯的比赛。

最后，感恩在交大四年所受的教育，感恩足球队赵老师对我的栽培，感恩足球带给我的奋斗精神。祝母校126周年生日快乐！祝上海交大足球队121周年生日快乐！

冼嘉文，初中开始踢球，并参加校队，担任守门员。进入交大后，入选校队，竟然把当过守门员"隐瞒"得天衣无缝，至今才在回忆文章中如实"交代"，可见其踢球的能力不比守门的水平差。他是地道广东人，但在球场上却有着南北混合的风格，敢于拼抢，作风硬朗，尤其铲断凶狠，是防线的好手，位置也从边后卫转换成更加重要的中后卫。在校期间，代表交大征战上海大学生足球联赛，参加校内各种足球比赛，并担任广东队队长率队荣获交大俱乐部杯赛冠军。

冼嘉文毕业后自主创业，事业有成，现任广东校友会副会长，兼任下属的体育运动委员会主席，热心公益，服务校友，为交大校友体育和足球无私奉献。

—— 赵文杰老师

足球——我一生的真爱

胡　冲

　　我老家在广西梧州市，一座美丽的小山城，方言是粤语，我因此常被误认作广东人。家父在一所小学任教，我们作为家属也住学校。住校家属人丁兴旺，有各年龄段的小孩。那年代，放学前已完成课外作业，回家做完家务就可以和小伙伴们玩了。学校有篮球场、排球场、水泥乒乓桌、双杠、沙池等运动设施，所以我小时候有幸接触过多种运动。像捉迷藏、跳绳、"打野鸡"等儿戏更是每天的例行。后来发现这些游戏为很多体育运动奠定了很好的体能、身体柔韧性和协调性。梧州虽然是一座小城，但有良好的足球群众基础。梧州冬天气候温和，有段时间经常有国家队或省队来足球冬训，有时还和当地球队弄场友谊赛。梧州没有职业足球队，体委就把各行各业、街头巷尾的英雄豪杰搜罗一起组成群英队迎战。当地球队和外地高手过招在小城绝对是盛事，足球场四周的观众是里三层外三层，旁边的树上爬满了年轻人，周边楼房的窗户上也是人头涌动。每次比赛都会为市民带来几天热烈的聊资。我还记得一次家父做主裁，给我在主席台上弄个位置，让我为我爸骄傲了好一阵子。我入门足球时没有什么仪式，可能某天大佬们缺个脚就被拉去充数了。不知不觉，自己就喜欢上足球了。小学进了校足球队，初中因转学和搬家没机会踢了。高中时学校有个足球场，于是又重新燃起了兴趣，即使在高考冲刺阶段，每天5点放学后，我都要和一帮同样为足球痴迷的同学一起踢到天黑才回家。

　　1981年我考入了上海交大，很快通过足球认识了五湖四海的众多球友，每天下午在法华镇路分部的泥地、水泥地里切磋球技。大二那年，学校组织了第一届交大杯，我在船舶系队踢中场。我们系因为是小系不被看好，但一路过关斩将，杀入决赛。决赛开始不久我就因扭伤脚踝而退出比赛，我们队最终点球惜败，拿了亚军。

　　交大杯后，我的好友陆启翅（1982级船舶与海洋工程系，校足球队成员）说校队教练叫我去试脚，那是一场在华纺（现东华大学）的比赛，高校联赛最后一轮，华纺赢了就是冠军，不然只是亚军。上半场，华纺压着我们打，进了2球。下半场，赵文杰教练让石岩和我上去试脚，石岩踢后卫，我和林征搭档踢中场。我是第一次和退下来的半职业球员对抗，几分钟下来就领略到对手的实力。但可能是初生牛犊不怕虎吧，石岩后场的防守凶猛、利索，我们前面也开始给对方制造麻烦，几个回合后扳回一球，在胶着一阵子后，王磊又进一球打成平分，离终场只剩下十来分钟，令华纺球迷无比焦虑。后来听华纺的同学说，足协的学生中场时已经提前把"祝贺华纺勇夺上海高校足球联赛冠军"之类的标语到处张贴了，比分二比二的时候，他们赶紧去把海报撕了下来。不过，终场前华纺还是再进了一球，如愿夺冠。

试脚赛后，徐景福教练、赵文杰教练就让我上岗了。徐老师年纪较大，风格比较传统，脸严心慈那种。赵老师年轻英气，说的都是年轻人的语言，还时常和学生们开玩笑，感觉很容易沟通。我以前小场子踢得多，踢大场时有些球的处理总觉得不太舒服，后来赵老师开小灶专门给我传了一次经，让我茅塞顿开。在校队那些日子，我不仅在教练那里学到不少球艺，也从队友那"偷"到一招半式。比如，以前迎面接一个大腿位置的半高球，我总是侧身抬腿用脚接住，一次训练时看到林征用大腿一垫就接住了这种球，根本不需要自己那样费劲。又如，以前顶头球就是甩头，后来偷学了石岩连腰也甩出去的顶法，顿时觉得武功大长。足球不是交大的重点项目，学校对足球队的要求也比较现实，不是太高，但大家踢球时还是很认真、拼命，一来踢球本就是因为由衷地喜爱这项运动，二来也确实希望能为校争光。我在校队时，高校联赛成绩总在第四到第六名间徘徊。1984年暑假，我随队参加了在天津大学举行的教育部所属十几所高校足球锦标赛，由于一些队员毕业离校，再加上林征、陆启翅等几名大将因种种原因未能参赛，队伍严重缺员，教练从田径队借来了冲击能力极强的陈晓（1980级船舶与海洋工程系）助阵，可惜开赛不久他就被撞伤退出比赛。那次我们成绩不是很好，大家都为在石岩家门口也没给他长脸而内疚。除此之外，那次是一个很愉快的集体出游。

思源杯是我难以忘怀的交大校园足球赛事之一。思源杯只有本科毕业生参加，以小班为单位。我们班喜欢足球的不多，好不容易凑了8个人组队报名，让我第一次有了当队长兼教练的机会。准备时间只有几个月，我便针对每个队员的特点每人传授一招。大家本来以参与为主，连小组出线的目标都没人提出。但是，凭着每个队员的至少一板斧，以及大家在没有压力下的超常发挥，还加上点运气，一路走钢丝挤掉了几个实力雄厚的班级，最终获得

第三名，这段传奇被载入了10111班毕业纪念册的序言。

1987年，交大研究生队首次参加上海高校研究生杯联赛，我是其中一员。各校研究生基本没有退役半职业选手，交大算是强队，轻松走进决赛，客场与二军大对决，最后罚点球胜出，夺得冠军。这是我曾为交大足球争取的最高荣誉。

读研期间，我有幸参与了1987年春季的第一届交大俱乐部赛，并且与队友们吃了几只三黄鸡和喝了无数啤酒来庆祝取得的战绩。那是一个自由组队的赛事，基本以学生来源地为主体。冼嘉文和陆启翅拉了一支由广东生组成的Bad Boy队，只邀请了我一个外援。球场上，冼嘉文殿后，我和陆启翅双剑客负责前面攻城略地，一路所向披靡。决赛遭遇东北虎队，由严骦（1983级船舶与海洋工程系）任主裁。严骦是广东人，我们以为这是个利好，但赛场上，该是我们的球他一个没少判，不是我们的球他一个没给，充分展示了国家二级裁判的风范。终场前几分钟严骦在东北虎禁区外吹罚东北虎队员，我主罚破门，以二比一的比分锁定胜局。那时东北同学在交大是比较霸气的，但并没有为这一关键球挑事，可见严骦执法水平之高和在足球圈的威

荣获1987年首届交大俱乐部杯冠军的Bad Boy队（左起：5为胡冲、6为陆启翅、8为冼嘉文）

荣获1987年首届上海高校研究生杯冠军的交大队
前排左起：姚玕、胡冲、贺礼、陆启翅、黄伟、方为民、曾毅坚；后排左起：侯鼎康
（研究生院老师）、郑懿、苏泳、金堃、蒋定波、梁硕、华军、徐景福（教练）

望（那时交大还有一个德高望重的国家二级裁判叫陈华峰，他是83级材料系的）。冼嘉文用冠军奖金买了一个重礼送我——一副沉重的木框网球拍。那副拍子没有陪伴我太久，但从此网球就一直和我的足球在"争风吃醋"。

　　我17岁离开家乡，在交大度过了人生成长中最重要的七年半，在那里奠定了我的知识架构、价值观，结识了一生挚友，交大足球也为这段时光增添了几分姿彩。感恩交大，感恩老师，感恩朋友，感恩足球。1991年，我到巴黎高科路桥大学攻读土木工程博士。我做论文的时候在法国国家路桥研究院，它和属下的十几个分院每年组织一次周末嘉年华，其中足球赛是主要活动之一。院里的同事平时聊足球赛事有板有眼，但组队参赛时报名的寥寥无几，原来都是些足球君子！我和一个摩洛哥来的博士生便成了院队主力。我尽管好几年没踢球了，但准备一个月后表现还算可以，我们为院里捧回了第一座金杯。

　　毕业后，我到位于里昂的拉法基研究院工作，加入了公司足球队，每周

拉法基研究院足球队合影照，前排右1为胡冲

都会和附近的企业比赛。本人虽然不是大主力，但在队里也排得上号。可惜两年后球队因缺员解散，我就暂停踢球了。没想到这一停就是二十年。

2017春天，严骠打来一个电话，让我和他旁边的赵文杰老师通话，那是一个极大的惊喜，因为我和赵老师已经失联三十年了。几天后借石岩从加拿大来沪之机，我和几个老校队校友与赵老师离别多年后再度相聚，把酒言欢。席间，赵老师把我沉睡多年对足球的爱再次唤醒，把我带回到组织的怀抱—交大足球校友会，并开始参加每周末的足球活动。感谢赵老师，让我找回了很多老球友，结识了很多新球友，我非常欣赏像赵琛豪、卢建华那样的很多球友对足球校友会无私的奉献，非常享受后浪们的活力和对前浪的激励。足球也许不是我唯一的爱，但一定是我的真爱。

> 胡冲，一个文质彬彬的秀气学霸，足球场上的表现也是同样风格，基本功扎实，技术细腻，头脑清醒，善于控球，堪称中场发动机。胡冲平时言语不多，不爱抛头露面，但一旦上场就当仁不让地

成为不可或缺的球队核心，是教练器重、队友喜爱、球迷崇拜的明星球员。

从足球热土家乡梧州开始，到交大本科硕士七年半，到巴黎读博乃至工作期间，足球伴随他求学深造及职场全过程。其中，交大的足球经历是承上启下的最重要的环节。他是系队、校队和研究生队的主力，领衔参加过校内一系列比赛、上海市大学生联赛和研究生比赛，为系、学校争得荣誉，是上海市研究生足球冠军的功臣。

胡冲回归校友足球群体，为人和球风依然，技术和体能状态良好，发挥着老队员的重要作用，深受队友们的尊重。祝愿胡冲成为绿茵场不老松，健康踢到70岁。

—— 赵文杰老师

足球相伴　快乐永远

潘琦敏

　　我中学就读于上海市南市区（现黄浦区）大同中学。众所周知，大同是足球重点学校，校足球队在各类比赛中屡获佳绩，前年还迎来了校史上的高光时刻，荣获全国中学生足球联赛高中组冠军！回想起来，我初一时第一堂足球课的情景还历历在目。殷旭华老师用他精湛的脚法，别开生面地向我们展示了足球的魅力，一下子激发起我们对足球的强烈兴趣，也在我们心里播下了一颗快乐的种子。前几年殷老师八十岁生日聚会时，我们才得知原来他还是足坛名宿刘光标的学生呢，在部队时，他还得到过八一队黄肇文的悉心指导。而我在交大校队时正巧跟刘光标带领的"蜂花队"踢过一场友谊赛，这也许是我们师生间的一种缘分吧。

　　我从足球小白发展到足球达人，也就两年时间。之所以进步神速，是因为发自内心的喜爱。除了每周一到两次的足球课，每天中午和放学后是我们忘情玩耍的时候。大操场经常被瓜分为三四个用书包当球门的简易赛场。煤屑跑道以及边上的篮球场和风雨操场也经常被足球小将们占领。一年四季，我几乎每天都是满头大汗地走出校门的。印象最深的是冬天的时候，里面穿着厚厚的绒线裤，我回到家坐下来吃晚饭，凳子上就会清晰地印着一层汗气。每次我父母看到，都特别惊奇："这么冷的天你怎么能冒出这么多热气？"正是因为这样的痴迷，我们的技术越来越娴熟了。初二下学期，有幸被选拔成为校队队员，而且我们班人才济济一下子有四个人入选，其中两个在当年市里的中学生优秀运动员评比中分获一等奖和三等奖，而我因为在绕杆项目上的失误而与奖项失之交臂。每逢比赛我们都是信心满满，甚至能在班级对抗赛中战胜初三的老大哥们。更值得夸耀的是，初三时，我们班以初中组冠军的身份对抗高中组冠军，竟然也将他们挑落马下，荣获共青杯冠军，创造了大同的历史！

　　我被选为校队守门员，大概是因为身体素质好、反应快的原因吧。区里开运动会，老师把我拉去练铁饼，短短两周时间就意外地拿回冠军。在体育课上玩"打野鸭子"游戏时，我总是最后被打掉的那只。有一次甚至在距离仅一米多被球砸向身上时，我竟然也以一个类似铁板桥的后仰动作躲过了，连老师都跷大拇指说你反应太快了！教我守门的是蔡秋兴老师，他是受过专业训练的，所以我学到的技术非常规范。但守门员吃的苦是最多的。一次次在沙土场地上倒地扑救很容易磨破皮，而手指"吃萝卜干"更是家常便饭。最严重的是，我曾经骨折过两次。一次是在近距离挡一个高年级百米冠军的劲射时大拇指第二节骨裂，另一次是在防守时用力过猛脚趾无名趾骨折，结果每天上学放学都靠我爸推着自行车送我。那时正值升学，幸亏凭成绩获得了直升资格，得以在家休养了一阵子。

经过系统的训练，我们的技战术水平得到了显著提升。在南市区可以说是所向披靡了，经常大比分战胜对手。而这样的场次也是我最高兴的时候，因为早早锁定胜局后教练朱怡刚老师会让我过一把前锋的瘾。而我也很珍惜这样的机会，努力用进球来回报教练的奖赏。初三时，我们迎来了自己的辉煌胜利，获得了首届上海市中学生运动会初中组冠军。这样的优异成绩也使

1984 年，大同中学足球队获上海市首届中学生运动会初中组冠军

得大同校园足球名声大振，之后朱老师上我们班的足球课时经常有其他学校的老师们来观摩，让我们也非常骄傲。

高中时有几次比赛也给我留下了深刻的印象。一次是比赛场地在江湾的体育学院，而我们的交通工具竟然是自行车！我们来回骑了三个多小时，比赛还完胜对手！另一次是在南洋中学，傍晚时开赛的，下半场突然下起了瓢泼大雨，球场上瞬间积起了水，拼抢中时时人仰马翻，个个都成了浑身泥水的"落汤鸡"。更要命的是天也全暗了，二十米开外连球都看不清！那种昏天黑地的情形真是让人一生难忘。高二时参加的上海市足球大奖赛，则是我们经历失败最多的一次。因为不设限，有很多更专业的球员参赛。其中一场是跟五十二中，他们队中有很多少体校球员。虽然我奋力扑出了几个必进球，但我们仍以0比4大败。意外的是，虽然失了四个球，对方教练却特别赞扬了我作为守门员的表现，让我不免有几分得意。另一场是跟东新中学，我们只输了一两个球，但对方的右边锋技术好速度快，令人防不胜防，印象特别深刻。事后得知那是大名鼎鼎的李晓。

1987年我考入交大，入住了刚刚首期建成启用的闵行二部。作为足球特长生，很快就收到了校队徐坚教练的通知，前往本部参加一场友谊赛，对手是上钢三厂队。上半场我客串当了一回巡边员，下半场披挂上阵守门。对手实力强劲，有几个专业队退役的球员。比赛中对方前锋在禁区前沿一脚势大力沉角度刁钻的贴地球射门让我只能望球兴叹，最后我们输了比赛。而我可能也因为没有什么出彩的表现而落选了，没能进入校队。不过这并不影响我积极投入到给我带来无穷快乐的校园足球活动中。我们自发组织了第一个足球俱乐部"阿波特"（队名的含义已经记不清了），成员有后来成为校队绝对主力的朱鲸、吴宁、黄浩东等，基本以一系、二系和六系的各路悍将为主，都是在宜兴军训中打比赛时结识并惺惺相惜的好友，因此我们实力不俗，在跟外校球队的多次友谊赛中连战连捷。而在四年间的交大杯等以系为单位参赛的各届比赛中，我们这三个系上演了一幕幕三国杀的好戏，轮流坐庄，分别登上过冠军的宝座。我们系夺得冠军的那一次，是决赛中跟六系打平，最后进入点球大战。我那时早就以踢中场为主了，但关键时刻义不容辞，顶住压力，重新站在球门线上，在最后一轮奋力扑出了我大同队友杨首彪射出的点球，帮助球队成功登顶！

大四的时候我终于获得征召进入校队担任守门员。一个偶然的机会使我转型成为校队中场队员。那是在一场交大杯比赛中，赵文杰老师担任裁判。那几年磨炼，使我的各方面能力有所提升，体能也不错，防守中善于协防抢断，进攻中能传出有威胁的球给前锋队友，自己也经常能射门得分，在中场能做到攻守兼备。特别是通过平时的有意识训练，左脚也具备了一定的传射能力。我在比赛中的出色表现引起了赵老师的注意，并且很荣幸地被赵老师推荐给徐坚教练让我改踢中场，使我得以在不同的位置上为校队出力拼搏。而作为校队一员，我更是有幸在1991年毕业前夕获得了与蔺新江教练率领的中国女足进行一次比赛的机会。这支队伍中包括了后来如日中天的刘爱玲、水庆霞、孙庆梅等明星球员，我的大同小师妹孙雯更是凭借日后在国际赛场上的出色表现荣膺"世界足球小姐"桂冠。也正是这一批铿锵玫瑰创造了中国足球最辉煌的战绩，夺得了世界杯亚军，给亿万球迷带来久违的欣喜！能跟这支史上最强的中国女足同场竞技，是何等荣幸啊！而赵文杰老师正是这场给我们带来美好回忆的友谊赛的策划人和组织者，真心感谢赵老师为交大足球所做的一切！

几十年前的点点滴滴，很多细节已经模糊了，可是足球带来的快乐却在

1991年5月中国国家女足来访交大，与校男足比赛后在闵行校区留园前合影，参加人员有王守仁副校长、孙麒麟老师、赵文杰老师、孙雯、水庆霞等

记忆深处无比清晰地留存着。这几年交大校友足球俱乐部和由闵行二部最早四届校友组建的老炮俱乐部的校友们组织了很多比赛和交流，学校也举办了多届校庆杯比赛，使我们能够以校友会为平台继续享受足球的快乐。今年正值交大足球121周年纪念，赵老师和校友会发起了征文活动，我也应邀写下一些散碎的回忆。虽然我从小最头痛写作文，但当球场上的一幕幕在脑海中再次展现时，心中充满喜悦，也因此不知不觉写了几千字。而在品读校友们的一篇篇大作时，我也同样感受到他们对足球的痴情。更可喜的是，我还看到了不少校友曾经和正在为足球事业做出的方方面面的努力。也正因此，我相信中国足球仍然充满希望，也一定会给中国球迷带来期盼已久的巨大快乐！沉舟侧畔千帆过，病树前头万木春。期待中国足球早日迎来属于自己的春天！

　　潘琦敏有着值得自豪的校园足球经历：中学时期是上海著名足球重点大同中学校队队员，并荣获市中学生冠军；大学融入交大校园足球热土，参加了校内外一系列比赛，留下了永志难忘的美好记忆；2017年闵行校区30周年开拓者杯开始，活跃在校友足球群体而经久不衰，成为老炮俱乐部、校友俱乐部等校友团队不可或缺的人物，在各种校友赛事和历届校庆杯比赛中屡获佳绩，先后荣获校庆杯的"最佳守门员"和"最佳球员"，这恐怕是迄今唯一的双料"最佳"。

　　琦敏之所以能斩获双佳，得益于他有球场"两栖"角色的能力：既是出色的守门员，又是称职的中前场球员。而他之所以能胜任多种位置，一方面是与生俱来的运动天赋，更重要的是他对足球的挚爱和坚持不懈的努力。

　　辉煌已是昨天，欢乐就在今天，健康才有明天。祝愿琦敏继续保持良好状态，为交大校友足球发展再立新功！

　　　　　　　　　　　　　　　　　　　　　　—— 赵文杰老师

足球和我

林 征

一、少儿篇

那是1977年夏天，我读初二。在广州越秀体校踢了6年以后，受父母之命，决定放弃。放弃的方式是我自己拿着队服和球鞋，去还给学校。我记不得怎么跟教练说的，但那天是第一次一个人走回家，以往总有同学一起走。

我再一次见到越秀山体育场，是二十年以后，带着家人从美国回广州，看看小时候训练的地方。在国内的时候，我一直刻意避开它，是因为见了难过，我需要把所有不舍稀释冲淡。

六年，汇聚了很多记忆，也从此结下足球和我的不解之缘。每周大概有6个下午，都是在球场度过，风雨无阻。越秀体育场是当时广州唯一可以国际比赛的场地，国内球队冬训也大多在广州（当时是省队和国家队），球场全年的周末都很忙的。正式比赛前，是体校少年队的暖场比赛。我上初一的时候，球队有资格上场了。父亲是个球迷，为了看我，他会提前两个小时入场，我可以看到，3万人的看台上，他孤零零一人坐在太阳下，因为那里的位置靠中间，更容易找到我。记得母亲问过，这么大的场地怎么认得我，他说我是队里最白的一个。的确，我好像晒不黑，但不是偷懒。对我来讲，这是很暖心的一段回忆，在我的家庭，踢球只是锻炼身体，不反对已经很好，从来没有什么期待。

郁闷和沮丧在球场上是少不了的。足球场上的千变万化，很多时候是生活的浓缩版，让人在短时间与高强度中品尝其中的滋味。有一次市里体校比赛，我们打进了决赛，对手是东山区体校。全场势均力敌。终场读秒时分，对方前锋左边突破下底传中，通过右后卫我的脚，忙乱打进了乌龙球。进球后我脑子一片空白，我自以为是不大犯错的一员，但不可思议的一幕却发生了。同伴的眼神至今还记得，但无法形容。

当时守门员是麦超，他是80年代末国家队队长，不知道他是否还记得

这一幕。

二、交大篇

1982～1986年在交大的四年，是足球和我的又一个蜜月期。之前在中学的课间娱乐和锻炼，还是以足球居多，但学校重点还是读书，刚恢复高考的几年，记忆里一般中学间的比赛也很少。进交大不久，记得是王磊师兄的介绍，我被招进球队。王磊和我来自同一个中学，他是校队雷打不动的主力中卫。当年的赵文杰老师风华正茂，看上去没有比我们大多少，我是几年前才知道赵老师比我长15岁。我们应该还有一位姓徐的老师协助赵老师，他比较年长。

在八十年代，交大踢球条件还是艰苦的。记得上海冬季长，踢完球太晚洗不上热水澡，很不习惯。几个广东来的球伴第一年还可以咬紧牙关洗冷水澡，以为熬过几天就好，第二年就不行了，因为上海的冬天是几个月。冬天的时候球场地面硬得像水泥一样，球鞋钉子踩在地上发出的响声，至今还会出现在梦中。那时候踢球真的全凭热情。我是少数的幸运儿，从小给灌注了这份热情。

四年大学生活中，足球给我留下了深深的烙印，每一段跟"最"相关的回忆，似乎都与足球有关。

因为足球训练和联赛，我给自己很多理由缺席了4年几乎所有下午的课。有一年因为这个，政治指导员给我的道德品质课评分只评了及格，把家里吓了一跳。

大学二年级的时候，我离散数学挂科了。我发誓只是一门，并且挂科跟踢球无关。我找球队徐老师跟授课教授讲情没有结果。我决定赌气不参加球队的天津邀请赛，然后是暗自后悔了几十年。这件事后来成了女儿最喜欢用来调侃老爸的话题。

1983年上海市大学生足球联赛夺得第三名后，球队破天荒组织了一次联谊晚会，我认识了校艺术体操队一位女生，后来她成为我的太太。这下子我踢球时受过的所有苦都值了！

我拿到过足球三级运动员的证书，这个证书来自1983年高校联赛，我们历史性地赢得上海第三。那年我读大二，正值当打之年。上海高校联赛印象深刻，每年跨冬春两季的几个月，有很高的强度和水平。上海高校当时有两支比较特别的球队——华纺（现东华大学）和同济大学。他们以退役专业球员为主，加上外国留学生，长期占据前面两把交椅。交大在当时的环境下，处于可以冲击前三，但需要很多付出和运气，每一场球都马虎不得。这一年，在赵老师的带领下，我们走过了悬崖险滩，终于获得了第三，创造了历史。也领略到上海高校联赛是一个相当高水平的竞赛平台，像我们这样的业余球员，上升空间很大，真正感受到来自水平更高的挑战。印象深刻的联赛球队中，华纺有很多退役的专业球员，跟他们比赛使我领略了跟专业球员对抗的艰难。我算是蛮擅长用身体的，但遇到他们，真没什么办法，肌肉长得不一样。因此也多少理解了当年父母不让走专业道路的一个理由，家族缺少强壮的运动基因。

在交大的四年，足球占据了我1/3的时间，但没有感到太过挤压学习空间。相反，足球让我保持了良好的心情和精神状态，锻炼我如何集中注意力，如何做好自己角色，如何接受挫折，如何不放弃。我常常引以为傲的是，我可能不是学霸，也不是球霸，因为我前面总是有人，但我是学霸群里最运动的，球霸群里最学习的。

三、展望篇

2016年交大校庆，我通过交大校友运动队微信群，以及赵琛豪老弟的连

2020年1月11日，首届贺岁杯交大校友足球比赛夺冠
捧杯者为林征，左侧校友会体育运动分会秘书长王维理，右侧赵文杰老师

2020年9月19日，交大足球俱乐部成立晚宴，冠军队合影（右三为林征）

接，跟赵老师和球队其他伙伴重新联系上，开启了足球和我的新一页。此时的自己，童心未泯，激情尚在，但必须面对机能和体力的下降，接受群众性体育活动的现实，更多地享受这项运动带来的乐趣。

赵老师曾经说过，我们是足球的种子，不管到哪，都要生根发芽，带起一片绿洲。这是我乐意担当的角色。

我至今还是很享受竞技场面，依然相信经验和思考可以弥补年龄的落差。保持年轻的心态，保持一定的竞技水平，避免伤病，相信快乐足球还可以维持很长一段时间。大家一起加油！

林征，交大计算机本科，美国马里兰大学硕士、博士。来自足球之城广州的他，从小接受正规足球训练，与麦超等当年少年足球之星是队友，最后忍痛割爱，选择了求学之路，成为交大学霸和球星，也使国家多了一位会踢球的科学家。

林征是校队中场主力，在交大足球圈颇有人气。他的特点是基本功扎实，有大局观，能控球，善传球，更有一脚远射绝技。场上的他有激情，肯拼抢，既能助攻，亦会协防，在场上有着重要作用。回归校友足球后，林征以其对足球的热爱和校友的情谊，始终如一，坚持不懈。林征品学兼优，待人真诚，气质优雅，再加上球技出众，不但在当年交大足坛享有盛誉，也赢得交大艺术体操美女的芳心，留下一段力与美完美结合的佳话。

—— 赵文杰老师

那些我亲历与见证的交大足球故事

翁德深

交大足坛的历史长河里球星涌现，大咖如云。在南区体育场度过短暂四年的我，如铁打营盘中的流水一兵，匆匆而过。本文讲述2008～2012年我所亲历或见证的一些足球故事，若能勾起在读校友的回忆和共鸣，乃我之荣幸。

一、初来乍到

入学那天，从光彪楼报完到，我一路走向南十一宿舍楼，惊喜发现一街之隔就是足球场。更加巧合的是，三名室友罗佶嘉、邱子晨和张德泽都是足球迷。

当我首次踏上南区体育场，顿时被那热闹景象所震撼。球场被分割成大大小小的区域，同时有近百人在场，若干个足球在飞，还有一位光着膀子的同学在练双节棍。徘徊许久，最终我在某角落踢起了3v3的小场。

宿舍楼下很快公告了院新生队招新启示，让我找到了组织。带队的是2007级的范琛琛和凌太宇两位学长。首场训练课，身着巴西9号罗纳尔多队服的上海新生许云柯，用娴熟的控球和华丽的过人，让人阵阵喝彩；"湖北小将"姚欣楠，则用他精准的射门屡屡得分。

由于姚欣楠在前锋位置表现优异，球队又缺守门员，于是学长决定，让我改打守门员！个人的奋斗固然重要，但也要考虑历史的进程，于是我毅然接过了手套。

在郑煜的带领下，球队兵不血刃赢下前两轮。半决赛面对实力强劲的管院，对手田林利用个人优势，接后场长传，以几乎复制粘贴的两次低射，洞穿了我把守的大门，以0∶2的比分，终止了我们的晋级之路。

后来，我第一次观看希望杯，是电院对机械与动力工程学院的小组赛，两队身着曼联和曼城队服，名哨王剑涛坐镇执法。比赛跌宕起伏，球星们相互斗法，在最后时刻王一汀学长扑出点球，张春学长舍身封堵补射英勇受伤，最终双方战平和气收场。

可惜的是在1/4淘汰赛，电院队被微电子"狙队"绝杀，众多即将毕业的球星，失去了冲击希望杯冠军的最后机会，着实遗憾。

那年，我还加入了广东校友队以及"绿茵风暴"两个团队，通过这两个平台，后来结识了梁家欣、卓明良、赵经民、卢志坚、万敬龙、唐胜、贾广博、凌然、莫其勇、范霄宇等师兄弟，这些因足球结识的好友，真诚而坦率。

二、锋芒初露

首次参加希望杯的我，司职前锋，内心充满期待与紧张。每场比赛前夜，球队都会召开准备会。我清楚地记得，第一次准备会，当得知我将首发出场，我一夜没睡好，以致次日比赛毫无状态。

那时，唐衍和吕琦玮学长担任中后，周卓和张春学长两翼齐飞，单斌学长和涛叔（衣涛）中场疏导，加上范琛琛学长的中场铁闸，球队直指冠军。小组赛属于搭档彭晶鑫学长的舞台，脚下灵活，门前嗅觉灵敏的他屡屡进球，球队顺利出线。

直到半决赛，遇到机动学院。刘博和张帆师兄，带领杭乘、陈叙等新鲜血液，兵强马壮。

比赛跌宕起伏，我们在先丢一球的不利局面下，我依靠远射扳平比分，兴奋的我跑向场边，向严锅敬了一个礼，感谢他的鼓励！下半场，我又送出助攻，彭晶鑫师兄"贴地箭"破门，以2:1比分反超。随后风云突变，张春师兄染红，对手大举反扑，我们全队顽强防守，拼到五人抽筋，最后关头彭师兄妖刀再现，助球队3:1奠定胜局。

赛后某女球迷通过"校内网"发信给我，询问"今天的那个精彩进球是你打进的吗？"虽不知她说的是哪一个，但经过一番挣扎，我一本正经地回复："那是我搭档PJX。"后来，他俩相识相恋，结为伉俪。足球场外，我又一次给搭档送上完美助攻。

决赛面对由球星章浩然学长带领的法学院，范琛琛学长全场不惜体能，严密盯防；球队上下一心，涛叔、我、耿元卿师兄、何健师兄先后进球；章浩然学长也打进一记"旱地拔葱"的精彩头球。电院最终夺得了合并成大院后的第一个希望杯冠军，圆了几届人的梦想！

那年我有幸选到了赵文杰老师的足球课。赵老师平易近人，授课风趣，每周的足球课都是快乐时光。时光匆匆，2019年4月，回母校参加校庆杯的

2010年4月，交大闵行校区南区体育场，电院队获希望杯冠军合影，第二排右2为翁德深

我，再次遇到赵老师，他依旧在为校友足球活动倾心付出。感动之际，那段学生回忆又涌上心头。

三、饮恨决赛

2010年的秋天，学院新生迎来一批以刘书辰为代表的优秀足球苗子，我再次带队参加新生杯。很开心与刘书辰、田原、安宇、封潇、王宇琛、张城玮、陈启明、魏若愚等学弟结识，在交大校园里拥有了众多交集。

希望杯四分之一决赛时，电院对阵微电子学院，我因伤退场。对手卢志坚师兄把守的大门滴水不破（卢师兄曾一场比赛扑出3个点球）。补时阶段，彭晶鑫师兄大禁区线附近接高空来球，胸部停球后，踢出一记"里瓦尔多式"的倒挂金钩，足球直入死角，石破天惊！

决赛我们再遇机动学院。持日本一级裁判证的胡姚君学长执法，校领导到场观战，场边观众众多。比赛紧张激烈，开场后，我接大宇锅任意球精准制导，门前垫射破门，正当全队欢呼之际，裁判哨响，判定我手上有犯规动作，进球无效，悲喜瞬间交换。上半场对手率先进球，直到比赛第70多分钟，文宗林学长右路送出有力传中，我面对来球，推了后卫海鹏一把，借力起跳头球破门，扳平比分。

加时赛成了机动队长张帆的个人表演，他上演"大四喜"，带领机动以5:1的比分夺冠。

赛后，唐衍、孙博、单斌、彭晶鑫、文宗林等学长发表离队感言，场面令人唏嘘不已！对南区体育场越是热爱，离开的时候，就越是难过和不舍。

在走回宿舍的路上，想着天使路的香樟树，在闵行校区建校时只有碗口大小，如今已成参天大树。它们凝望着南区体育场，看着学子们来来往往，见证了南区体育场的悲欢离合，在它们的年轮里，也印刻着许多属于南区体育场的足球记忆。

四、受困伤病

那年新生杯，电院F11级涌现了平健、席琛、栗子阳、门将金珂等优秀苗子，在刘书辰的带领下一路杀进决赛。决赛面对球星史蒂夫的横冲直撞，左右开弓，小伙子们顽强防守，金珂高接低挡，并在下半场取得宝贵进球，勇夺冠军！

那年我有幸入选了陈钢老师带领的校队，参加上海市大学生联赛。陈老师牺牲了大量的个人时间，对交大校园足球活动投入了大量的精力，令人钦佩。校队齐心协力，在王天洋、涛叔、杭乘、大宇锅、周卓、莫其勇、丁一、连彦博、张城玮、陈叙等人的努力下，获得了赛事亚军，创造佳绩！

在希望杯期间，我因伤病则主要承担了球队的组织工作，大宇锅、周卓、涛叔、姚欣楠、段炼、甄卓、何笑寒等老将，带领魏炜、安宇、封潇、席琛等新生力量稳步前进。

半决赛再遇机动，大宇锅祭出"对子"战术，安宇从前锋改打后卫，贴身防守对手核心，此招效果甚佳，双方90分钟战平。点球大战中，金珂扑出关键点球，席琛罚进最后一球，两名大一新生在关键时刻助力球队晋级。

决赛中，安宇梅开二度，刘书辰锁定胜局，球队最终战胜微电子学院夺

2012年10月，上海松江大学城，交大校队参加上海大学生足球联赛合影
后排左1为陈钢老师，前排右1为翁德深

冠！那年的奖牌尤为精致，张杰校长亲自颁奖，给众多参赛的队员，留下了一生难忘的高光时刻。

交大四年，足球带给了我许多轻松快乐与惊心动魄的回忆，也带来了许多真挚厚重的兄弟情谊，这些收获都将伴我一身。感恩每一位一同踢过球、场上场下给过我指导和支持的兄弟！

感恩赵文杰、陈钢、朱凤军、顾剑平等恩师的辛勤指导。感恩交大足坛众多组织者（王剑涛、梁家欣、彭亮、大宇锅、李正曦、魏炜、刘书辰、钱晨、平健、栗子阳、陈尔悦等人）的辛勤付出，为我们创造了良好的足球氛围！

五、毕业后：再续前缘

从2015年至今，在广东校友会的陈慕贤学姐、冼嘉文师兄、陈侦师兄、文海岩师兄等众多热心校友的支持下，我和众多师兄弟一起组建了"广东校友会足球俱乐部"。2016及2019年，广东校友队两度回母校参加校庆杯，属于交大的足球记忆得到了延续。

翁德深在大二的时候曾是我任教的足球专项班体育委员，他良好的身体素质和运动天赋，尤其对足球的酷爱和悟性，给我留下深刻印象。那年校运会，德深荣获100米冠军而一鸣惊人，还有他彬彬有礼、谦和友善的气度，很自然会让人感觉小伙子有内涵，恰如其"德深"之名字。

德深的文章，细腻地描述了他自己的交大足球轨迹，同时也生动记录了交大足球那些年那些事和那些人。他的故事，一定会使那些年混迹于南区体育场球场的足球哥们产生共鸣，也会触发不是那些年的足球师兄弟们的激情。

近年来，交大校友足球如火如荼，海内外众多校友活跃在绿茵场，不时进行友好交流，正在书写交大足球文化的续篇。祝愿德深早日回归交大校友足球，再展球场英姿！

——赵文杰老师

梦回南区

唐灵寒

我出生在安徽绩溪，古徽州府，毗邻黄山。皖南小镇，人杰地灵，山水如画，这里是胡适和胡雪岩的故乡，以徽菜和徽商闻名天下。

我自小就热爱足球，小学受到启蒙，中学踢了校队，2002年来到交大这片校园足球的热土，在闵行一待就是7年，这期间经历了无数热血的比赛，通过足球结识了很多同好的挚友，也发生了不少值得回味的故事，摘取其中的一些分享给大家。

一、希望杯

2002年新生入学，那时南区还是"煤渣"跑道，踢完球白色回力鞋要洗黑好几盆水；那时手球场才是野球爱好者的天堂，很多大神出没；那时是精力无限的绿茵少年，可以从早上踢到下午；那时对于从小县城初到上海求学的我，足球带给我快乐、友情和自信。

1. 2002—2004赛季

老2系和6系合并为机械与动力工程学院，两个学院都是传统大院，各种大佬，我作为中场主力踢了"新生杯"，获得了于阳洋、孙超、叶松龄等学长的认可，中场位置竞争激烈，替补上场一般踢前锋或影锋，甚至客串过出球中卫，大部分时间在板凳上度过。

2. 2004—2005赛季

大三，蒙阳洋师兄倚重，开始在攻击/组织中场的位置崭露头角，小组赛阶段进4球一度挤进射手榜前列，8进4时与"卡卡"王何舟领衔的电院狭路相逢，是年"Kaka Zhou"横空出世，各种单车爆射，在南区无人能挡，电院整体实力处于上风。比赛进程如预期，卡卡先入一球，电院半场领先，下半场开场不久我蒙进了一个35米的直接任意球，扳平比分，那一刻兄弟们团团围着我，不停地吼叫，那是青春和热血本来的样子。士气大涨之下我

们一度围攻电院，可惜之后我一脚禁区内的射门砸在横梁，回过神来的对手，之后通过反击连进两球，1∶3落败出局。

是年，与阳洋师兄泪别，想来他是如此的热爱足球，热爱学院，让人动容。

3. 2005—2006赛季

大四，尴尬的一年。

小组赛与信安、外院、化院分在一组，小组赛两连胜的情况下，最后一场准备不足，被绝地求生的化院2∶0击败（就是张茜他们）。三队同积6分，算小分最后小组出局，遭遇了国足的尴尬。

4. 2006—2007赛季

研一时我收获了机动学院第一座希望杯冠军奖杯。

经过前几年的磨合，加之新生人才井喷，凤凰涅槃，机动学院终于首夺希望杯殊荣。

说两件印象深刻的事：一是与管院会师决赛，新疆和韩国班混编的管院按实力来说是除了短时间存在的研究生联队之外的最强队了，2005—2008那几年管院连续进决赛但三连亚的结果可谓无冕之王。二是决赛场上，机动一位兄弟头部受了重伤，是夺冠之余最大的遗憾。时至今日，我仍能清楚地记得自己用了很长时间的签名档："愿用冠军换你的平安"。

5. 2007—2009赛季

临近毕业，心气也没有夺冠前高了，两次止步淘汰赛。

关于院队，机动学院的队风一直是很温暖而有力量，师兄弟们团结如一家人，谨以此文致敬于阳洋、孙超、卓明良、刘洪涛、陈胜、胡攀、孙金明、张继周、吴昊晟、童幸、王海鹏、梁家欣、张帆、杭乘、陈叙等队友，怀念那时校园足球带给我们的简单而纯粹的快乐。

二、长三角联赛＆大运会

2007年因为希望杯的出色发挥，加之当时校队核心王何舟、傅歌等人的举荐，有幸入选校队参加更高级别的校园足球赛事，很自豪能在校队教练顾根陞老师的带领下为交大足球贡献了自己的力量。

同年陶晶学长组织的UFL长三角联赛云集了众多江浙沪高校，当时上海有交大、复旦、同济、上大、华东理工、华东政法等学校，江苏参加的是东南大学，浙江有浙大，初赛是主客场双循环赛制。在校际比赛的舞台上，交大与各大高校踢得有来有回，大部分时候场面不落下风，在第一届UFL联赛中最终进入了前四。当时最强队非浙大莫属，那支浙大的新疆后腰、门将和准中乙级别的前腰让我印象深刻，最终浙大也顺利折桂，可谓实至名归。

联赛结束后，UFL官方还组织了全明星赛，邀请了范志毅领衔的上海明星队对阵长三角高校明星队，那是属于校园足球的嘉年华，无论从规格还是现场反响来说，在当时UFL都是非常成功的赛事。在当年的大环境下，校园足球就像一片净土，带给我们这些参与者最惬意的享受。

长三角大学生足球联赛阵容

前排左起：周栋鹰、章浩然、唐灵寒、礼星、王一汀、练聪、田亚、买买提明；中排左起：葛长宏、刘夏汀、傅歌、黄志英、颜仲南、顾根陞、刘睿、木合塔尔、王何舟、艾力哈木、金华、刘汉华；后排左起：严增锐、朱恩佑、努尔、付志磊、陶景超、吴昊晟、吴骏、刘泉志、丁一、项晨

UFL对交大足球来说，有一个重要的意义就是训练起一支打法成型的队伍，同时发掘出章浩然这个大杀器，为后续2008年的上海市大学生运动会夺冠铺平了道路。

2008年大运会开始前，王何舟和傅歌已经毕业，我接过了主力后腰傅歌的8号球衣，开始站在中场偏后的位置，顾老师给我的要求很简单，尽可能直接给两大法学院王牌前锋章浩然和刘光宇输送炮弹。

小组赛阶段进行得很顺利，我们展现出强大的实力，当年在大运会的赛

场上，没有对手能阻挡我们的强力锋线，甚至夸张到某一场小组赛，我们由于准备不足，全场少一人的情况下仍然以大比分战胜对手。半决赛对手是传统强队东华，前腰周栋鹰和章浩然各入一球2∶1击退本届赛事最有实力的对手，决赛浩然延续发挥，梅开二度击败上大，交大夺得2008年上海市大学生运动会男子足球甲组冠军。

这是交大校园足球的荣耀时刻，也是我个人业余足球所拿到的最高荣誉。

三、兄弟连

最后一点篇幅我要留给我在交大的"民间"球队兄弟连，这支球队的前身是体总，我在大三那年某次南区野球对位化院大佬孙倜后得到邀请加入了此组织，自此开始接触了一大批交大各学院的足球精英，傅歌、郭昱、陆地、吴廷华、余顺林、陈胜、徐爽、魏强、王严军、姜健、付志磊、乔延臣、梅嵶玺、吴晓丹等。

这些人中的大多数，在我们毕业多年后仍然保持着非常好的私交和定期参加上海业余比赛的传统，足球场上的友情延续到了场外，追风少年们都

2008年大运会校队夺冠合影（唐灵寒二排居中）

成长为家庭的中流砥柱和社会的中坚力量，但每次聚会足球都是必然提及的话题。

以上是我和交大的足球故事，足球之于我有非常特殊的意义，她远远超过一项运动本身，陪我度过了人生最低谷的时刻，带给我受用终身的友情。

唐灵寒的文章，犹如他在交大校友"排行榜"所处的年龄段——"00后"新生代，充满朝气，充满激情，清澈而有活力。

灵寒在交大，从新生杯起步，亲历了希望杯、"长三角"、上海市大运会等不同层次的赛事，足球伴随了他在交大7年的求学生活。他为院系、学校争金夺银立下汗马功劳，尤其是荣获上海市大运会甲组冠军，可谓交大足球高光时刻。足球也给予他无限的回报——球友和快乐，文中字里行间对曾经共同厮杀在绿茵场伙伴们的真情流露，以及难以忘怀的惊心动魄的比赛场景，不仅是他在校期间的精神支撑，更是他的终身财富，正如他所说，远远超出足球。

感谢灵寒为交大足球做出的贡献，期望因伤暂时离开球场的灵寒，有朝一日回归校友足球团队。校友足球，不为输赢，不讲拼杀，追求健康、快乐和友情，哪怕不一定上场，也会被浓浓的校友情和足球缘所感染、所融化。当然，足球不是唯一的运动，灵寒可以选择适合自己的其他运动，量力而行，一切为了健康和快乐。

——赵文杰老师

只要站上球场，永远拼尽全力

周　卓

一、缘　起

大一时，我在化院。足球生涯从新生杯起步。

那时的我，运气还不够好。单场淘汰的比赛里，首战就遇到了后来的冠军：安泰队。交大首秀，黯然落幕。

紧接着，我与新生队的维吾尔族队友一起混迹南区体育场。一次野球后，时任化院队长阿尔森邀请我加入化院院队。彼时，新赛季的希望杯已经进行了一轮，所以，我没能拥有一件属于自己的化院队服。没想到的是，这后来竟成了永远的遗憾。

接下来的三场小组赛，我替补踢了第一场，首发踢了后两场。小组末轮，已锁定淘汰赛资格的我们对阵安泰。我被安排的任务是盯防穆萨（当年水平堪比章浩然的黑人球星）。那场比赛，管院队员大部分是韩国人加上穆萨，而我们这边，只有我一个汉族人。于是，在场上，我听不懂对手说话，也听不懂队友说话，唯一能够流畅交流的居然是裁判。没想到的是，后来我的整个大学足球生涯都跟他们交织在一起。

第二学期，淘汰赛开始了。校队主力董源从法国归来。直到这时，我才发现，院队里并不只我一个汉族人。可惜的是，四分之一决赛，我们遇到了由历史级球星章浩然和大一开始就自带女球迷的校队主力前锋刘光宇领衔的法学院。一场 1∶4 的比分，成了我的第一次希望杯之旅的终点。

后来想想，招了 2006、2007、2008 三届新疆班的化院，其实天赋满满，可惜没有教练。之后的水源联赛，我们组成了京冀晋联队。在这支球队里，我第一次认识了王天洋、张帅、赵嘉、王剑涛和后来的大四喜选手张帆。也正是在这届水源联赛里，对湖北队的比赛中，我打进了在南区体育场 11 人制比赛的唯一一粒进球。

二、融入主流

大二伊始，我转到了电院，一个有着七八千人的第一大院。从那时起，我意识到自己在交大的足球生涯可能要终结了。幸亏王天洋的推荐和自己在热身赛中的出色表现，我正式进入电院院队。当年腼腆的我，在南体围成一圈的入队仪式下，感受到了温暖。我明白，我进入了交大的主流足球圈。

从此，我再也没有踢过替补。感谢片队，感谢严锅，感谢王天洋。

那年，院队主力阵容大致由五个研究生、六个本科生构成。最小的是大二的翁德深和我。那年希望杯，我们一路轻松过关，在二分之一决赛遇到了那些年一直纠缠不清的机动。那场比赛，下半场刚开场，我们的右后卫张春累积两张黄牌被罚下。当时我们以 2：1 领先。面对危险的局面，面对机动潮水般的进攻，我们众志成城，先后有五人抽筋，其中包括跑完一场全马还能接着踢一场球的范琛琛。最终，彭晶鑫在一次反击中，彻底杀死了比赛的悬念。我们 3：1 的比分挺进决赛。

决赛时，我们祭出了兑子战术，用范琛琛全场盯防章浩然，以 4：1 轻松地将冠军留在了电院。这也是大电院自合并以来，第一次夺得希望杯冠军，意义非凡。

这场比赛，也是我在交大参加的唯一一场有现场解说的比赛。圣南体的看台上，电院前任队长刘睿与水源 football 版版主周迎朝联袂解说，给比赛增添了无穷的魅力。"周卓带球，周卓带球，周卓带球狂奔 80 米"的解说声至今仍在我耳边萦绕。

之后的日子里，我们这些队员经常一起踢野球，一起聚餐喝酒，一起在菁菁堂和永平路上的"美祥"看球，日子简单而快乐。还偶尔跟回学校的祖盛泽、王何舟（卡卡）等师兄们搞场比赛。我慢慢发现，原来，球队不仅仅是球队，这是一个强大的集体，有文化、有传承。

三、精彩人生

大三那年，C9 正式落地，各校开始互派交换生。而我，幸运地成了全校 4 个去清华交换的学生中的一员。

在北京的日子里，我上了一学期孙葆洁老师的足球课。小半年的近距离接触，也让我对这位中国 9 届金哨获得者有了直观的认识。李承鹏那本《中

国足球内幕》对孙老师的描写，还是相当客观的。

同时，清华人对体育的热爱让我大为叹服。一个每级只有一百多人的计算机系，居然能组织起来自己内部的足球联赛。而他们的马约翰杯，已毕业的学生也是可以再回学校代表各自的院系参赛的，这无疑大大增强了校友之间的联系。

在北京的半年间，我加入了交大北京校友队。认识了罗明、任帅、张泉泉、王浩宇、贺礼等校友队的师兄们。

半年后回到交大，自然错过了希望杯小组赛。但走在校园里，几乎每50米就有人跟你打招呼，这种感觉，让人温暖。

1/4决赛的对手是莫其勇领衔的微电子队，后来，大家都叫他莫球王。那场比赛，由于种种困难，我先后踢了右后卫、左后卫、后腰三个位置。90分钟比赛快结束时，莫其勇在中圈弧获得单刀机会，中后卫追了两步抽筋倒下。这个时候，我离小莫有大概10米的距离。还能怎么办呢，只能拼命追。终于，在小莫进入禁区起脚射门的那一刻，我拼尽全力堵了枪眼。之后，两条腿都抽筋了。然而，比赛还没结束。又拼了整整三十分钟的加时赛后，彭晶鑫把我们带入了半决赛。那场比赛，彭晶鑫最后时刻的倒钩绝杀，久久留在人们心里。

半决赛对手是王天洋领衔的联院。电院祭出兑子战术。我是战术的执行人。凭借涛叔和彭晶鑫的两粒精彩进球我们以2∶0结束战斗。作为兑子的另一方，王天洋赛后说他想跟我绝交。

决赛又一次上演了交大德比——电院对机动。本场比赛，困难重重，进攻核心衣涛缺席，翁德深打封闭上场。90分钟之内，双方以1∶1战平。但加时赛时，我们先失一球后，放手一搏，但机动的韩国球员李在熙和张帆（本场比赛大四喜）超常发挥，我们因1∶5丢掉了冠军。此战过后，希望杯正式取消了加时赛。

赛后，片队做了告别演说，大家潸然泪下，我们最终没能用一个冠军来告别片队。但是，电院的精神一直都在，传承一直都在，凌太宇、翁德深和我一起接过了院队的旗帜。

四、足球巅峰

告别季来了。

2011年10月，交大闵行校区南区足球场，第二十三届希望杯小组赛合影
后排左起：衣涛，段炼，金柯，封潇，魏炜，安宇；
前排左起：姚欣楠，甄卓，凌太宇，刘书辰，周卓

刚接过了队长袖标的翁德深，在校队第一场与工技大的比赛中受伤之后，再也没能健康地回到球场上。新赛季的希望杯，凌太宇成了场上队长。凌太宇、翁德深和我一起组成了队委会。后来，这个组织还吸收了电院和校队后来的领军人物刘书辰。

这届希望杯，我们又到了半决赛。熟悉的剧情重新上演，交大德比再次来袭。比赛一如既往地焦灼，1∶1的比分保持到了最后一刻。临近终场时，我拉倒了即将突入禁区的范霄宇，吃到了我四年希望杯的第一张黄牌。点球大战，大一新生金柯扑出关键点球，将我们送入决赛。

决赛对手是微电子。同样是老对手，同样是老战术。这一次，我来"兑掉"莫其勇。刚开场还没几分钟，莫其勇意外获得准单刀，我直接放铲，将球和人一起放倒，吃到了我希望杯的第二张黄牌。度过了开场的艰难之后，比赛的发展波澜不惊。最终，我们以3∶1再一次拿到冠军。

大树底下好乘凉，我也成为唯一一个连续三年首发踢希望杯决赛的幸运儿。感谢电院足球队这个伟大的集体。

那年，陈钢老师成了校队主教练。我成了校队主力右后卫。在2011年

上海市大学生足球锦标赛中，我们一路过关斩将。半决赛，我打进了一粒超过40米的远射。我们最终以3∶1过关。决赛，却因1∶3输给了全是特招生的上师大，遗憾获得亚军。

后面，校队还参加了一次7人制比赛，在半决赛中，我们意外丢掉一粒任意球，0∶1输给了同济。三四名比赛，成了我在校队的告别战。在最后时刻的一次反击中，中后卫王天洋边路带球突破，司职右后卫的我中路插上，干净利落地将球打进，为我的交大足球生涯画上了一个圆满的句号。

陈老师在赛后复盘的时候提到，我是这支球队里面最拼的，这是对我最大的褒奖。

刚上大学时，我以为足球是我不可或缺的爱好，后来才发现，它竟是我整个的青春：三届希望杯小组赛、四届希望杯淘汰赛；一次八强、一次亚军、两次冠军；一次上海市亚军、一次上海市季军。这些是值得我永远珍藏的回忆。

感恩这四年里在球场上认识的所有小伙伴，是你们，让我的大学如此

2011年11月，上海理工大学足球场上，上海市大学生足球锦标赛决赛交大校队合影
后排左起：陈凯豪、陈叙、王天洋、连彦博、丁一、索庚
前排左起：范霄宇、杭乘、周卓、莫其勇、衣涛

精彩。

这就是我的故事，只要站上球场，就永远拼尽全力。

> 周卓以他细腻的文笔和燃烧的激情，生动讲述了在交大校园亲身经历的足球故事和共同拼搏的足球兄弟，一幕幕惊心动魄的比赛场面，一个个有血有肉的球场队友，那么的真实，那么的动人。
>
> 周卓是当年院队、校队主力，三届希望杯小组赛，四届希望杯淘汰赛，一次八强，一次亚军，两次冠军，一次上海市亚军，一次上海市季军……丰富的经历和骄人的战绩，成为铭记心中的美好的回忆。
>
> 周卓的故事告诉我们，足球带来的不仅是健康和荣誉，更是一种永不言败和奋发拼搏的精神。
>
> —— 赵文杰老师

跌宕起伏的激情岁月

王海鹏

　　我出生在福建革命老区龙岩市长汀县，高中受到同班同学的影响，我开始接触足球并迅速爱上了这项运动。2006年我运气好，高考时超水平发挥，得以进入交大机动学院学习。事后证明，选择交大、选择机动学院，是我人生中最重要也是最正确的决定。

王海鹏（后排左二）夺得2021年校庆杯致远组冠军

　　2006年恰逢交大110周年校庆，对于机动学院足球而言，也是具有历史意义的一年。那一年希望杯决赛的两支队伍是机动和管院。管院实力强劲，从小组赛开始就是夺冠热门。不过最终还是机动实力更胜一筹，力压管院夺冠。当时机动院队中的唐灵寒、陈胜、卓明良、张继周、吴昊晟、韦熊、谢彪、童幸、买买提等球星，也是交大校足球队的常客，代表学校征战无数。唐老师作为校队主力还带队夺取过上海市冠军，创造了交大足球历史的一个高峰。

2007年底我参军入伍，在宁波消防支队特勤大队二中队服役，期间阔别交大和足球两年时间。还好分离只是短暂的，2009年的12月份，我结束了部队生涯回到学校，回到了熟悉的南体。两年的时间，曾经的对手和队友好多都已经离开了校园，也有很多新人加入了这个群体。机动2007级的张帆、黄浩、杨煜刚、徐冠良、徐冠俊、仲伟平，机动2008级的杭乘、刘世嘉、郁坤、余睿，电院的周卓、FCC、凌太宇，管院的王天洋等等。

当兵回来之后，除了遇到很多新的球星，还有幸得到两位老师的指导。一位是顾根陞老师，我和顾老师相识是在足球选修课上，一直心心念念要选足球课的我终于在大二选到了心仪的课程。顾老师很照顾我，选我当课代表，一个学期的学习，顾老师教了我很多训练和组织的技巧，让我受益匪浅。后面顾老师还带领我们参加上海市足球阳光联赛，让我们有机会和上海市的高水平足球队伍切磋交流。

另外一位是陈钢老师。陈老师那时候教授足球裁判课程，陈老师作为国家级裁判，对于规则的解读让我们更加深入地了解了这项运动。此外，陈老师作为交大校队的教练，牺牲了自己的业余时间，组织交大校队的训练，教授了很多足球技巧和技战术知识。相信每个得到陈老师指导的学生，都会和我一样，在球技上得到很大提高。

此外，当年还认识了三位师兄，分别在不同的方向上给我了很大的帮助和激励。一位是机动的刘洪涛，一位是电院的衣涛，还有一位是就读过多个学院的刘剑涛。先说刘洪涛师兄，刘师兄那时候进入交大攻读博士，之后成为球队的精神领袖和主力后腰的不二人选，不管是球技还是人品，当时在交大都是有口皆碑。刘师兄是我足球生涯的一个导师，经常在业余时间指导我，给了我很大的帮助。除了球场上，在生活中，刘师兄也是老大哥，在我最困难的时候给了很多人生指导。对于刘师兄，我除了感谢，还有感恩。

第二位是王剑涛师兄，也是交大足球的传奇人物。涛哥本身很喜欢踢球，球技也很得，更出色的，是他的裁判水平。涛哥多年以来一直是交大第一裁判，负责裁判的培训组织工作和关键比赛的吹罚，为交大足球那几年的发展做出了不可磨灭的贡献。交大足球氛围好，离不开涛哥这些老黄牛的辛勤付出。

　　第三位是衣涛师兄，他进入电院时已经年近四十，所以平时我们都亲切地称呼他为涛叔。涛叔可以胜任球场上多个位置，长传堪称一绝。最令我佩服的是，涛叔到了这个年纪，依然保持着良好的状态。2010年希望杯半决赛，机动虽然场面和人数占优，但最后还是以1∶3输给了老对手电院，我也在和涛叔的较量中完败。从那时候，我就给自己立下了个目标，希望自己40岁还能保持和涛叔一样的状态。至今，我还在为这个目标而奋斗。

　　2010年希望杯半决赛的失利是苦涩的，我们赛后也在反思，很多地方可以做得更好。接下来的一年，整支机动都在刻苦训练，去野球场的频次也明显增多了。功夫不负有心人，2011年下半年，机动顺利闯进希望杯决赛，而决赛的对手正是老对手电院，这注定是一场载入史册的比赛。比赛双方发挥了高水平，机动比分一直领先，但是迟迟无法扩大领先优势。而电院则在比赛结束前利用边路传中的机会，由校百米冠军翁德深扳平了比分，传球的正是涛叔。之后的加时赛，是来自北京的球星张帆的个人表演。加时赛的张帆如莱万附体，上演"大四喜"，一己之力击溃对手，带领机动时隔4年再夺希望杯决赛。决赛时上演"大四喜"也成了今后难以企及的记录。

　　2012年我进入大四，整个人很迷茫，面临人生选择的我在感情、学业上都遇到了很多困惑，内心的不坚定也影响了这一年的状态。那一年我有幸入选校队，陈钢老师当时还想让我尝试新的中后卫的位置，但是在一些个人琐事的困扰下，我最终选择离开校队，并一度萌生了远离足球的想法。这种糟糕的状态也延续到希望杯赛场上。那一年的希望杯，也是很多2008级球星的谢幕表演，但遗憾的是我们点球输给了电院，又一次止步半决赛。这一年的机动实力依旧强大，但电院采取了很有针对性的战术，他们安排专人全场盯防机动核心杭乘，导致我们的出球变得极其困难。常规时间结束后，两队直接进入点球大战。电院赛前就针对点球大战做了详细的部署，最后他们确实也赢得比赛的胜利，并在决赛中战胜对手夺得冠军。而机动学院却又一次遗憾的和卫冕无缘。2012年半决赛点球失利后，队友们的泪水和不甘，在我心中刻下了深深的印记。新的赛季，由于人员的更替，希望杯各队之间的水平更接近了。机动2010级的李平、刘凯旋、蒋益西、王黎明、汪致远等，已然成为球队各个位置的核心。2010级的这帮年轻人，当年夺得了机动历史上第一个新生杯冠军，这几年随着球队一同成长，飞速进步。

　　同时，研究生队伍中的王恺、李洪根、孔庆帅等人的加入，也极大地提升了机动的实力。在这一年的研究生足球赛中，机动点球战胜老对手电院，卫冕了比赛的冠军，这几名主力的实力可想而知。加上胡航、遇沫燃等新人的加入和成长，让机动依旧保持着竞争力。不过，这一年机动的希望杯之旅并不顺利，小组赛结束排名第二，在几支队伍中也并不被人看好，半决赛还碰到了夺冠的头号热门医学院。医学院小组赛每场都是大比分胜出，队中的尼泊尔球星梅西还在射手榜上遥遥领先。比赛开始后，场面上也是医学院略占优势。不过这场矛与盾的对决并没有在常规时间决出胜负，我们再一次站在了12码线，用最残酷的方式决出胜负。这里要特别提到机动球星范霄宇，去年罚丢点球的他，当年赛后满是自责，失利时的身影让我想起了当年意大利之夏的巴乔。不过这次霄宇没有退却，而是选择坚强地面对。当他罚进点球的那一刻，全队一拥而上，将他高高抛起。人生就是这样，失败不可怕，可怕的是害怕面对失败。霄宇勇敢站在点球点的那一刻，我就知道，他已经赢了，机动已经赢了。

在半决赛战胜了实力强劲的医学院后，我们士气大增，决赛以2:1战胜了管院，又一次捧起了希望杯冠军奖杯。从2006—2007赛季开始，机动三夺希望杯冠军，创造了学院历史上的一个巅峰，而我，幸运地成为这段历史的一部分。

从2006年9月进入交大，到2013年10月离开校园，足球是我7年多的校园生活中最重要的部分，交大南区体育场也是我待过时间最长的地方。

2013年机动学院希望杯夺冠留念

2013年希望杯决赛，是我最后一次以学生身份站在这块场地上。结束哨响的那一刻，我丝毫不觉得喜悦，反而觉得很悲伤。我记得自己躺倒在草坪上，泪流满面，内心无限感伤。那感觉，就像是和相处了7年的初恋永别。这7年，足球带给我无数的欢乐和泪水，让我结识了很多可以相伴一生的良师益友。同时，足球也教会了我许多做人的道理，让我步入社会之后仍然能坚持自我，不断努力奋斗。感谢足球，感谢交大，感谢这些年认识的每一位朋友、兄长、老师！有你们，最昏暗的地方也变得明亮！

　　出生革命老区的王海鹏，交大求学期间投笔从戎，两年的军旅生涯使儒雅书生平添了一股军人气质。

　　足球校友新生代海鹏的深情回忆，使我们一起穿越时空，回到激情燃烧的青春岁月，回到魂牵梦绕的母校绿茵热土。

　　海鹏的足球起点较晚，高中开始接触并爱上足球，而真正步入足球佳境，则得益于交大校园的足球沃土和机动学院的足球氛围。海鹏的文章，如数家珍般地追溯了交大足球故事，新生杯、希望杯、校队……一幕幕扣人心弦的赛场场景，一个个血气方刚的足球兄弟，必然激起有着同样经历的足球校友们的强烈共鸣。

　　离开校园15年的海鹏，可能会淡忘当年的很多往事，但圣南体涤荡起伏、激情四射的足球生活，却已经融入血液，永志难忘，且深刻地影响着终生。

　　祝贺海鹏在校期间多次荣获校级足球比赛冠军和多项校运会短跑佳绩，期待海鹏更加精彩的足球故事续集。

——赵文杰老师

我的25年交大足球生涯

李　喆

　　我是在1996年也就是正值交大100周年校庆之年入学的，如今已经过去了25个年头。记得当年我独自一人背着行囊第一次来到上海求学，按照录取通知书上的路线和乘车方法从火车站坐地铁来到锦江乐园（当时一号线终点站还是锦江乐园），看到"巨型"摩天轮时，想想今后可以来体验一下大城市的各种繁华设施心情真是无比激动（后来大四毕业了也没去过），对许多今后要一一尝试的新鲜事物更是满怀憧憬。乘上了学校接驳新生的校车

2001年5月17日的校足球队合影
前排左起：左1丁旋、左2马翔、左3胡健、左4杨振炜、左7王高鸣；
后排左起：左1戴鸣晨、左2陆言清、左3王志伟、左4乔叶辉、左5马可、左6张议、左7赵文杰（老师）、左8孙少羚、左9唐盛祖、左10李喆、左11陈钢（老师）、左12何纯智、左13陈群

一路向南，随着车窗外的人和宏伟建筑逐渐稀少，悸动的心似乎慢慢凉了下来。当校车转入校园时，我看到东川路对面是一片荒凉的草地，远远望去有几处民房几棵樟树，草地上居然还有牛在悠闲地吃着草。这是我心目中的交大，是我想象中的"魔都"吗？心理落差似乎有点大，直到当校车在南体停下来的时候看到那片足球场上热闹的景象，顿时想想，还好，我还有足球可以踢，大学应该不至于太寂寞！

入学第二天去球场活动活动筋骨，靠着二级足球运动员的功底很快被师兄们发现，随即被招入系队，绝对主力，中场核心，从此开启了我交大的足球生涯。大一开始每年希望杯从未缺席过一场比赛，足球成为自己在闵大荒的最主要娱乐活动，直到读研读博留校做老师。对南体和徐汇球场再熟悉不过了，场上哪里有坑应该怎么跑不至于崴脚都形成了条件反射，两块场地上一踢就是25年。如果说大学以前的足球练的是技战术，在大三的时候进入校队才是自己真正懂球的开始，球商就是在校队培养出来的。在此要感谢赵文杰老师和顾根陞老师的指导，还有当时那两届校队中半职业队员的点拨，如何跑位、如何护球、如何分球……让我学到了很多，慢慢学会了"阅读"比赛，至今受用。从2000年开始的历届交大教工足球比赛，我参加的电信代表队都取得了不错的成绩，至今仍然担任着电信学院教工足球队的队长，在各届交大教工足球比赛中带领球队披荆斩棘，赢得过两届交大冠军。

2018年4月8日，交大闵行校区南区足球场上李喆获上海交通大学122周年校庆杯足球赛最佳射手

在交大学习、生活和工作了25个年头，遗憾没有取得什么成就，平平淡淡、勤勤恳恳地做一名专业老师和科技工作者，是足球给了我引以为傲的荣誉、自信和快乐。我是为数不多在交大参与过所有足球队的成员，学生院队、学生校队、研究生校队、交大教工队等等，细数一下这么多年来居然拿过多届交大希望杯冠军、上海市大学生联赛季军、上海市研究生联赛冠军、交

大教工足球赛冠军、上海市教工足球赛季军及闵行职工足球赛冠军等，也算为交大足球做出过贡献，颇有成就感。我经常调侃陈钢老师："别看在交大足球场上你的资历深，我在南区踢球的时候交大还没你呢，呵呵。"除了赵文杰老师和顾根陛老师，我应该算是身份还属于交大的现役球员第三元老，嘻嘻！

如今已过不惑之年的自己比以前胖了，力量下降了不少，踢球时会更加注意，身体对抗要尽量减少了。目前我参加的两个队伍一个是交大教工高水平足球队，一个上海交大电院校友足球俱乐部，保证我每周基本一到两场的训练频率，几乎每个季度一次省外足球比赛拉练的强度。足球我依然会一直踢下去，她是刻在骨子里的爱好，是两周不踢身上会痒的"瘾"，只要在球场上驰骋，无论什么烦恼忧伤都会抛到脑后，暂时忘却人生中的那些不如意，那些事业、家庭、工作中的忧愁。希望自己今后能够带着儿子，甚至孙子一起踢球，健健康康、快快乐乐地踢到老，向赵文杰老师看齐！

从求学到工作，李喆迄今在交大25年，漫长岁月中足球伴随始终。他参加过系队、校队、研究生队、教工队等交大系列球队的几乎所有，迄今是教工高水平足球队现役队员。在征战校内外的各种赛场上，李喆活跃在前场或中场，技术全面，状态稳定，尤其善于捕捉机会，是个门前"杀手"，为学校和院系争金夺银立下汗马功劳。

正如李喆所说，足球可以缓解压力，忘却烦恼，带来快乐，使人上瘾，必将持续终生。蔡元培说过，完全人格，首在体育。体育（足球）的力量，不是表现在比赛成绩，更是由于她独特的育人功能。李喆一定会继续踢下去，"为祖国健康工作五十年"并身体力行地影响和教育下一代。

——赵文杰老师

唯一的两所交通大学足球队队长

陈贵堂

一、入选校足球队

我到班级报到时就被告知由我担任团支部组织委员。新生的班级干部和团干部都是指定的。这样有利于开学的各项工作，大家熟识之后可以调整。我觉得有一定的道理。

上海交通大学高度重视文体活动，这是交大的一个传统。开学不久就有人组织足球队，我自然成了其中一员。交大文工团发出吸收新团员的通知，通过笔试、口试、模仿动作及自选片段的考核，我成为一个合格的舞蹈队队员。

上海交通大学高度重视基础学科，所以一年级的课程是很重的。工作、学习、文体活动，都丰满了我的大学生活，使其丰富多彩。我喜欢这种生活方式。

我担任上交大足球二队（一年级队）的队长是很自然的事。1953年上海市举办了（新中国成立后的）第一届足球联赛，主要是上海市的厂矿企业足球队来参加，也可以个别报名。个别报名的人被分配到甲乙丙丁4个混合队中去，我进入了混合丙队。混合丙队的全部比赛都安排在沪西体育场。联赛结束后，我被选入"沪西足训班"，从此大大改善了踢球条件。球衣、足球鞋都是公家的，交通费可以报销，踢球之后可以洗个澡……

沪西足训班的实力还是比较强的，教练是高慎华，共有2名外援，魏国光（美国人）是守门员，后来他当了上海工人队的守门员。马金生（比利时人）是左边锋，速度很快。谈谦詠是中锋，头脑冷静，球技出众。他是上海青年队的主力。我是右边锋，比较灵活，下底传中很有威胁。其他队员的名字记不起来了。我在沪西足训班踢到1956年去西安为止。可见，1955年考进交通大学后，担任交大二队队长并不意外。

下面照片是交大一年级队中的主力队员。守门员的名字我记不起来了（编者注：赵可斌），后来他一直是西安交大足球队的主力门将。我和他及陈春叁三人都是交大校队队员。
后面17号是吕大英，身体素质非
常好，进步非常快。他是西安交
大足球队的主力中卫，后来入选
西安市队。1960年后我担任了西
安足球队的教练，1961年我带领
了西安市队到长春，与上海工人
队（守门员是魏国光）比赛。我
被邀请观看了全场，两队都有我
的好朋友，结果是0∶0握手言和。
吕大英还是交大游泳队的，刚到
西安时就破了2项纪录，为交大争
了光。

一支非常优秀、素质非常高、成绩非常突出的上海交通大学足球队

1956年是交通大学60周年校庆，四月学校邀请了沪西足训班，与我们
进行一场表演赛。文治堂前的足球场四周都是欢乐的人群，增添了节日的
喜庆。

因为交通大学足球队荣获1954—1955年度（新中国首届）上海市高校
足球联赛冠军，在1955—1956年又取得可喜的成绩。所以在表演赛之前，
彭康校长与苏庄副校长接见了校足球队全体队员，并照相留念。

我非常怀念这个足球校队，充满朝气，气场十足，有强烈的责任感和荣
誉感。无论练球或者赛球，都能感到老队友对自己的关爱。这是各方面素质

都非常高的足球队，是交通大学校队以后的学习榜样。可惜，与他们相处的日子太短了。

二、我在西安的足球生涯

首先，我完美地完成了先遣队的任务。交通大学西迁西安是一个重大事件。1956年暑假前学生的行李都由学校统一管理。我们先遣队共5人，暑假前就动身去西安。我们是最早到西安交通大学的5名学生。当时，中心大楼刚刚封顶，校内没有一条好路，工人们日夜开工非常繁忙。我们担心是否能按时开学。

先遣队负责到西安火车站把学生的行李取回来，分系及班保管起来（放在第二宿舍），等到开学后学生来领取。我们非常认真、非常细心、非常完美地完成了任务，做到了"万无一失"。

其次，我当选了西安交通大学第一届学生会委员，担任体育部副部长，负责筹建西安交通大学的各种校代表队。我组织了一个"联络员组"，分配到每个校代表队中去。宣传"为交大争光"的宗旨，协调好"运动"与"学习"的关系。为了扩大"交大西迁"的影响，要求各个运动队多比赛……我觉得，在组建西安交大第一届各种体育代表队的过程中，我是起了一定作用的。

再者，我们以学生会的名义，组织举办了系间足球联赛，开展足球活动，选拔了校足球队员。动员更多的人来踢足球，通过联赛重新选拔校足球队员。原先的从上海过来的二队队员成了足球校队的主力，同时也发现了几位新秀，如朱燕林、王霞飞、江巨涛等。经过重新选拔，大大提高了荣誉感和责任感，大家更珍惜足球队了。下面就是西安交通大学第一届足球队的照片。

我们还打了一场精彩的友谊比赛。（当时的西安）交通大学足球队在当地是一支很强的队伍，力量比较均衡，体力充沛，球技和意识也有点基础，在高校中不易找到对手。当时我们还组织了西安大学生队，交大是主体，我担任队长。因为找不到比赛对象，后来就不了了之。基于这个原因，我们决定搞一次去咸阳的远征。

这是一场势均力敌、旗鼓相当、非常精彩的比赛！现在想起这场比赛还能使我兴奋不已。我们有一点轻敌，他们"以逸待劳"。比赛结果是1∶2，

西安交大第一届足球队
前右三陈贵堂；后右一谈连峰（教练）

我们输了一个球。我相信这场比赛能够赢得大家的尊重、观众对球员的尊重、两队之间的相互尊重，因为大家都尽力了。我们输了一个球，仍然精神饱满地返回学校，说明我们这支队伍"输得起"，这也是足球队的一种心态素质。

另外，我还入选西安队，参加陕西省足球冠军赛。这届西安市队大部分都是老队员，只有我是大学生。我确实不太适应这种环境。组织性纪律性比较差，出发前的集合迟到的要按小时计。有的队员资格比较老，不爱动，不传给他球还生气。记得当年我还写信给"沪西足训班"指导高慎华老师，抱怨过这里的情况。我们脱产一周在咸阳踢完了全部足球比赛，西安是亚军，冠军是咸阳队（实际上就是西北工学院校队）。荣高棠给运动员发了奖章，得奖的运动员都成为国家二级足球运动员。

三、高校联赛的绝对冠军

1958年下半年我们起运系又迁回上海，成为交通大学上海部分的一个系。1958—1959年足球队集中住在体育馆，训练、学习、生活都在一起，为足球队的进步创造了有利条件。徐景福老师是我们的指导，勤勤恳恳，任劳任怨，与大家相处得很好，队员之间团结一致非常亲热。这是我们取得1958—1959年度高校足球联赛绝对冠军的重要原因。

我们的基本阵容是"4-3-3"，配合得已经非常默契。

我们锋线上的实力是比较强的，在上海高校中是比较突出的。如果没有外校的"小黄毛"（我记不得他的名字了，在上海是有点名气的），我们锋线上的4人都能入选上海市高校队。"小黄毛"顶替了王霞飞，所以上海高校足球队的锋线实力也是很强的。

全炳恰是后援中锋，头脑清醒，控球能力强，有时也能传出好球。青工（林小光）和李佑俭都是属于"不怕累""跑不死"的典型中场人才，他们2人入选高校队也是很自然的事。由他们3人组成的"强有力"的中场，可攻可守，盘活全场，令人放心。

田开林入选高校队也是合理的，他体力好，能够胜任后卫、中卫及前卫。值得指出，上海高校之中，同济大学的后卫及中场是比较强的，高校队的中、后场是以他们为主的。田开林在其中争得一个位置也不容易。

正当高校联赛进入关键时期，门将杨德成出了事。剩下几场都是没有把握取胜的重要比赛：华东师大（张宏根的哥哥很厉害），同济大学（中后场很强大），体育学院（更是深不可测）。正当在难关面前一筹莫展的时候，排球队的李家振站了出来，勇敢地承担守门员的重任。他为我们足球队做出了重要的贡献。

我们赢了华东师大又很不容易地赢了同济大学。对华东师大的那场比赛我们事前做了充分准备。张宏根哥哥是华东师大队的核心球员，是足球队的灵魂。其他队员对于他过分依赖，如果把他"看死了"，切断其一切联系，这个球队就会"瘫痪"。我们在充分分析的基础上达成共识。决定由我踢自由前卫"死顶他"，全炳恰充实锋线。这样的安排收到奇效，这场比赛反而赢得很轻松。对同济大学的那场比赛，两个队都踢得非常辛苦。我们强于攻；他们善于守，也能反击。我们赢他们应当说是很幸运的。

最后一场是对阵体育学院，他们是不计成绩的，不管输赢我们都是冠军。尽管如此，我们还是认真地做了准备。在对体育学院的比赛中，上半场踢得风生水起、顺风顺水，我幸运地完成了"帽子戏法"，上半时3∶0完胜对方。下半场一开始我们获得一个点球，杨鸥没有罚进。不久反被他们罚进了我们一个点球。随后的比赛越踢越不像样，思想不统一，前锋还想攻，后卫只想守。进攻时后卫不跟上；防守时前锋不回来。我们乱了阵脚，他们却越踢越好，又被他们追回一球，比分成了3∶2，我们开始恐慌了。比赛结果虽然是3∶3平局，如果时间再长一点，我们必输无疑。丧失了斗志，一个强队就变成了一个弱队。这场窝囊比赛的教训是值得认真总结的。尽管如此，我们还是完成了夺取高校联赛"绝对冠军"的任务。

四、最后一次队务会议

1959年要举办第一届全国运动会，有关领导早有准备。所以在高校联赛刚刚结束就通知我们学校6人到华东纺织工学院（现东华大学—编者注）去报到，参加上海大学生足球队（高校队）的集训。说明高校队的选拔工作在高校联赛期间一直在进行，我们不知道而已。因为走得非常紧急，获得冠军后的许多事都来不及去做！

在华纺集训期间，徐景福通知我返校处理一些队务。主要有以下几项：

（1）高校联赛冠军队可以有6名队员获得国家一级足球运动员的称号。徐景福老师确实很难决定此事，所以通知我返校来处理。我提议王霞飞、戚妙华、杨鸥、李佑俭、田开林和青工（林小光）等6人。我说，进了高校队以后还会有机会；王霞飞进入校队后一直表现很好，报他比较合适。讨论后达成共识，难题不难，皆大欢喜。

（2）我们决定由黄树棠担任队长，可以带领大家正常训练。

（3）在会上，大家对李家振在足球队关键时刻站了出来，以及后来的表现，给予高度评价，表示衷心的感谢。李家振功不可没。

（4）大家一致同意上报张明祺为国家二级足球裁判员。

这次队务会议开得很好，充分表现出这届足球校队的素质是很高的。积极向上，团结友爱。队务会开得非常开心，会后一起到外面拍照留念。而这届足球队得了冠军，一张集体照都没有，这是件憾事，也是队长的失职。

五、没有派上用场的第一届上海市高校队

高校联赛刚刚结束我们就到华东纺织工学院去报到，参加上海市高校队的集训。足球指导刘福生简单介绍为什么要这样紧急地组建这支足球队：为了迎接第一届全国运动会。高校队政治辅导员简单地做了生活安排。刘福生指导又简单地布置了第二天的训练要求。上海市第一届高校队就那么简单地建立起来了。

其实大量不简单的工作，都在方方面面的有关人员的努力下，经过辛苦

工作之后，才有今天那么简单的成功建立过程。

若问第一届上海高校队有什么特点？在我看来，有五个：① 上海交大的中前场结合同济大学的中后场，构成这个高校队的基础；② 医科大学的"小黄毛"加强了中前场，前锋好是胜利的保证；③ 上海交大的田开林加强了中后场，球队防守好是前提；④ 两位守门员要选最好的；⑤ 只设一位队长，其他学校中的好队员都不要了。

前四条可以确保在最短的时间内，就能把高校队磨合成一支强队；最后一条是尽可能防止并堵死可能出现的矛盾，培训期间没有时间去处理这些事。所有这一切都是为了在几个月之后，就要去参加第一届全国运动会。上海高校队的实际情况与以上分析基本符合。

上海高校队集训的成果是显著的。上海高校队的实力还是比较强的，通过集训又有了明显的提高。在锦江饭店足球场与中央体育学院队进行了一场友谊比赛。他们是全国甲级队中的强队，我们只是全国乙级队水平，我们输了好几个球。因为球场离家很近，父亲领了全家前去加油。

遗憾的是，第一届全国运动会中的高校足球比赛被取消了，我们没有被派上用场。尽管如此，高校队的集训仍然继续。1960年春节，应南通市的邀请，上海高校队到南通去分别与南通市队及南通专区代表队进行了两场表演赛。我们一球不失，都是赢了十球以上。几位前锋完成了"帽子戏法"，高校队充分显示了实力，威镇南通！但在南通两场比赛结束后，上海高校队也就地解散了。

我很幸运，在交通大学踢了5年球，第一年担任二队队长，其他几年都是足球队队长。交通大学足球队给予本人的美好无法度量！

陈贵堂，是20世纪50年代交大品学兼优且球技出众的学子。"唯一的两所交通大学足球队队长"的称号，彰显实力，霸气十足。

陈学长的交大足球故事颇具传奇色彩，刚进入上海交大即担任校二队（一年级队）队长，并参加上海市首届足球联赛，入选上海市"沪西足训班"，与当年上海足坛名将同场征战，并为上海交大勇夺1955—1956年度上海市首届高校足球联赛冠军立下汗马功劳。1956年，随交大西迁先遣队最早到达西安，是先遣队5名学生之一。

西安交大期间，他积极组织参与校园足球比赛，选拔组建校队并成为队长。同时，参与组织西安大学生队，并入选西安市队。1958年，陈学长所在系迁回上海，再度成为上海交大校足球队主力队员，并以绝对优势荣获1958—1959年度上海市高校足球联赛冠军。

80多岁的老学长在文章中回忆了一个个昔日队友的名字和特点，描述了一场场比赛的场面和结果，如此久远的历史竟然记得如此具体而清晰，足以证明母校交大与交大足球在他心中的神圣地位以及对他人生的巨大影响。

——赵文杰老师

快乐足球成就精彩人生

孙少羚

2022年，上海交通大学成立126周年，上海交通大学足球队成立121周年，我能在此刻回忆自己与交大的足球情缘，倍感荣幸。

一、与交大足球结缘

进入交大之前，我就读于上海市复旦中学，跟交大徐汇校区只有一路之隔。中学期间，我们就常常去交大本部踢球。

1996年上海交大百年校庆，我读高二，华山路上常常出现身穿交大百年校庆白色T恤的身影，我成了"迷弟"，当时立志报考交大。

1997年，我幸运地考上了交大电机工程系。报到当天下午，我便迫不及待地换上球鞋，踏上闵行校区南区足球场的土地，当天就认识了交大足球风云人物——李喆师兄。

二、美好的交大足球情缘

入校不到一个月，新生杯来了，我们最终获得了亚军的成绩。但是更重要的是，让我认识了很多热爱足球、志同道合的兄弟，包括牡丹江二级运动员、定期独自训练颠球一百下的球痴——姜峰，以及长得有点像姜文的球痴——孙鹏。

1997年希望杯，我入选电院二队参赛。我们以小组赛不败、但是全部平局的成绩被淘汰。之后，我挤在南区球场边看完了那一届希望杯电院一队的所有剩余比赛。

记得有一场比赛，电院球星刘强师兄独进四球，场上意气风发，场下谈笑风生，跟我们讲述四个进球与晚饭四块大排之间的故事。

当然，那场经典的电院和应化之间的决赛让我至今难忘，同样难忘的还有电院右边路一条龙——罗沈师兄，以及应化那个防不住的前锋——王征。之后的几届希望杯，我成为院队主力，与师兄弟们一起拿了一届冠军和一届亚军。

2000 年，我有幸入选校队，近距离领略赵文杰老师、顾根陞老师以及陈钢老师的专业足球教练风采，并随队与王征、刘斌智、杨振炜、唐盛祖等专业选手共同训练比赛，让我大开眼界。

三、校庆杯让我们与交大足球再续情缘

毕业后的十几年，虽然一直没有间断过足球训练比赛，但是，真正让我们重燃激情的是校庆杯。

2018 年校庆杯，我们以 2000 届、2001 届毕业电院校友为主，组建了"电院小伙伴"足球队，与师兄们组建的"电院老男孩"足球队共同参赛，并幸运地会师决赛。

庆祝晚宴中，大家深深沉浸在相聚的激动和美好的回忆中。这一刻，大家以球会友，因足球而成为言无不尽的兄弟。

对于校庆杯，我们满怀感恩和崇敬，深知当年叱咤球场的兄弟们是因为校庆杯而重新集结，又一次一起踏上球场，做回当年的追风少年。

四、上海交大电院校友足球俱乐部

2019 年 6 月 1 日，在上海交大电院和电院校友分会的支持下，上海交大电院校友足球俱乐部正式成立。

俱乐部秉承上海交通大学"饮水思源、爱国荣校"之校训，为热爱足球运动的电院校友们搭建并提供一个健康、快乐、积极、互通的活动交流平台；同时，向外界传递电院校友们的快乐足球运动理念和世代传承之意愿。

将近两年的时间里面，俱乐部组织了院庆杯、湾区杯、南宁杯等大型赛事活动，并且在参加的一些大型赛事中取得了不错的成绩。

五、足球成就精彩人生

如果没有足球，也许我现在是一个体重 200 多斤的胖子；如果没有足

球，我身边不会有那么多志同道合的兄弟；如果没有足球，我也许很难找到可以跟家人分享的快乐；如果没有足球，不知道自己还有什么特长用来引导儿子的健康成长。

2022年，我已过不惑之年，对于足球的意义已然理解透彻。足球给予我健康和快乐、带来兄弟，也指引着未来。

对于未来，我有三个愿望：

（1）向赵文杰老师看齐，足球一直踢到"70+"；

（2）向蔡师兄、王教授看齐，带着儿子在比赛中同场竞技；

（3）代表中国，参加一次国际足球邀请赛。

未来的日子还长，希望我们继续保持健康快乐的足球，成就更加精彩的人生。

> 孙少羚喜欢足球是出了名的，而细心观察，他的足球轨迹几乎都与交大足球相交。在复旦中学时，就混迹于交大本部球场；到交大报到，迫不及待地第一时间现身球场；代表系队参加希望杯，为荣誉而战；入选校队后，积极参加训练和比赛；加入电院校友队，参加历届校庆杯。他还客串交大教工队，训练比赛几乎一次不错过，哪怕是教育系统教工比赛，他没有报名资格，仍然每次赶到松江大学城，并主动全程录像，赛后剪辑编制，供教练和队员观看回放和总结。
>
> 足球成就少羚精彩人生，他深情感悟："如果没有足球，也许我现在是一个体重200多斤的胖子；如果没有足球，我身边不会有那么多志同道合的兄弟；如果没有足球，我也许很难找到可以跟家人分享的快乐；如果没有足球，不知道自己还有什么特长用来引导儿子的健康成长。"
>
> 足球，交大，在少羚心中重千斤，交大足球已经融入他的血液。
>
> ——赵文杰老师

第 6 章

圆梦之路

校友足球助力圆梦

邓　皓

　　我小的时候，身体很单薄，性格也十分内向，懦弱且胆小。初中我进入安徽蚌埠市一所田径较强的中学，受一位同学的影响，在一次校田径运动会上短跑取得名次，被招入校田径队训练。田径训练十分枯燥、艰苦，冬练三九，夏练三伏，终于在当地中学生运动会上取得过较好成绩。但是，我从来没有接触过足球。人都说田径是运动之母，可能是中学阶段的田径运动训练，我打下了比较好的身体基础，同时，也培养了体育运动的习惯。最重要的是，养成了能吃苦、不怕伤痛、不畏挫折、勇于争胜的性格，对于后来的学习和工作都十分的有益。

　　进入交大后，被田径队总教练孟长富老师招入校田径队训练，在跳远组师从恩师林德新，与交大田径明星陈晓一起训练比赛。当然，在人才济济的交大，我的运动成绩不值一提。

　　我真正接触到足球，还是受1982年世界杯预选赛容志行、古广明那一届的中国足球队遗憾出局的影响，从那以后，交大校园足球开始热闹起来，小班之间的比赛越来越多。1983年，六系获得首届交大杯冠军，我因为田径基础素质好、速度快、头球好，征召入系队，但足球基本功太弱，只能坐板凳、做场下啦啦队。大学期间和足球的缘分还有就是代表班级参加了思源杯足球赛，战绩也是平平，不过足球的种子可能就在那时在心里扎根了。

　　我毕业后到安徽高校任教，当时有几十名全国各高校同时分配来的青年教师，一起住在宿舍楼。年轻助教时间很多，每天都可以踢球到天黑，后来还和学生一起参加了合肥市高校联赛。可能就是在这段时间培养了一些自己的足球意识。我主要司职中后卫，因为弹跳好，专门练习了头球，直至今天，可能头球仍然是给人印象最深的吧。

　　我再次与交大足球结缘，是1987年重回交大读研究生，正好和校队主力梁硕同班。第一次体育课上，就被徐景福老师相中，招入交大研究生足球队，与梁硕成为队友。此后代表交大研究生队获得过上海市高校研究生足球

联赛冠军和亚军，与现在校友足球俱乐部的姚玗、陶晶、梅林等师兄弟们一起征战研究生联赛。担任了研究生会体育部长、研究生足球队队长等。

　　也许是交大足球带给自己更多的快乐与自信，后来工作后踢球基本没有中断过。每到一个新单位，我都会想办法组建一支足球队，利用公司的闲置空地改建足球场，活跃了员工的业余活动，增强了员工的凝聚力。1998年，我遭遇了足球生涯最严重的一次受伤，跟腱断裂，而且愈合后不久再次断裂。医生已经判定我基本废了，但我仍然积极地想办法治疗。在第二次手术后，经过一年的积极康复训练，又能回到足球场上了。感谢体育，感谢足球运动，让我不畏伤痛，战胜自我。

2019年上海交通大学校庆杯校友邀请赛机械老男孩队合影

　　我能够回归交大足球群体的机缘，来自我的同学梁硕。2019年交大校庆，梁硕积极鼓动我们组队参加校庆杯。来自世界各地的1983级机械系同学，加上我这个大哥，在比赛前一个小时才得以见面，成功组建了机械老男孩队。结果就是这个临时拼凑出来的队，没有一次合练，匆忙上阵，却以2∶0战胜了拥有众多前校足球队的"8090"队。那个时刻真是一群老男孩，太高兴了。赛后大家欢聚，喝得大醉。交大足球，让我结识了一帮好兄弟。

　　2019年经陶晶引荐加入交大校友足球群后，一下子结识了这么多的足球爱好者。听到大家彼此之间师兄弟的称呼，感觉心里暖暖的。

一次偶然的机会，我看到球场上校友足球球星们的比赛，就用随身携带的相机拍摄了几张照片，发到了群里，得到了大家的喜欢。从此也找到了另外一种表达对交大校友足球活动参与方式。我先后与毛杰、徐超一起为校友足球俱乐部举办的"50+""U50"、交大校友贺岁杯、"校友精英队 VS Nike 队""校友俱乐部成立活动"、校庆杯以及南洋足球队建队 120 周年"南洋杯"校友足球赛等多场足球赛事活动进行拍摄活动，用镜头记录下各位校友球星场上的精彩瞬间以及有趣花絮，受到校友们的欢迎和认可。赛后的群里，观看比赛摄影作品进行

赵皓在球场上拍摄

回味，所带来的快乐可以延续很久，我也很高兴能够通过这样的方式，为交大校友足球服务。

2021 年，我参加了新组建的思源上院队，与一群年纪较长的师兄弟们一起踢球，以快乐、健康为初心，以赵老师为榜样，一起踢到七十岁。很荣幸还有机会和赵老师和其他几位球艺精湛的高手同场竞技，感觉不仅身体得到了锻炼，球技也见涨了。看到几位之前身体发福、体能下降的队友，经过一段时间的内训活动，体重下降，体能提升，心态更加轻松，队内气氛更加快乐，真应了那句——一个人可以走得很快，一群人可以走得更远！

邓皓，当年校田径队主力队员。经不住足球魅力的诱惑，他跨项成为校研究生足球队主力队员，参加上海市研究生足球比赛并荣获佳绩。从此，足球成为他的运动主项并伴随终生，哪怕屡次重伤，依然不离不弃，持之以恒。

邓皓司职中后卫，凭借良好的体能、合理的站位、准确的判

断，俨然是防线大闸，同时又能控球传球和组织进攻，再加上出众的头球绝技，成为攻守兼备的场上核心。

邓皓除了长年坚持上场踢球，他还经常蹲守场边，不辞辛劳，以他一以贯之的奉献敬业精神、高超的摄影技能、对足球运动的理解以及对母校和校友的挚爱，与田径队师兄弟毛杰一起，为历次重要的校友足球比赛捕捉一个个精彩的瞬间，留下了珍贵的历史资料。

"一个人可以走得很快，一群人可以走得更远。"回归校友足球后，邓皓是大哥级的"无冕之王"，他为人低调，严于律己，尊重他人，关爱集体，热心公益，乐于助人，是个深受校友们尊敬的好队友。邓皓已经是孙子孙女一双的年轻爷爷，事业有成，家庭幸福。祝愿邓皓永远保持年轻态，享受足球，享受生活。

—— 赵文杰老师

经历动荡年代的足球生活

王君达

我在2021年初的贺岁杯足球友谊赛受伤，养伤期间，我开始慢慢回忆我喜欢的足球生活。

一、初次接触足球活动

小学时，我玩过打弹珠、飞香烟纸、斗鸡和爬树抓知了。在四年级的时候，父亲给我买了一个足球，开始踢足球玩。1976年我进入中学，前期是大搞军训，把球场挖开做防空洞备战。

1978年恢复高考，我们的学校学习走上正轨后，我参加了校足球队，参加区里和市里的比赛。那时的比赛条件很差，近的就走去，远的坐公交车去，踢完球很累还要走着回来。1978年世界杯在电视里观看阿根廷和荷兰的决赛，阿根廷球星在前场的快速撞墙式配合攻破对方防线是那么充满激情，特别是肯佩斯的带球突破射门，动作连贯一气呵成，进球后观众沸腾，彩带飘舞，我们进入了一个新的足球世界。

二、大学时期

1980年进入交大报到后一周，徐景福老师找我参加下午的足球队训练。那是我初次看见在踢球的主教练赵文杰，年轻英俊、和蔼、亲切，他是我现实中看见技术最好的球员。之后，赵老师客串两边，在场上亲自指导我们队形和战术。

训练结束后去领了足球鞋和队服，记得给我的橡胶足球鞋和队服是旧的，比赛钉鞋是新的，下面的塑料钉要自己拧上去；校队人员也不多，分队训练时，有队员请假，赵老师就补上，教练工作确实挺辛苦的。

参加足球队的第一年，我们就获得市高校联赛第三名，我也获得三级运动员奖章和证书,大家很高兴,足球队在教工食堂二楼举办庆祝宴会,大家举杯庆祝一年来风风雨雨、四处征战取得的成绩。

　　毕业36年后,很多人和事都忘了,但是场上离我近的几位队友的容貌还记得,守门员比较内向,发挥稳定,该扑住的球不会失误,与占波的配合最默契;拖后中卫占波,身材不高,约1.8米,站位靠右,协防我右后卫一侧,防守非常稳健,经验丰富,铲断、逼抢和卡位技术一流;突前中卫王磊,和我一届四系的,身高1.82米,是队内头球最好的球员,脚头硬,王磊身材单薄,与高年级球员及黑人球员争抢高球比较吃亏,但是他敢拼,毫不胆怯,有一次还被撞破头流血,简单包扎一下继续踢;左后卫先是比我高两级的兄长,脚下技术好;1981年左后卫由和我同系的顾建荣担任,顾建荣1.8米,身体强壮,速度也快;队长陈穗荣是中场指挥家,也是队内长相可以和赵老师媲美的广东帅哥,为人和气,负责调度球队进攻方向,斜传球

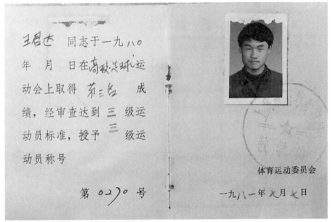

1980.9 ～ 1981.7上海市高校足球联赛,王君达获得第三名的证书与奖章

落点准确，回防也很积极；前锋支宏身高 1.75 米，属于快速灵活前锋，球感好，技术与速度结合，喜欢大范围扯动跑位，让你来不及拦截或近身缠斗，射门角度刁钻，队内第一得分手，在学校里人气很高，很多学生就是来看支宏进球的。

我身高 1.76 米，体重 130 斤，踢右后卫。那时的其他学校大概一半以上都有黑人球员，黑人球员的特点就是身高体壮步幅大，比较喜欢冲击边路人少的位置。我靠的是硬朗的身体和贴身缠斗技术防守，每次比赛和他们拼的就是体力、耐力和意志力。

印象最深的一次是 1980—1981 赛季联赛中到嘉定科大的比赛，对方看球的学生围着球场一圈，开始我们被对方攻进三个球，然后被我们反攻进三个球，进球的好像是支宏和王磊。当我方进了第三个球时，场边就有学生喊着"黑哨"冲进球场，追打裁判，裁判一看失控了，就快速跑进场边交大校车上，我们也快速逃上车想离开，可是学生把车包围住，有学生扔小石头砸玻璃，冲撞车门，对方的女生看着文文静静的，可居然还想出拿头上细发夹扎轮胎气门芯放气，我坐在窗边无奈地看着他们男女配合把轮胎的气放没了，然后击掌欢呼。我们的晚饭还是对方领导组成人墙给我们送来的馒头，闹到凌晨，在两辆大巴门对门对接后，我们总算换到另一辆车上回到徐汇校区。

交大的群众足球最鼎盛时期是在 1982 年，学校组织了多次三大球比赛，有校际的，有系里的。校 3 号门外二栋学生宿舍楼中间有两个水泥地篮球场，那时候比赛赢了就有人朝篮球场砸热水瓶等能发声音的东西，大声喧闹表示庆祝。篮球场下午也经常有人踢足球，大操场更是踢球的热门地方，有时候一个球场被分成 5 块，过度使用足球场的坏处就是场上寸草不生，发现一棵草好比找到灵芝那么难。学生民间足球搞得最好的是支宏他们 79 级自动控制专业 4 个班级，组成了 ACJ 队，统一队服，在学校摆擂台赛，迎战学校各路英豪，名扬交大。女足比赛也是同年开展的，二、三、四、五、六、八系各一个队，分两组比赛。系里潘永华老师让我和顾建荣任教练，帮助女生训练足球。女生也从最开始的害羞，到逐步放开踢球。没有基础，就简单告诉女生要领由她们自由发挥了，最后 3 系小分队获得亚军。

我班里会踢足球人少，整体篮球水平还不错，校篮球队队长王珏与我同班，班级取得学校篮球第二名、毕业班思源杯冠军。

1983 年夏天我学军时左手腕骨折需要养伤，就申请退出了足球队。

三、重新走上球场

2019年夏天，我重新开始踢足球，中间也遇到过运动量突然上升肌酸激酶指标高、膝盖脚腕酸痛等问题，但是得到了各位球友的热心建议指导，特别是2020年7月24日，看了赵文杰老师发了一段健康与寿命的感悟，文中提到健康寿命的几个要素，比如运动的作用、如何量力而行、延长中老年的能力，最后一句独乐乐不如众乐乐、参与和奉献等很有感触。也很喜欢校友足球和俱乐部足球的管理方式，把为广大爱好足球的校友服务为宗旨，传播交大足球文化。

2019年9月19日交大校友足球俱乐部成立比赛，我得了一个最佳防守奖。

2020年在疫情影响下，校友踢球开始打游击一样，没有固定场所，赵文杰老师和卢建华主席提出要有个固定球场和时间，我参与组织了贝岭球场每

2020年9月19日，王君达（居中）获交大校友足球俱乐部成立暨交大校友超冠杯
足球友谊赛"最佳防守队员"奖
右侧校友足球俱乐部轮值主席卢建华，左侧队员邓煜坤

周的足球活动，投入到为广大校友服务的行列中（贝岭球场的趣事我也写过一篇报道发表过）。

值此上海交通大学足球队成立121周年之际，祝上海交通大学的足球文化、足球交流走向全国，走向世界各地的校友会，用足球连接你我他。

王君达，当年校足球队强力右后卫，他的足球回忆录值得一读。文章详尽记录了1980～1984年如火如荼的交大校园足球、艰苦卓绝的校足球队训练比赛，以及星火燎原的校友足球活动，娓娓道来，引人入胜，一定会勾起你对交大足球生活的美好记忆。

场下的王君达有着上海男人的特点，温和细腻，务实精准，不显山露水，却不可或缺；场上的王君达则有些北方球员的风格，拼搏硬朗，直截了当，防守大闸，尽心尽责。

王君达回归校友足球群体后，彰显了大哥般的胸怀、担当和号召力，不仅身体力行积极参与训练活动，而且在疫情期间不能进入交大球场的困难时段，主动承担起贝岭球场的组织安排，使游击在外的校友们聚集在"红色根据地"。

更难能可贵的是，王君达的文章是在家里老人重病需要护理照料的辛劳日子里，凭着对交大足球的赤诚之心写就的，值得点赞和致敬。

——赵文杰老师

2020年百场回顾

李 珂

人到中年，杂事增多，偶尔会忘记当天有踢球活动，想起来时只能火急火燎去赶场，甚至是无奈"鸽"了。对我来说，这属于"侮辱性不大，伤害性极强"。为了避免错过足球活动，近几年我逐渐养成了一个习惯，报名参加踢球的同时在日历上设置提醒，并同步手机和电脑的日历。

2020年初记录第一场活动时，突发奇想：我一年到底踢了多少场球？到底能踢多少场？心里粗粗估算之后，给自己设定了2020年全年100场的目标，平均下来1周踢2场。那时候我没把实现这个目标当回事，也根本没料到影响全球的疫情即将发生。

冬天还未过去，疫情出人意料席卷而来，所有球场全部关闭。3月中旬后球场逐步开放，但家人还是不放我出来踢球。直到我承诺踢球全程佩戴口罩后，家人才松了口。3月21日是我2个月来第一次踢球，也是人生第一次戴口罩踢球。恢复状态为主，跑起来倒也不闷，就是腿软。这是2020年第4场活动，已经远远落后于既定计划。

戴着口罩连踢了三场，家人知道球场上就我一个人戴口罩之后，也就不再做此要求。踢球逐步恢复常态化，踢球节奏也逐步加速。国庆期间10月8日组织的与复旦女足友谊赛是第75场。此时，全年过了3/4，目标也正好完成了3/4。

从一季度远落后计划，到三季度追平计划，自己内心信心大增。11月21日交大贝岭首秀来到第88场，12月2日与特警总队的友谊赛是第92场。最后一个月开始冲刺，终于在圣诞节这天达成年度100场目标。12月30日天寒地冻，自我挑战室外踢球低温极限，晚上6点（−4℃）到8点（−6℃）达成年终压轴最后一踢，全年定格在102场。

2020年的102场，按照场地大小来分：5人制有65场，7人制有36场，11人制只有1场。按照草地类型来分：人造草有91场，真草有11场。按照室内室外来分：室内有52场，室外有50场。全年我踏上了24片不同的球

第一次戴口罩踢球与复旦女足友谊赛

第96～100场比赛合影

场，其中浦东（10片）和杨浦（6片）位居前两位，这两个区也正是我工作和居住的地方。

2020年我和球友合作场次靠前的排名如下。这些球友各具特色。"40+"独一档的周利军是研究生校队队友。过去25年我们一直在一起踢球。我和他像是NBA名宿斯托克顿和卡尔马龙。他前锋狂刷进球，我中场狂刷助攻；CY个子不高，却是中后卫和铁腰的不二人选；王睿个高腿长，不当空霸却喜欢地面技术流；小游技术一流，看淡胜负，后场玩火举手认错后继续玩更大的火；复旦才俊菜鸡划水时从不欺负中老年的我，认真时边路频频进球；

特警太猛符合我对人民卫士的一切想象：外形、身材、力量、谈吐，以及最关键的球品和人品；大魔王Justin爆发力十足，一旦冲起来就是马踏连营；空军杨老师静若处子，帅就一个字，动若脱兔，认真潇洒一剑封喉；海军杜队是极佳的前锋支点，做球过人两不误；声网三剑客夏天、思橙和Shine组成了公司的前锋、中场和后卫中轴线。

过去的一周里，很多球友得知我在2020年踢了百场时的第一反应是惊讶："你怎么能踢这么多场球？"其实就我所了解的信息，不少球友一年踢的次数不比我少，甚至远超100场，但是因为平时没有系统性记录，到年底时谁还能记得清自己踢的准确场次。

2021年元旦坐在家里，整理去年一整年足球的点点滴滴，心情愉悦而平静。新的一年，咱给自己再定个小目标吧：2021，踢满98场！

李珂，学霸型的"球星"，以其理工博士的严谨风格，分门别类地对2020年踢球做了详尽的实证记录。2020年，疫情突如其来，如此动荡不安的特殊一年，李珂秉承"事业第一""家庭第一"宗旨，在认真做好防疫确保安全的前提下，克服重重困难，科学管理时间，合理安排生活，坚持参加被戏称为"小三"的足球运动。从戴口罩的第一场开始，以平均每周2场的频率竟然总共踢了102场，创造了比职业球员更为"敬业"的惊人纪录，实在令人敬佩！李珂的百场记录，不是一个简单的数字叠加，而是一种坚持不懈的体育精神，是交大学子健康向上的精神风貌。

—— 赵文杰老师

交大体育、交大足球，成就我的梦想

盛玉敏

谨以此篇记载我与交大体育、交大足球的不解情缘，献给上海交通大学足球队成立121周年！

一、少儿时代

少儿时期的体育经历，打下了我最原始的体育基础。小时候，住房楼下，有好几处开阔的场地，父辈们在此场地上安装了比较正规的篮球架，在这里经常有各路人马打篮球、练武术、摔跤等运动，偶尔也有人来踢球。那个时代，弄堂里各种玩耍精彩纷呈，因为下午不上学，每天小伙伴们就在这块场地上"瞎玩"，我经常玩的名目有：打篮球，主要是练投篮、练技术，然后比赛；斗鸡，分为一对一、多对多、抢"军旗"比赛；手球比赛；摔跤，经常观摩弄堂里一群将要插队落户的大哥们摔跤比赛，场面还是比较正式的，都穿着摔跤比赛服，还有裁判，我也经常模仿他们的一招一式，和年龄相仿的邻居小伙伴经常一起练摔跤；打三毛球；逃疆赛，即大场地里多人分成两组的对抗比赛；撑骆驼，玩到可以飞跃小伙伴从蹲下到站立时过头顶的高度；踢足球，基本是瞎踢一族，但定位球练得不错；老弄堂游戏，九子游戏等；围圈打"鸟"，即圈外人持球砸圈内人，被击中者出圈，圈内人常常要施展闪展腾挪的功夫，不被击中；打弹簧屁股，动作迟缓、反应慢者常常被罚，屁股被打"烂"；捉迷藏等。整个小学阶段，下午完成不多的作业后，几乎是散养在户外的，各种名目的运动轮流转，经常是这边"唱罢"，那边"登场"。

现在回想起来，少儿时期丰富多样化的运动项目，让我练出了不少本领，这些经历对我以后踢足球的成长、潜能的开发起到了很好的储备作用。

二、中学阶段

学校里，我经常打篮球、打乒乓球、打羽毛球。体育课上，我对跳高、单杠、双杠项目比较感兴趣，技能还不错。依稀记得我第一次观看电视直播足球比赛是1977年9月17日晚，由贝利、贝肯鲍尔（未上场）等世界名将组成的美国宇宙队前来挑战中国国家男子足球队的首场比赛（比赛双方在北京工人体育场以1∶1握手言和），从此，迷上了足球。有一年暑假，我和几位同学冒着倾盆大雨，穿上雨披从复兴公园骑行到江湾体育场观看上海队对外国青年队友谊赛。

赵文杰（左）和盛玉敏（右）的合影

小学、中学阶段最遗憾的事就是小学、中学校园里只有水泥地篮球场，没有足球场，我没有足球教练，体育老师不上足球课，严重缺失足球运动。

三、交大体育、校园足球

1980年9月我就学于交大机械工程系，徐景福老师上我们班级体育课，包括教足球、跳高、短跑、长跑，太极拳、单双杠等。我是班里的体育委员，每次上体育课时，协助徐老师集合好队伍，徐老师才正式上课。

上足球课，徐老师讲足球的起源和发展，讲足球的带球、传球、控球、射门技术，示范练习，结合当时国家队1982年世界杯预选赛亚大区的比赛，讲足球理念、技战术，深入浅出，娓娓道来。体育课上，我们分成若干个组，进行小场地循环比赛，比赛后总结点评，我终于遇到了我人生的第一位足球教练。人生第一场正式足球比赛是1980年9月在交大足球场班际之间的一场比赛。同学中，有孟征海、崔东明、季立峰、裴柏婴等几位足球好手，他们在小学、中学里都练过足球，并且踢得很好。在班队里，我一开始是菜鸟级的，得益于几位足球好手点拨，加上我的运动悟性，没过多久，上升到班队主力，司职左边锋。球场上，同学们戏称我叫"杨玉敏"（80年代初国家队主力快马左边锋）。由于经常在足球场踢球比赛，涨球不少。好几次，下雨天也在球场踢球，浑身泥巴也毫不在乎。

另一位具有儒雅气质的忻洪福老师上排球课，有时我们在红太阳广场草坪上打排球。排球课结束，等老师离开后，喜欢踢球的同学赶紧在紧邻的草坪上踢球（尽管这里是禁止踢球的），过把足球瘾。

交大球场上也常常看赵老师带领校队队员训练比赛，很有吸引力，有时会去驻足观摩、倾听，有时也会上场蹭球，4、5名学生围抢赵老师的控球，赵老师凌波微步、闪转腾挪，球根本抢不到。赵老师带教的风格、示范演练、潇洒的踢球英姿、语音语调，印象极为深刻，同学们都说赵老师就是交大的"白贝利"。由于踢球学生众多，球场人满为患，踢不上球，也会到校园其他空闲地方练球，如工程馆底楼露天篮球场，就是我们常去的地方。

我毕业后，选择了留校工作，办公地点先后在教二楼、新建楼，所以离足球场只有200～300米远。近水楼台，我会经常看到赵老师带领校教工足球队训练比赛，耳濡目染，日积月累，我的足球水平也涨了。有一段时间，我下班后，交大党委书记何友声教授常常从总办公厅来到足球场练球，和他经常对练足球，我曾是他的练球搭子，由此可见，交大领导对足球的热爱。80年代中期到90年代初期，我参加了好几次交大教工足球联赛，先后代表过实验室处、理化中心足球联队和交大机关部处足球联队参加比赛。那时，参赛队伍由一系到十九系、保卫处、各机关部处联队、校办企业等多支队伍组成。最有意思的是跟赵老师领衔的体育系队比赛，体育系的队伍由足球、篮球、排球、田径等不同项目的体育老师组成，实力强劲，体育系让篮球老

师担任门将，发挥了人高马大的优势。但门将高接可以，低挡不一定行，若打门将下三路，我们还是有进球机会。比赛时间通常安排在周五下午政治学习后进行的，各支队伍的工会主席都很起劲，召集各部门啦啦队，摇旗呐喊，加油声不绝于耳，很怀念那时交大教工足球联赛的热闹场景。

90年代初期，我参加了交大教工乒乓球联赛，交大高手云集，藏龙卧虎，高手们精彩绝伦的乒乓球技让我大开眼界，收获匪浅！

通过在交大打乒乓球、打篮球、打排球、练体操、练游泳等项目的锻炼和交大体育氛围的熏陶，对我的足球运动能力提升也有很大帮助。

四、交大校友足球队

多年前我有幸在足球场遇见赵琛豪，一起踢过校园足球，感谢赵琛豪在2016年的某一天通知我参加交大校友足球队活动，这一次开启了我的交大校友足球新篇章。从2016年校庆后的第一次交大校友足球队活动开始，赵文杰老师无数次来到球场，不管是夏天的高温天气，还是寒风刺骨、零下6度的极冷天气（2021长兴岛贺岁杯），都和我们在一起，身体力行，关心交大校友足球的发展。我先后参加了三届校庆杯，随交大南洋鹰队和交大校友队

2021长兴岛贺岁杯（寒风刺骨、零下6度的天气）

经常参加足球活动和比赛，积累了一些比赛实战经验，提升了实战能力。在平时的训练比赛中，注重足球情商（EQ）、足球智商（IQ）方面的自我修炼、感悟、积累。足球智商体现在下面几点：对比赛的阅读能力，拥有更聪明的跑位，时机把握能力和位置理解力，对战术的理解运用，能够打多个不同的位置，合理运用有球技术和无球技术。

感谢赵文杰赵老师，您是交大足球的楷模，是我们学习的榜样，从您这里，学到了什么叫体育精神，学到了足球EQ、足球IQ，学到了尊重和信任——尊重队友，尊重比赛规则，尊重裁判，尊重对手，信任队友。

2021年6月12日，交大校友思源上院足球队成立。建队前，我们已组织多场比赛和训练，为思源上院队成立作了前期准备。建队后，我们已在康健和滨江足球场进行了多期内训，目前球队发展势头良好，倍感欣慰，我们的目标是向赵老师学习，踢到70岁乃至更远。十载风雨锤炼，成就展翅雄鹰！

　　小盛，我习惯如此称呼他，其实也是奔六的年龄了，不过他在球场上的体能和表现，似乎还是那个充满活力的"小盛"。

　　看了他的故事，终于知道了他之所以在球场上长盛不衰，是由于小时候弄堂运动的基础，更得益于交大兴旺的体育环境，当然最重要的还是他对体育对足球的挚爱，无论求学阶段还是职场时期，始终不渝地坚持参与，可谓"终身体育"的楷模。

　　盛玉敏没有受过正规的足球训练，但他善于观察、善于学习、善于思考，在实践中不断提高技术水平和比赛能力。他已经成为校友足球团队的骨干成员，身体力行地为年轻的校友树立榜样。

—— 赵文杰老师

交大足球，让我永远阳光快乐

陈小刚

作为一名"小镇做题家"，从高中开始，我最大的爱好就是足球，因为痴迷足球，在高二考少年班时还偷偷看意大利世界杯的直播，兴奋过度睡眠不足以致考场发蒙名落孙山。我的数学老师吴志祥先生也是我的足球启蒙老师，他指着交大招生简章上那漂亮的大草坪告诉我说，你只要考上交大，就可以在那世界杯水平的场地上踢球！被老师激励的我高三整整"禁足"一年，可当如愿考进交大后，我才明白被"忽悠"了，徐汇校区那漂亮的草坪，莫说踢球，就是走一下都不可以（当然后来我大四时还是趁保安不注意，偷偷在大草坪上踢了一次，得偿心愿）。但回想起来，四年交大生涯，除了学习就是足球，交大于我真是足球乐土，和交大足球为伍，何其幸哉！

在校期间，每天只要没有文化课，化学系1991级"铁三角"，即张怿、肖琪和我，几乎风雨无阻地出现在南区体育场，一踢就是一下午，一场接一场，真是少年不知累滋味。每当踢完球，"晶晶亮、透心凉"的雪碧一口干完，头皮一紧，浑身通泰。在交大尘土飞扬的操场和煤渣跑道上，洒下了我们无数的血汗，每次踢完球身上没挂点彩，就感觉今天的拼抢不够激烈，看着全身上下的累累伤痕，我们却宛若得了军功章一样美滋滋的，总觉得踢球的男人才是真男人！我除了好踢，水平很一般，因为起点低，野路子出身，只是在大二上了足球班，那时顾根陞老师执教我们，对我们颇为爱护，可我们上课都不爱练习基本功，只盼着老师早早结束基本练习，让我们组队打对抗赛。由于没打好基础，我在足球班上学会的唯一技术就是"马赛回旋"，现在想想颇为遗憾，在有机会接受顾老师这么专业的指导时却不知珍惜，如果可以重来，我一定在大学里苦练基本功，而不至于现在还只会"三板斧"，真是"黑发不知勤学早，白首方悔训练迟"！当年嬉笑中对抗的1991精仪系的球星们，不少已辗转全球各地，非常怀念那时踩着漫过脚踝的野草踢球的秋日时光，兄弟，想你们了！

在交大期间，我唯一赢得的荣誉是系新生杯冠军和最佳射手，和诸多荣誉加身的球星师兄弟们相比，我其实就是幼儿园得了一朵小红花的水平，但请允许我敝帚自珍。希望杯比赛期间，我也只在大三时在小组赛替补上场了15分钟而已，想想确实汗颜。可我刚一毕业，1995年秋天师弟们就获得了希望杯亚军，并在随后两年连续打进希望杯决赛，更于1997年夺冠，达到了化院足球巅峰。当在江边小城的我收到留校同学的来信，传来化学系问鼎夺冠喜讯，我深刻体会到了杜甫“剑外忽传收蓟北，初闻涕泪满衣裳”的心境。感谢师弟们，帮我弥补遗憾，圆了希望杯之梦！

在校期间，我对交大足球印象较深的有三个事件：

第一是感受到希望杯和校园球星巨大的影响力。在1991年秋天的一个下午，体育场被球迷们围得水泄不通，附近楼的阳台上也挤满了观众。那次是希望杯决赛开战，电机系和电力系对垒，电机系右边锋速度又快、技术又好，快速突破下底传中，帮助队友打进了好几个球，最后比分4∶2，电机赢得冠军。因为我住在21栋，正好阳台上可以俯视球场，目睹龙争虎斗的大场面，那是我平生第一次在现场看到这么多人看球，让我震惊不已。同学告知我那位球星名叫陈侦，广东人，可我一直把陈侦误听为陈真，心想这球星

化院校友足球队的合影
后排：左4陈小刚、左3张怿

球踢得好，名字竟然也和霍元甲的徒弟一样，真是霸气！后来军训时，陈兄一曲粤语《夕阳醉了》迷倒整个女兵连，更成为交大男生之"公敌"。直到20多年后才知道陈侦名字真正的拼写，真是惭愧。相信大学里每个年代都有自己的"球王"，对我来说，陈球王的故事一直流传至今，念念不忘。如今陈兄继续活跃在球场上，充满了正能量，有幸同场切磋多次，陈兄依然是球王！

第二是我的队长张怿同学"割鼻"事件，当年在南体东边有一片排球场加一个足球场，其中有一片排球场没有球网，只有两根拉网的铁丝，天色已晚，张队去抢球时没注意，鼻子被铁丝横割了一道凹槽，鲜血直流，但是有猛张飞之称的张怿稍做处理就又回来和我们踢球，大家惊为天人，感叹真乃球痴也！幸运的是如今张队的鼻子并没有留下疤痕。原本对沪上足球比较讲究技术，拼抢不够勇猛的印象，被徐根宝指导的"抢逼围"和我们张队"鼻可破、血可流、足球气魄不可丢"的气概冲得烟消云散。

第三件事则是痛苦和心酸的回忆，当年化院1991级"铁三角"，我大学最好的兄弟之一肖琪，后来在校读研期间英年早逝。每当返校走过21栋楼，

交大深圳校友足球队访问宁波

我仍旧会记起那些年的下午琪哥都颠着足球下到我们三楼，娴熟地用足球踢开房门，对我们喊道，"兄弟，踢球去！"而琪哥不经意的一句话语，足足影响了我的足球人生。有次球场上他说了一句："看你踢球这个傻样，你以为你是博克西奇啊，我看你只能算是阿斯普里拉！"琪哥，谢谢您！每当比赛进了关键进球，我都喜欢模仿阿斯普里拉的庆祝动作，来一个侧身翻，纪念我们曾经肆意昂扬的青春！每次去给你扫墓，看到墓碑照片上你青春无敌的笑脸，你还是从前那个少年，没有一丝丝改变！琪哥，愿您在天之灵安息！我们下辈子还一起上交大，一起踢球，一起参加希望杯！

毕业后我曾长期在宁波上海两地奔波，2020年开始又转战大湾区，爱好足球的我，行李箱里基本都带着足球装备，每到一地，我总是先找组织，并有幸加入了宁波和深圳校友队，和各地师兄弟们结下了战斗友谊。我积极扮演着交大校友足球大使，促成了诸多地区校友队之间的访问和联谊，也代表交大积极参加在各地的校友联赛，结交了五湖四海的朋友。随着年龄的增长，体力、速度肯定明显下降，为了不被师弟们迅速淘汰，我一方面坚持长跑来保持耐力，另外也尽量多用脑来弥补速度技术的不足。我经常观看足球录像，认真学习优秀前锋的跑位和技术，提高射门的准确性和突然性，以至于这些年来，在一般对抗程度的业余比赛中，我并没有很快落于下风，有时反而能利用经验获得一些优势，每年基本保持50个以上的进球，这些都是我用脑用心踢球的结果。"持续学习，永不满足"，我想这也是交大足球教给我终身受用的道理！

工作后，作为足球迷的我，最深刻的记忆是圆了多年的现场观看欧冠和英超的梦想。2014年底，我到老特拉福德、伊蒂哈德、阿森纳、斯坦福桥、温布利等球场都打了卡，和著名球星托尼亚当斯、里奥费迪南德、邵佳一等一起观看比赛；和德国、英国、中国国脚踢了友谊赛；和英超俱乐部经理层对话，让我对英格兰足球的青训和商业运作有了一定了解，满足了作为球迷的虚荣。在老特拉福德弗格森看台看球是我最开心的时刻，因为从弗爵爷身上我不仅学到了什么是智慧、坚持和勇气，也学到了很多领导的艺术。

衷心感谢赵文杰老师的厚爱！尽管在校期间未曾有缘接受赵老师的教诲，但过去几年参加交大校友活动的过程中，赵老师不管严冬酷暑，刮风下雨，经常亲临现场观摩指导，并在校友足球群中不时提点，让我们这些学生总是高山仰止，有了赵老师率先垂范，相信很多师兄弟们都会把自己的足球生涯定到70岁！

交大足球已过去两甲子，期间人才辈出、群星闪耀，除了数不清的校园球星之外，更多是和我差不多的普通爱好者，在交大足球精神的感召之下，无论是在校还是社会上，均努力践行交大足球人"强健体魄、奋力拼搏、以球会友、四海一家"的精神，让业余足坛、学习和生活充满阳光和快乐。衷心祝愿交大足球和足球人永葆青春！

读了小刚文章后，我不禁感叹足球校友真是藏龙卧虎，"化学男"的文笔不亚于文科学霸，无愧"能文能武，文理兼修"。

小刚自称是"一直坚持着对足球热爱的草根爱好者"，高中幸遇开明睿智的数学老师，成为他的足球启蒙老师，并用"交大有漂亮的绿草坪踢球"忽悠他考入交大，也为交大输送了如此阳光灿烂的学霸和球星。

"四年交大生涯，除了学习就是足球，交大于我真是足球乐土，和交大足球为伍，何其幸哉！"小刚凭借着执着、刻苦和聪明，在交大求学期间，代表班队、系队，参加各种比赛，取得"新生杯"冠军等不俗战绩，荣获过最佳射手称号，是校园足球的明星。

在校友足球群体，小刚无愧为"友谊大使"，促进了上海、宁波、深圳、湖北、湖南等地足球校友之间的比赛和交流。他拉杆箱里的标配是踢球装备，时常拖着行李奔波于球场与机场之间。

文中追溯的发生在交大校园的三件难忘之事，重情重义，有血有肉，让我们看到小刚的侠骨柔情，令人动容。

"坚持学习，永不满足，我想这是交大足球教会我终身受用的道理。"小刚谦虚好学，善于思考，在踢球中向他人学习，甚至走访考察多个足球强国顶级俱乐部、著名教练和球星，踢球水平不断进步。他重视体能训练，参加马拉松、铁人三项等极限运动，保持充沛体力，得分后的空翻，是他的招牌动作，恐怕连世界顶级球星都望尘莫及。

小刚，热情开朗，充满活力，虽然离校30载，归来依然是少年，场上的"风之子"，场下的"阳光男"，具有激活团队的正能量。

—— 赵文杰老师

新起点——我和足球，我和交大校友足球

蔡向罡

赵老师让我为交大足球队121周年写篇纪念文章，我诚惶诚恐接下任务，但是憋了很久，一直觉得没什么可写。说起来，我的足球经历确实是乏善可陈，在青少年时期，我能找出来的和足球有关的照片，不会超过5张。

真正让我的足球记忆丰富起来、阳光起来的，是2017年闵行校区开拓者杯足球赛以后的校友足球活动。

赵老师说，我应该是个有故事的人。诚然，故事很多，但以往和足球有关的很少。我出生和从小生活了11年的地方——青海石油废墟遗址，现在也被称为"生命禁区"，已经成了一个探险打卡地。所以，在12岁离开那里到上海之前，我不知道足球是个什么东西。到上海读了小学的最后一个月，有个同班同学是邻居，家里有9寸黑白电视机，没事到他家蹭电视看，因为同学的父亲是球迷，于是知道了足球。那一年，在他家看了丰田杯巴西格雷米奥和英国利物浦的比赛，听他父亲跟我们几个孩子讲足球。也正是那一年，中国国家队冲击第十二届世界杯先扬后抑，差一口气，让人嘘唏不已。但中国队在预选赛上的表现还是在中国掀起足球热，我也在那一年进初中，开始和大多数同学一样利用一切时间追逐自己的"足球梦"。作为足球零基础的我，此时和同学们的差距是非常大的。但是，在身体素质上，我却是天赋异禀。从小，我比同龄人跑得都要快很多，无论长跑还是短跑。当年在整个石油系统还是配有很多学校的，开运动会有点类似大型赛会的样子，集中起来比一星期，小学那几年，短跑、长跑、跳远项目冠军我都拿过。最能体现我身体素质变态的，是进交大第一年的运动会上，我拿了100米的第二名和铅球的第三名。但是，后来我在交大田径队练的专项，却是400米！就这样，凭借着对足球的热爱和超人的身体素质，我居然从初三开始，就被中学的足球队招进队了。

我是直升高中的。初二身体开始发育，到了高一，我的田径成绩也大幅度提高，高一那年，我100米已经能跑11秒5了。这成绩不算非常出类拔萃，

中学足球队唯一的照片

但考虑到我早读一年书，其实只是初三的年纪。学校足球队和田径队都要招我，但我执意去足球队，体育教研室老师们协调的结果是导致那几年，足球队不得不承担了田径队的训练任务。但事实上，各级田径赛场，我总能掠金夺银，但足球队的成绩，其实是非常差强人意的。记忆中，区比赛里没有进过前三，市比赛里没有进过前八。当初自己的执着错误吗？可能是的；但后悔吗？不后悔。

大学里，我的足球印记更没有了。一个小系要凑11人比赛都难，当然不要指望成绩了。所以，我找了半天大学里的照片，唯一一张回忆起来是踢球玩时拍的照片，上面居然是没有足球的。

1991年参加工作时，上海各级企业足球运动还搞得非常红火。刚进公司，自己所在船厂足球队拿了公司比赛冠军，我马上就被招进公司足球队去参加陈毅杯。那一年，取得了在足球上的第一个可以称道的成绩，从乙组打进甲组了！后面两年，参加陈毅杯甲组，先后和二纺机、徐房这种队交手，算终于有了和专业、半专业背景的同场竞技的经历，也认识到有"童子功"的果然不一样。但是工作后第三年的一次比赛，球场上发生了严重的断腿事故，从此球队解散，后面若干年都没有再碰足球。当然，那个时候，经济发展正是最迅速、个人事业也是需要大量投入的时候，再者，那时候通讯联系

蔡向罡参加田径运动会

远没有现代发达，即使偶尔有了这个念头，也找不到人。

再好的身体素质和底子，如果不注意保养、维护，下滑的速度都会很惊人。在一系列称得上是故事或者事故的经历后，我的身体在2012年下滑到一个低谷。因为大剂量激素引起的骨质问题导致腰椎间盘脱出，近一个月卧床不起，不能自理。腿部肌肉迅速萎缩，关节经常有各种疼痛。出于对自由的渴望和不服输的脾性，我拒绝了手术，开始了漫长的运动康复过程。我先是一瘸一拐地去游泳池学会了游泳，一直游了一年多，能够正常走路，我再开始健身房各种力量训练。作为一名曾经的田径运动员，吃得了苦、耐得住寂寞的特质在这个过程支撑了我坚持不要放弃。这其中，心理上也开始了一些变化。以前，是和别人比，但现在你比不了啊，于是调整为和自己比。其实，现在想想，这个转变是对的，我们永远的对手是自己和时间。

2017年闵行校区开拓者杯足球赛，不了解我这些年经历的同学还停留在那个跑得很快、身体很壮的我的记忆，邀请我一同去参赛，从此开始了我作为一名交大参与校友足球的丰富多彩的生活。从一名战战兢兢的旁观者，到小心翼翼的参与者，再到一名认认真真的组织者，这四年的经历是一个自我挑战、自我超越的过程。期间，因为足球，认识了越来越多的校友，结下了

越来越深厚的同学情，社交的范围也在短时间里扩大。尤其是在这里，我更找到了很多纯粹的校友之情、球友之情，简单而纯洁。很多以前在大学里没有交集的校友，因为足球成为无话不谈的好友。和年龄有着明显差距的校友，因为足球成为"忘年交"。

最初回归交大校友群，参与每周的足球活动时，总感觉自己因为身体原因，运动能力几乎是所有参与者中最差的，感觉我会被边缘化，因此自己也很自觉地边缘化自己。但是在这里，我感受到更多的是包容、鼓励，让我在一次次的参与过程中逐渐恢复。从原来只能上去几分钟，一点点到后来上场了就不愿意下场。重在参与、健康快乐的氛围，让我在校友足球的活动中参与越来越深入，加入了"思源老炮"足球俱乐部的理事会，也成为交大校友足球俱乐部的理事。随着参与程度的不断深入，我跟随校友们走南闯北，以球会友，共续校友情。因为在校友群感受到的温暖，让我有了信心，我开始组织企业足球队，组织友谊赛，也参与一些社区比赛，还取得了一定的成绩。

这次125周年校庆杯，由于平时在朋友圈，我比较喜欢发些足球活动的内容，让院系老师关注到了我，让我组织船建学院校友足球队参赛。

125周年校庆杯足球赛的参与，让我对交大校友足球的参与更深一步，让我对足球、对体育本身又有了新的认识和诠释。组织人员之初，我发现我熟悉的船建校友并没有几个，只能在足球大群发信息招兵买马，没想到的是，校友的参与热情非常高，很快就超过我的预期，尤其是居然有7名比我年长的校友报名！接下来问题来了，院系把大多数事情交给了我，大多数人我都不认识，谁来组织？谁来指挥？多年工作中养成的习惯让我义不容辞主动承担了这些，于是摇身一变，在秩序册上，我成了教练，足球生涯再上一个台阶。在组织过程中，这些比我年长的师兄表现出了极认真的训练态度、极好的技术基本功、战术素养和团队服从性，让我惊叹！这些师兄很快在主力阵容中占据了半壁江山，要知道，他们可是比规定的报名年龄下限45岁大了10岁。比赛的过程不再赘述，小组赛三战全胜，决赛惜败体育分会。颁奖时刻，我没有在队员们脸上看到失望，看到的更多是开心，每个人都和奖杯合影，恋恋不舍。在结束离开球场的那一刻，望着师兄们的身影，我真切地感受到，他们真正诠释了体育的真谛、足球的真谛。在这个年龄，还能坚持下来这种一天三场的高强度比赛，真正实现了体育锻炼的目的，而达成这一目的的，正是通过足球这一充满魅力的团队运动。年轻时候，我们总是设定别人为自己的目标或者对手，等到像我一样经历了类似重生的经历以后，才会明白，最终，我们的对手只是我们自己和时间。虽然最终我们都会失败，但体育锻炼会让这过程精彩并延续！

在后面的日子里，我想我会好好向师兄们学习，更深入融入交大校友足球的活动。当然，目标已经有了，那就是组建上海交通大学船建学院校友体育俱乐部和俱乐部下属的第一支运动队，自然是足球队！

蔡向罡的文章，追溯了他成长过程中与体育和足球的情缘，尤其是他从校园田径金牌选手到几乎丧失运动能力，靠着顽强的意志品质，坚持运动康复，最终重返球场。跌宕起伏的传奇故事，令人感动的心路历程，生动诠释了足球的魅力和体育的力量。

与向罡的相识，缘于交大校友足球的兴起。初识的感觉，向罡沉稳老练，是位有情有义的老大哥式人物。相识多了，向罡热情、正直和乐于奉献的品质，留下深刻印象，我感觉向罡是个有号召力的领袖人物。2021年校庆杯，由向罡为核心的船院校友队的良好表现，赢得大家交口称赞，彰显了作为策划者、组织者和管理者的向罡，具有出色的组织管理艺术和极强的人格魅力。

向罡为校友足球的发展，无私奉献了智慧和精力，校友足球的发展需要像向罡那样有热情、有能力的志愿者。祝愿向罡领导的交大第一个学院级的校友体育俱乐部——船建学院校友体育俱乐部早日诞生，为交大校友体育运动发展开创新的模式。

——赵文杰老师

从交大开始的"野球"生涯

贺　礼

2022年是上海交大足球队成立121周年，球友们纷纷回忆在学校的足球经历，我也整理了从交大开始40年来自己和足球相关的一些小片段，自娱自乐一番。

1983年，交大徐汇校区足球场上，一系系队的合影
后排左2为贺礼

在1981年夏天，我考入了船舶海洋工程系。由于家乡在四川，从小没有接触过足球，到交大才第一次看见足球。虽第一次看见，但却一见钟情，并情定终身。

由于自己身体比较瘦弱，体育分班被分到普通班。普通班就是没有任何特长，只做一些基础训练的班，但有一个好处，就是能和足球班一起在大操场上课。上课时，可以去足球班蹭球。我踢球是从蹭课开始，基本没有受过正规训练，一直踢野球，到现在已踢了40年。

记得当时正进行1982年世界杯预选赛，中国队的队长是容志行。交大的足球氛围很浓，一场中国队的胜利，让同学们兴奋地冲上街游行。我们把宿舍的扫帚当火把点燃，用脸盆敲着节奏，游行队伍走在街上，非常吸引眼球。燃烧的激情是被扫帚点燃的，哈哈！

因踢球的人实在太多，足球场被一分为二，每个半场都有四个或六个队在同一个场地捉对厮杀，一个球门下站两三个守门员，各守各的门，各队自己进攻自己的，混乱而有趣。这种狂热的场面，估计再也不可能重现。每天去占场地，是我们这种踢野球的人的必修课。

足球都是同学们凑钱买，记得一起凑钱的，还有同宿舍的熊俊等。除了吃饭抽烟之外，我最大的开支是买足球鞋。每年要彻底穿烂至少四双球鞋，球鞋解体了才舍得扔。记得有一次，球鞋破得不成样子了，用鞋带绑在脚上去球场，跑着跑着鞋就散架了。如果当年留一双这种鞋，一定要洗好作为纪念！足球场完全是泥沙地，每次比赛完，腿两边因为铲球，常弄得血淋淋的，尽管这样，还是觉得痛快、过瘾。有一年冬天比赛，气温只有2～3度，场地上还积着雪水，铲球下去，裤子里都是雪水，感觉非常酸爽。现在想来，当年真是为足球疯狂！野球踢到大二，我成为系队的主力前锋。身体有了很大的变化，身高长了5公分，体重增加近30斤，从一个瘦弱的人变成一个特别能冲撞的壮汉。

第一次参加正式比赛，印象非常深刻，我觉得球场好大啊，竟然只有22个人在其间踢球（平时场上有上百人）！有一次7人制比赛，开场哨一响，同学把球一拨，我在中圈直接大力射门，球进了！这种情况后来我还复制过一次。但这个战术后来被对手知道后，守门员看我开球就提高警惕，再没有

学生时代留下的唯一一张射门照

系队照片

偷袭成功过。

后来我担任过一段时间的足协主席，拿了裁判证书，除踢球之外，也任校内的比赛裁判员。在比赛时，有时会出现一堆人围着裁判争吵，甚至群殴裁判的现象。原因是有的学生裁判员面对争议球，犹豫不决，谁吵得凶听谁的，有时候还会改判，引起争执，场面非常难看。

我的裁判风格是吹哨坚决果断，该给红黄牌的时候绝不手软，一旦认定从不改判，完全能控制比赛秩序。如遇争议，我会询问边裁；若误判，找机会补偿，力争做到公平公正的裁判。做裁判期间，从没被攻击过。后来徐景福老师让我给其他裁判介绍过经验。

调侃一下，没有被攻击的另外一个原因，是我有一个核武器级别的保镖——当年校篮球队主力（前八一队球员），后来的毕宁博老师。他和我是朋友，所以经常去看我踢球和担任裁判的比赛。

毕业前的思源杯球赛，班足球队和篮球队都有冠军实力，但都止步于半决赛没有拿到冠军。

本科踢了四年球，一直没拿到过冠军。最好成绩是第二，记得系队联赛中，决赛输给了六系（机械与动力工程学院）。本来临近终场我们还领先一球，最后几分钟采用大脚破坏、拖延时间的保守踢法，最终被反超，带着遗憾毕业。

1985年开始读研，担任研究生队队长，获得上海市高校研究生联赛冠军。弥补了本科期间未获得冠军的遗憾。没想到一个上大学前完全没有见过足球的人，几年后能够获得上海市冠军！

我最遗憾的事情就是在学校期间，没有上过足球课，赵文杰老师（当时的校足球队教练）不认识我，错过了进步和提高水平的机会。2019年参加"50+"校友比赛期间，才被赵老师认识。

我毕业后，到了北京工作，一直参加单位足球队。单位足球联赛，有录像设备，倒勾射门进球被录下来过，遗憾的是录像带在搬家时被丢失。

我记忆中有一些印象深刻的片段：读书期间没事就在足球场或者篮球场踢球，一直踢到天黑看不见球；在女生宿舍外面篮球场踢球，不知道打碎了多少窗玻璃；坐火车回家路上，火车晚点，和同学在站台上踢球；放假没有球伴，对着墙踢两个小时；回老家四川踢球，把球踢到学校围墙外山沟里，下山很久找球；工作后出国期间，见到老外踢球，光脚加入；出差回京，带着行李去球场，和校友踢完球再回家。

足球伴随了自己40年，那种坚持拼搏、不服输、不放弃的精神已经深入自己的骨髓，改变了自己的体魄，改变了自己的性格，也改变了自己的人生。

特别是自己40多岁回上海二次创业，从来没有在工厂工作经历的我，从一个人跑业务开始，几年时间建立起一个工厂。这应该和当年不会踢球，从零开始学起所养成的性格和建立的信心有很大关系。最开心的事情是公司有了自己的足球队，可以随时踢球！这几年，在足球场上有过三次骨折了，每次休息一段时间都重返球场，自封"球痴"一个！

今后，我踢球的风格需要稍做调整，准备向"养生足球"转变，去享受不在乎输赢的欢乐足球。但不管怎么说，球还想踢十几年，争取让足球的快乐陪伴自己到70岁。我爱足球，虽然是一个踢野球的；我爱足球，足球改变了我；我爱交大，交大改变了我。

贺礼的足球故事有点传奇。进入交大初见足球，便"一见如故"，从而"从一而终"，从"蹭（足球）课"起步，到系队主力，到校研究生队队长，到上海市研究生比赛冠军，到北京校友队创始人，到校庆杯冠军，到自己创业公司足球队"老板"……40年的风雨，世事千变万化，40年的球龄，挚爱足球忠贞不渝。零起点的菜鸟，成为足球达人，成为校友足球的知名球星。何能如此，源于他对足球的深爱和坚持，其次是交大渊源的足球底蕴和火热的踢球氛围，使他对足球"迟来的爱"得以尽情释放而"大器晚成"。

正如贺礼所说，足球那种坚持拼搏、不服输、不放弃的精神已经深入自己的骨髓，改变了自己的体格，改变了自己的性格，也改变了自己的人生。

这就是体育的力量，这就是足球的魅力！

——赵文杰老师

交大交大　学子好球

　　1964年7月夏天，我于上海出生了，7月是足球世界杯比赛的月份，似乎也预示我与足球注定了的缘分。我就读交大前的大部分时间是生活和学习在江西省德兴。父母是知识分子，于20世纪50年代末期被下放，从上海去到江西支援革命老区的建设和发展。那个时代的江西比较落后，交通不便，小学时期我唯一能接触和喜欢的运动应该是国球乒乓球。1977年夏天我因病回上海做右肺下叶切除手术，休学一年寄宿在外公家。第二年正好是1978年阿根廷足球世界杯赛，我交大毕业的舅舅自己组装了一台9寸黑白电视机收看当时的比赛，那是我第一次看足球世界杯，也是中国第一次转播足球世界杯赛，于我而言也算是因祸得福。疯狂的足球从此就成为我向往的第一运动。1978年9月我回到江西继续学习，当时我生活的小县城没有足球运动，我加入的是校排球队，参加的正式比赛也是地级市的中学排球比赛。我高中第一次踢足球缘于我们中学后来的一位上海杨浦知青老师杨根发，他少年时代在上海少体校接受过正规训练。我看到他下午放学后一个人在玩球，就很有兴趣地加入了。后来他想组建一个校足球队，极力邀请我加入，但我马上就要毕业高考，遗憾地放弃了。到1982年世界杯亚太地区预选赛时，我家里也买了一台14寸的黑白电视机，中国队的比赛我基本每场都看。虽然我马上要迎战全国高考，但西班牙世界杯决赛也是我不能舍弃不看的重要部分。当时我崇拜的足球明星现在还记忆犹新，历历在目，有罗西、济科、苏格拉底、普拉蒂尼、容志行、古广明、李富胜等。我没日没夜地看完了1982年世界杯，也胜利地通过了1982年高考，被录取进了我梦寐以求的上海交通大学，回到了我的出生地上海。

　　1982年我就读的交大电子工程系在法华镇路校区，离开本部徐汇校区有一小段路程。当时我感觉我们四系的足球水平一般，校队队员不多，好像每个年级只有一个，与其他系的足球交流比赛也少。因此我体育课选修也就选了排球，那时中国女排如日中天，排球是80年代的热门运动。我大学四年足球也就是属于一个班级主力，在法华镇路校区的非标小运动场上踢野球的普通足球爱好者，但是我花在踢球上的时间却是最多的，经常在操场上碰到大我两届的校队队员王磊，一起踢着球玩。那时每周看意甲联赛电视转播是必不可少的周末节目内容。1986年足球世界杯赛正好是我大四下学期，考研已结束，有大把的时间看球和踢球。记得我们是在学校计算机机房看球，冠军阿根廷队和球王马拉多纳让我们疯狂。

1986年世界杯后我在本部读研，不知是否由于赵文杰老师的推荐，我被选入交大研究生足球队。也可能因为我在读研时，体育课报的就是足球班，而徐景福老师是我们足球班的教练老师。反正我当时也就是稀里糊涂被选入队，稀里糊涂地踢上主力中卫。非常感谢徐老师的指导，队友的信任和支持，小组赛到决赛我踢满所有场次，最后决赛我们点球赢了东道主第二军医大学队。这是我第一次获得市级体育比赛的冠军，从当时的照片上可以看到我们大家灿烂的笑容，非常值得珍惜和纪念。第二年我们交大作为东道主，主场又蝉联了冠军。现在的我们都已年过半百，分散在世界各地，我还是能记住当年队友们年轻时的神态和模样。如果我没有交大研究生冠军队这段过往，可能就没有与校友俱乐部同学们一起踢快乐足球的现在和未来。

1987年，姚玗荣获第三届上海高校研究生足球赛冠军的纪念品相册以及当时比赛和庆功的照片

　　1989年交大毕业参加工作后的几年，我基本就没有机会踢足球了，但是每四年举办一次的世界杯的精彩赛事还是要看现场直播的。直到1996年校友师弟张全红、成军和陶晶创办了上海三资企业足球联合会，举办首届邀请赛，惠普上海分公司受邀组队参加。我当时负责上海分公司的工会工作以及公司文体俱乐部的活动安排。作为公司足球队队长带队参加了首届比赛，夺得了季军。我们惠普公司全力支持上海三资企业足球联合会的发展，连续三年参加此项赛事，直到惠普公司1999年分家为止。期间惠普公司职工运动会也在赵文杰老师的帮助和支持下，在交大徐汇校区举行，除了传统的田径和一些趣味运动项目外，还举办了公司内部的足球对抗赛，最后上海惠普分公司队赢了外高桥惠普工厂队夺得冠军杯。在此非常感谢赵文杰老师和交大老师们的热心细致的组织工作，让我们的员工感受到像回了家的温暖。

2020年，在上海交大校友足球俱乐部训练比赛姚玗单刀突破

　　2016年，即交通大学120周年校庆期间，赵琛豪师弟邀请我加入了交大足球校友群，和许多新老朋友一起踢球又重新激起了我对足球的热情，感受到师兄弟间的温暖。2019年初，我出差至新加坡，参加新加坡公司足球队的活动时不小心断了左脚跟腱。后来我回到上海华山医院做手术，我们校友群的师兄弟给了我很大的帮助，张越专门去医院看我，送给我康复用的跟腱

靴，方军、邓皓用自己的专业和经验给了我信心，半年康复后我又回到了球场，继续坚守我踢球到老的诺言。大家都知道中国足球一直以来的"囧况"，的确让我对足球一度失去了兴趣和热情，我自己到了知命之年后才算明白，踢足球最大的成功是快乐、是自由。中国足球正是因为约束了踢球娃娃们的自由发挥的激情，抑制了个性成功所宣泄的快乐，才不成功。我们交大校友足球俱乐部的理念就是有组织、无纪律，踢快乐足球。2016年交大120年校庆，也是我们1986届毕业30年，我们电子工程系大班有近80%的同学们从世界各地返回上海交大为我们的母校庆祝，我们也邀请了许多当时的老师欢聚一堂，重温师生情。我作为大班的组委会成员特别荣幸邀请到我们的榜样赵文杰老师参加我们大班的校庆活动，赵老师还特别在庆祝晚会上给我们做了报告，阐明了大学体育在大学教育里的重要性，让我们受益匪浅。

> 姚玗，斯文、儒雅、谦逊和始终如一的微笑，给人温和的感觉。然而，他骨子里却是充满激情的运动达人，排球、羽毛球、足球……样样都玩，当然，最为痴迷的还是足球，而且达到相当水准，曾为交大两夺上海市研究生足球联赛冠军立下汗马功劳。
>
> 姚玗回归母校校友足球团队后，重燃足球激情，坚持参与日常训练和各种比赛活动。场上，依然技术娴熟，动作潇洒，状态稳定；场下，关爱团队，尊重他人，乐于奉献。
>
> 本是同根生，相聚何其乐。校友足球的快乐，不仅来自足球之缘，还来自校友之情。不同专业、不同年龄、不同行业、不同经历的校友，因为共同的足球爱好和母校情结，走到一起来了，成为球友，共同享受快乐足球和美好生活。
>
> ——赵文杰老师

交大足球使我更年轻、更有激情

杨建夫

我生于1953年，1970年插队江西，又转移插队到安徽农村。1978年恢复高考，我考入上海交通大学机械系起重运输机械专业。1982毕业后分配到上海704研究所，成为一个军品和民品装备设计的高级工程师。2003年离职，建立上海九段精密机电有限公司，主要从事汽车零部件自动化装备设计至今。

我在小学里经常踢足球，非常喜欢这个运动。中学时环境发生了变化，读书都是奢望，更没有足球可以踢，于是我当时全部的时间都用来下围棋了。

1977年恢复高考，改革开放迎来崭新人生，为我这个小学生开启上大学的梦想之路。在交大的四年中，由于感到缺口太大，基本在读书中度过，体育锻炼仅限于跑步和体育课，所以与赵老师、与大多数现在一起踢球的学弟失之交臂。

大学毕业后分配到衡山路上的704研究所，一直忙于工作，与足球无缘。直到55岁，也就是2008年，一个偶然的机会让我重新开启了足球运动生活。

我原本不会踢足球的，当时由于起床和躺下脑部供血不足都会头晕好长时间。正好2008年，我们同学王维理、单岩松、王中新、郭筱萌、徐跃和我老单位704所的同事等成立了交大大力神足球队，我也受邀成为其中一员，从此我积极参与足球活动并坚持10多年。我深感持之以恒必有好处，现在每天起床都是跳起来的，根本没有头晕现象，足球对我的治疗效果太好。由于我比较注意安全防范，这么多年基本没有受伤。

开始时我们的主场在莘庄体育公园，后来移师田林二中。每个星期六下午雷打不动，风雨无阻。虽然我球技不行，我本着贵在参与，贵在坚持的精神，融合到了整个球队中。我在后卫的位置上努力跑动，以勤补拙，积极防卫，除非速度非常快的年轻球员，我基本都能防住。在田林二中踢球时，每

2016年校庆120周年交大徐汇校区足球场上，六系1975级校友足球怀旧赛
左起：王维理、杨建夫、王中新、郭筱萌

当我防卫得当，赞美之声不绝于耳，犯错时更多的是包容和鼓励。

　　由于疫情，田林二中不能踢球了，我积极参与交大校友足球俱乐部的踢球活动。只要体力允许，我的小目标是踢到70岁。现在这个时刻马上就要

交大校友"50+"足球友谊赛
右2（居中）为杨建夫

到了，希望借此给所有球友树立信心。同时我也会非常谨慎注意本身的健康状态以及球场上注意安全。

每次与年轻的学弟一起在足球场时，热血沸腾，我感到好像年轻了许多，享受着踢球之乐，使我工作更有活力。我看到赵老师还活跃在足球场上，更坚定了信心。赵老师是我的榜样，向赵老师学习！

　　杨建夫，1978级机械系本科。知青出身的老杨，靠自己努力考上交大，在校期间拼命读书，毕业后一心扑在工作上，基本上不参加体育活动。待身体发出不良信号，开始重视身体锻炼。55岁跟交大同届同学相约踢球，并成立了球队。疫情影响了球队活动，老杨主动加入年龄差距较大的校友足球俱乐部，坚持每周一次的训练。老杨踢球目的很单纯，就是活动筋骨，出汗排毒，以球会友，愉悦身心。近70岁的他，长年坚持，效果明显，状态良好，诠释了"生命在于运动"的道理。

　　老杨现在是校友足球俱乐部最年长的队员，成为年轻校友的榜样。祝愿老杨踢到70岁的小目标成功实现，永远保持年轻态。

—— 赵文杰老师

第 7 章

海外回响

难以忘怀的足球

顾建荣

　　足球与我是分分合合，但始终在我心里占着一个很重要的位置。只要有机会，我定会穿鞋再上球场。至今为止我踢球时间最多的是在小学三、四年级和大学。我们的童年物资匮乏，没电子游戏可玩，没电视机可以追剧，一般家里连电话都没有，可能要一年才能吃一回鸡，但也从来不需要补课。我觉得我们的童年要比现在的孩童更幸福，因为毫无压力，下课后往往就在外面玩到天黑，与现在中、小学校外面的场景有天壤之别。我小时候比较调皮，但玩任何东西都比较上心，好胜心较强。打弹子、弹象棋、弹橡皮筋、刮刮片、跳绳、造房子、玩康乐棋、输逃赢抓，样样精通。玩"斗鸡"选边时总是被第一选中，哪怕是比我高二级的玩伴也不一定是我的对手。"上天抓知了，下地抓蟋蟀"更是练就了我瞬间声音定位的能力，这种特殊能力至今在日常生活中仍非常有用。

　　我小时候长得较高，因此常受体育老师关照。刚进小学时，人稍比乒乓桌高就被拉去打乒乓球了，天天去静安体育馆打球，有时还得用手撑着桌面打球。但没打多久，就被另一个体育老师拉去游泳了，那时还不是夏天，得走20多分钟去近成都路的温水游泳池训练，所以我是在冬天学会游泳的。刚刚能在深水里面游了不久，又被另一个体育老师拉去踢足球了。那个老师叫徐步青，同学们都有点怕他，他是随同仁路小学几个班一起转到我们西康路小学的，同时带来了几个足球队员，加上他选了几个西康路小学的学生，就成立了西康路小学足球队。那时我大概在上二年级，学任何东西都比较注重左右对称。学乒乓球时，一个人在家里墙上苦练反抽，按正抽的轨迹，来练反抽，后来反抽反而比正抽好，练足球时，用左脚模仿右脚，凡是右脚能做的动作，左脚也能做。因为我长得比较高大，我就一直踢左后卫或中卫。我速度较快，基本能做到即使对方球过了，也能不让人过，很快我就成了校队主力。

　　在徐老师的严格训练下，我们很快成了静安区小学中的一支强队，在静安区小学三年级联赛中，很快就以全胜纪录进入了复赛。在复赛中我们遇到了余姚路小学，那边有不少棚户区，战斗力很强，战前有点害怕。但上了场就忘了，我们奋勇拼搏，最后还是赢了他们。进入决赛，迎战武定路二小时，他们不少队员比我们高出一个头。经过激战，我们以一球之差输了，徐教练与我们全队都非常伤心。当时想不通的是武定路二小的学生为什么长得这么高大？几年以后，我们与他们进了同一个向新中学，谜底才揭晓，原来他们有不少人竟比我们大两级！五年级打三年级，小学差二级，根本不是一个数量级！联赛结束后，我就进入了静安区少体校选拔集训队。由著名的林耀清教练担任我们的指导，记得当时林指导住在一所学校里，好像在新闸路上，在陕西路与江宁路之间，我们周末早上会去他家所住的学校练球，林志桦（也就是林指导的儿子）会带着我们这帮小弟在篮球场上一起练。平时我们在静安区第一体育场或第二体育场练球。记忆中比较深刻的是在常德路和康宁路或北京路口有一个点心店，里面的奶咖特别好吃，下面有一层厚厚的奶油，味道美极了，现在再也喝不到这种咖啡了，当然，也许是小时候没有吃的就觉得特别好吃吧。那时的球场很少有现在这种草地，记得有一次在虹口体育场比赛，第一次在状况较好的草地上踢球，那种感觉特别好。当时几乎没有哪一天腿上没有伤口，因此家里人老是反对我踢球，由于多种原因，后来就没有进入少体校。五年级时，由于我们那个班特别调皮捣蛋，经常闯祸，在学校调整时，西康路小学就把我们一个班移到了北京西路第五小学，由此我在小学的正规踢球也就告一段落。

从小学五年级到进入交大之前，除了一些零星的校际比赛，我基本上没有怎么踢球。也不知哪里来的力量，在学业上我开始奋起直追，那个时候骑着自行车，在上海的大街小巷到处找自学丛书，花了好几个月才把一套自学丛书买齐。即使无人督促，我每天也自学到深夜，在一年里就把所有的自学丛书学完了，并与我的初中数学老师建立了深厚的感情，在考高中的那篇作文里，我写得就是他，我那次作文考试是超水平发挥，语文短板的我竟在整个初中里语文得了第一名。考高中时，报了交大附中，还以为在徐家汇，拿到录取通知去报到的时候才发现不是在徐家汇。交大附中没有正规的足球队，所以在高中也没有踢球。

我进入交大后看到有足球队，但不知怎么加入，加上一年级各种新鲜事儿不少，所以也没有多考虑如何加入足球队。二年级开始学校举办了班级之间的联赛，我班有足球专长的人不多，但速度快，冲撞力强的人不少。我

毕业三十年后，与首届女子足球部分计算机系队员相逢（左四顾建荣）

的后卫底子较强，开大脚小菜一碟，我把后方守住了，常常从我们门区一脚将球送到对方禁区，然后在对方禁区一轮冲撞，竟然也打进了复赛。联赛完了以后，徐景福老师就把我推荐进了校队。因此非常有幸能在英俊潇洒、指导有方的赵老师指点下进一步提高球艺。加入校队最大的好处是早上不用参加早锻炼、做广播体操，可以睡懒觉。大学三年级，我几乎每天都在足球场上，我身兼多职，既是校队队员又是系队队员兼教练，并且还是系女子足球队教练。女子足球队比赛时，场下的男同学们比场上的女同学更紧张，甚至会在场下打起来。

尽管当时在球场上花了大量时间，我对学业是抓得还很紧的，当时好像提倡的是"1+8>10"，意思是运动可提高学习效率。我作为优异生，还去林征那届学生做过学习介绍，当时他们还在法华镇的分部。我有次在大学联赛前训练时，没有穿钉鞋，不知被哪位踩了一脚，右大脚趾头不轻不重的骨裂，整个赛季没有参加比赛。大四开始要写论文，于是我就退出了校队，我在校队的比赛中参加的比赛并不是很多，但从赵老师身上学到了很多。

大学毕业时，由于我有慢性咽喉炎，不想当上课的讲师，就放弃了由世界银行资助给优异生出国进修的机会，在交大继续读研究生，并参加了研究生足球队，继续发挥在后场开大脚、中场远射的威力。在与上海科大的比赛中，我以中场一脚远射命中，将比分定格在一比零直至终场。在我读研究生时，交大曾举办过研究生班之间的比赛，由于当时研究生不多，所以踢的是篮球场，没有守门。有一场比赛印象较深，是我们与一系研究生的决赛，总的来说，他们实力比我们强，我们是死守后方，他们一直进攻，双方都无建树。临近终场，我抓住了一次机会，直接从我们后方一脚射门命中，最后以一比零结束获得冠军。

研究生毕业后留校，我又加入了交大教工足球队。再一次有幸与赵老师同场并肩作战，并向他学习。记得我新婚三天便参加了交大教工队对上海第三机床厂的比赛。那时校教工间也有比赛，体育系、校办工厂都是强队，我有次从美国刚回上海，还没睡醒，就有员工到我家楼下来叫着去参加校里的教工比赛。虽然我的球艺与支宏、王磊相比，有一定差距，但我参加过的交大队伍肯定是最多的。离开交大后，有一次在微软总部踢球，跳起下落时把脚腕扭伤了，挺严重的。当时是现小米总裁林斌把我送回家，晚上又去了医院急诊，这个部位好像有记忆，后来会经常受伤，很长时间不能踢球，只能游泳。如果现在踢球，我常穿医生开的护腕板，以防再次受伤。2013年，由于家庭原因，我回国在苏州微软工作，团队里有不少年轻足球爱好者，这使我又捡起了足球。由于病毒关系，现在我在家工作超过一年了，希望今年能

2015年6月，苏州邻瑞广场足球场，顾建荣在微软公司内部比赛前进行训练

回国再与校友们一起踢球。并向赵老师学习，踢到七十岁。

顾建荣的足球生涯分分合合，却贯穿一路成长的始终。尤其在交大求学期间，读书一直优秀的他，踢球则达到高峰，先后代表过班队、系队、校队、研究生队、教工队等交大所有级别的球队，参加过系级、校级、市级等各级比赛，甚至受邀担任系女队的教练，组织日常训练和现场指挥，参与并见证了交大女子足球的"开天辟地"。

顾建荣的足球之路告诉我们，踢球非但不会影响学习工作，反而会增强精力，提高效率，扩大社交，促进事业。顾建荣等众多优秀校友的动人故事，颠覆了"四肢发达，头脑简单"的偏见谬论，证实了"野蛮其体魄，文明其精神"的深刻道理。

—— 赵文杰老师

交大—足球—快乐—桥梁

陈 晓

我是陈晓，1980年进的交大，班号是10103。我是一名田径运动员，主项是跳远和三级跳远，曾经代表上海参加过全国大学生运动会，也保持过较长时间的交大跳远和三级跳远两项纪录，当年我30米的最佳冲刺时间可以达到4秒1。优秀的爆发力和良好的身体协调能力使得我有了踢球的基础，不过刚入校参加校内系际比赛时，主要的表现是速度快、体力好、技术糙，具体表现是满场飞奔、到处捣乱。常常不是把对方队员撞得"人仰马翻"，就是连人带球一起冲出底线，自己受伤也是常事。田径队的总教练孟长富老师在一次偶然的机会看到我在踢比赛，我疯狂的场上表演惊得他老人家"花容失色"，直接就把我从场上叫下来，命令我放弃余下的比赛，并训诫我以

1982年，交大10103班足球队成立合影
后排左3为陈晓

后不许踢球。对于足球的热爱，我常常一边提防着孟老师的突然出现，一边偷偷摸摸下场踢几脚，虽不畅快，但也有趣。

我的班级同学中，李建勋、胡为民、曾毅坚、秦晓光、顾思远、郑毅、胡寅、汤羽等众多同学喜欢踢球，常常拉我下水，一来二去，我的球感有了较大的提高。大二的时候基本上不再满场乱跑、到处追球了，也基本上可以把球控制在自己的脚下，同时也基本能控制住打门的方向了。我跟李建勋是同一个寝室，由于一起踢球，寝室里总是放着几双从来不洗的球鞋、球袜，寝室里面的味道可想而知。当时对同寝室的同学心存感激，感觉交大的同学比较文明，不太批评我们。但没有想到毕业二十年聚会之时，这帮小子原形毕露，把我们当成批斗的对象，使得我每次同学聚会之后，在家庭中的地位都会有明显的下降。

球技提高的真正转折点是大三时的一次校内比赛。比赛中场休息时，在一旁看球的赵老师指点我要回到中场附近，发挥我的突击优势，让我方后卫或前卫得球后打对方后卫身后，给我留出足够的空间突刺摆脱对手，之后就可以从容打门。得此真传之后，我在校内比赛的进球数量大增，受伤的概率也明显下降，孟老师再看到回到文明世界踢球的我也就睁一眼闭一眼了。此后也有幸受赵老师调遣，多次客串学校足球队前锋。

我代表校队参加的两场比赛让我记忆犹新：

一次是在女友（现太太）学校的比赛，那场比赛我虽未进球，但感觉表现神勇，出彩之处是一次快速回防，破坏掉对方头号球星（A君）一次单刀的机会，记得球被破坏掉之后，身后一直飘荡着A君无奈的吼叫声。比赛结束后我没跟校车回校，打算留在女友学校吃饭。意外发生在他们学校的澡堂子里，我刚脱下衣服，就听到霹雳般的一声断喝："交大15号？"我随口就应了一声"是我，交大15号。"抬头一望，是也脱得赤条条的A君。我顿时有些慌乱，赶紧穿上已经脱下的短裤。打架我倒是不怕，不过赤条条地在澡堂子里打架毕竟有伤交大的体面。没想到A君伸出的不是拳头，而是友善的掌心，之后就是更衣室里惯常的互相吹捧、互相表扬了。到如今将近四十年过去，与太太的同学见面喝酒时还常常会谈起那场球和比赛之后澡堂子里发生的往事。

还有一场比赛是在天津的联赛，出发之前，赵老师亲自指导我踢球的技术要领，特别是在球风、球德方面的培训更让我记忆犹新。那时是我自我感觉最好的时候，对足球已经有了新的认识，具体表现在可以在激烈对抗中顺

1981年，交大一系系足球队合影
前排左3陈晓

畅地拿球、转向、过人、左右脚打门。可惜的是打到第二场与华东化工学院的比赛时，我的肺部被撞伤，咳嗽出血，只能中途回家。从此之后，所有参加的足球比赛再也找不到那时那种流畅的感觉，很是可惜、伤感。

学校毕业参加工作之后，我很快被派驻英国。如何与英国人打交道是我出发前很担心的事情。到了英国的第二个星期，我就参加了当地社区的足球俱乐部。自此，出发前的担心就显得多余了。当时刚毕业两年多，身体素质还很好，凭借赵老师所传授的控球技术，在跟当地英国人踢球时不落下风，短途突击战术也屡试不爽。常驻地的领导觉得很有面子，也常常参加我们的酒会。领导有一次做酒会的开场白，介绍自己年少时也是足球爱好者，在圣约翰读书时也是班上的主力……是足球架起了我与当地英国人沟通的桥梁。踢球不但使得我的英语口语有了长足的进步，酒量也有了不小的提高。可以说，当年是足球帮助我较好地融入了当地的社会。

目前我已经是准备退休的状态，一年中有一半的时间在国外，足球和网球依然是我与当地人沟通交流的纽带。打网球受天气的影响比较大，而足球差不多是全天候的运动。在我现在的加拿大维多利亚橡树湾的足球队里，有前奥运会铁人三项冠军、前加拿大冰球国手、NBA大咖的老爸，足球架起了这些朋友聚在一起的桥梁，也是朋友们共同的话题，输赢对我们来说已经不再重要，重要的是享受足球给我们带来的快乐。

记得上中学时，语文课本中有一篇描写《国际歌》的文章，其中有写"无产者只要唱起《国际歌》，无论在哪个国家都会结交新的朋友。"我觉得足球有如《国际歌》般的感召力，无论人在哪里，有了足球也就有了新的朋友。

陈晓，交大体育史上叱咤田坛的风云人物，上海高校跳远冠军和三级跳远亚军，超强的速度与力量让人感受了力的阳刚和美的魅力。

陈晓喜欢足球，交大求学期间，在田径队训练之余，经常出没于足球场。他的快速起动和惊人的爆发力，以及一往无前的气势，给对手极大威胁，甚至往往牵制对手整条防线。我当年看好陈晓，企图拉他进入足球队，除了他冲锋陷阵的杀伤力，还有尊重他人、严于律己、大气谦和的气质，在他身上充分体现了"野蛮其体魄，文明其精神"的内涵。校足球队需要陈晓这样的强力中锋，无奈他是校田径队金牌队员，只能偶尔借用作为克敌制胜的"奇兵"。

80年代初，好不容易让陈晓随队赴天津大学参加教育部直属工科院校足球联赛。遗憾的是在第二场比赛中，被重点盯防的陈晓，由于对方撞击受重伤而无缘余下的比赛，但他在场上的出色表现赢得队友们的赞扬。

2019年3月文杰杯交大校友足球邀请赛中，我与从海外回来的陈晓再次相会在母校足球场，共同回忆那段美好的校园足球生活，也为他在海外继续活跃在足球场而无比欣慰。

——赵文杰老师

光辉岁月
——交大足球点滴回忆

石　岩

一、初遇恩师

时间：1983年9月20日（开学后的第二个星期二下午四点）。

地点：交大法华镇分部操场。

人物：赵文杰老师和我。

事件：交大足球队选拔。

我准时来到操场，已经有不少同学围在一位年轻英俊的老师身边，想必那就是负责选拔的赵文杰老师。我是被大一的班主任朱寅生老师推荐给赵老师的，因为档案里有足球特长一项，自报家门后，加入被选拔的队伍中。很快我被赵老师叫到一边单练，和赵老师之间几脚长传球之后，被赵老师的精湛球艺所折服，拜在赵老师门下。

赵老师给我提供了交大足球这个舞台，使我开启了在交大校园里的足球高光时刻。是足球给我带来无尽的荣誉，当我带领动力机械工程系（二系）首次夺得交大杯的时候，系主任为我发了专项奖学金。因为足球的影响力，我曾任交大体育总会副会长兼足球协会会长，和总会会长陈华峰、总会副会长严骊、总会干事王盈军、体育系指导老师朱凤军老师共事，组织过交大杯、昂立杯、俱乐部杯的比赛；曾任交大学生会体育部部长；毕业工作组副组长，负责组织毕业班的各项体育比赛，期间曾有幸请到谢超先生协办部分比赛。

赵老师是我们交大足球的旗帜，德艺双馨。我们师生的缘分不因时间和距离而有所改变，相距万里之遥的我们在去年相聚于加拿大，赵老师在加拿大的弟子们（顾坚华、史睿、许明、石岩），还有恰好来加拿大旅游的匡力超学长和赵老师把酒叙旧，只恨相聚时间太短。这是近四十年的缘分。在此之前，赵老师和我曾相聚于渤海之滨—天津（1994年），也相聚于东海之

1985年动力机械工程系交大杯冠军队员合影（徐家汇校区足球场）

滨—上海（2017年）。

二、最遗憾的一场比赛

最遗憾的一场比赛应该是在我大三那年，交大主场迎战上海体院足球队，交大足球队踢出了高水平，全队上下一心，众志成城，全场以1∶0领先了80多分钟，最后几分钟被有徐坚（后来的交大足球队教练）参加的体院足球队捡漏扳平。应该就是那场比赛，进球的中锋梁硕为争一个头球被对方的后卫撞到咳血。如果拿下体院足球队，交大当年的联赛排名是第三名（前两名是华纺工学院和同济大学，同济大学和华纺工学院的足球队和交大的篮球队可以一比，基本都是特招队员，同济大学还有黑人留学生）。如果拿到第三名，队内的主力队员自然就成为三级运动员。

三、第一次助攻

在大一和华东化工学院（现华东理工大学）的客场比赛中，开场不久，我们在对方禁区前沿获得任意球的机会，由队长吴耀庭主罚。对方排好人墙

后，吴耀庭把球轻推给我，并开始跑位。在对方球员前扑的瞬间，我搓球，球越过对方队员头顶，落到已经跑位到对方人墙后面的吴耀庭的脚下，只见他右脚稍一调整，左脚劲射破门。凭借这一进球，我们1：0客场战胜了对手，从此开始了四年对华东化工学院的不败之路。本场比赛我的位置是突前前卫，但本场比赛之后我的位置不断后移，先是拖后前卫，后来是搭档龚成，成了拖后中卫，之后便鲜有助攻的机会了。

1986年，在交大徐汇校区足球场上，三位老师在交大杯前现场指导
后排由左至右：徐景福、赵文杰、徐坚；
前排由左至右：石岩、王厥敏、郭世杰、梁硕

四、唯一一张黄牌

在大四于客场和复旦大学的比赛中，因质疑裁判判罚，吃到四年交大校队的唯一的一张黄牌，就此也明白了一个道理，在球场上，绝对不要挑战裁判。

1986年，在上海交大徐汇校区足球场上，部分系队领队、教练与交大体育总会陈华峰会
长、严骊副会长在参加校体育总会有关交大杯碰头后的合影
后排由左至右：许明、史睿、郭世杰、严骊、梁硕、石岩、陈华锋；
前排由左至右：王义喜、樊刚、王厥敏、陆启翅、胡冲、张惠良

　　科班出身的石岩，基本功扎实，技术全面，场上能攻善守，既
能施职中场，控制节奏，调度攻防，又能胜任"清道夫"中卫，成
为防线坚固的"大闸"。石岩文质彬彬，场上则霸气十足，球风硬
朗，干脆利落，给对手威慑力，给队友定心丸。

　　石岩是交大足球场的一道风景，也是享誉校园的球星。可贵
的是，他的人品如同球品，低调做人，高调做事，尊重他人，乐于
奉献。他是校队队长，同时担任学生体育总会副会长、足球协会会
长、校学生会体育部部长、毕业工作组副组长，为交大足球、群众
体育及学生工作，做出重要贡献。

　　祝愿身居海外的石岩幸福安康！同时保持好体力，为重返母校
足球场，与校友们同享快乐足球，时刻准备着！

—— 赵文杰老师

聊聊交大足球那点事儿

支 宏

2022年是上海交通大学建校126周年，同时也是足球队成立121周年。我有幸作为交大校队的一名队员，就聊聊在交大校队四年踢足球的那点事儿以庆祝这一重要的历史瞬间。

一、毛遂自荐

我是1979年9月份入学，在交大电工及计算机科学系自动控制专业（三系）就读的本科生。入校不久，在一个秋日暖阳的下午，我路过交大徐家汇校园的红太阳广场，徐景福老师带着交大的足球队正在列队准备训练，我毫不犹豫地过去跟徐老师说我也会踢球，徐老师立刻说你就站到队里吧。后来才知道我们79级只有三名学生入队，分别是二系的钱旭平（普陀体校出身）、六系的张依群和我。他们两位是上海人，学校已经知道了他们的特长，所以都穿着足球队的运动服。而我当时只穿着自己带的蓝色运动服，两边各有两三条白色线条的那种，一看就不是正规军。

二、初露锋芒

真正让我得到足球队重视的是一场交大足球队与某一上海体校的友谊赛。上半场坐板凳，下半场徐老师换我上场踢左边锋，因为在中学校队我就是踢这个位置。当时交大足球队的大部分队员是76级的工农兵大学生，他们踢球比较生猛，不讲究技术和战术。我记得有位踢右边锋的大哥速度快，脚头可以。他只要一沉底，我就会包抄中路，结果我一上场就顶进了两个球。由此我奠定了在球队的主力中锋位置，场场必上，踢满全场，并在所有的正式比赛中主罚点球，主开前场的任意球和角球。

三、交大 15 号

我正式加入交大足球队之后，就领到一套全新的蓝色绒衣绒裤训练服、一套橘红色长衣长裤和两套印有 15 号的比赛服装，从此，15 号球衣伴随我在交大足球队度过了难忘的四年时光。一双可换塑料钉的足球比赛用鞋，当时上海大学生联赛是第一次允许穿钉鞋打比赛，也是我从小到大第一次穿钉鞋踢足球。其他发的还有一些球袜、护具和护身之类的用品。

学校运动队的队员是免早操和体育课，那么每周三次下午的训练必须参加。我换好训练服从宿舍出发，进入 3 号门，沿着右侧的马路，经过三系的教学楼，前面就是球场的黑色铁丝围墙，双手一撑，飞身上墙，轻松一跃就跳进了球场。远远看到足球教练徐景福老师拎着一大网兜的足球招呼队友们集合训练。我通常是自己拿个球对着墙一阵乱踢活动身体，出点汗停下来休息一会儿，看看周围场上的风景。

四、攻城拔寨

每年最重要的赛事是有 12 所上海高校参加的足球联赛。比赛采用单循环积分制，也就是说每个学校都要踢满 11 场比赛，赢一场得 3 分，平一场各得 1 分，输一场得 0 分，最后按得分高低排出名次。我所在的四年之中，交大最好的成绩是在 1980 年取得第三名的成绩。因此球队中的主力队员都拿到了国家三级运动员的证书。冠军是上海华东纺织工学院（现在的东华大学），简称华纺；亚军是上海同济大学，这两所学校球队中有非裔留学生（相当于现在的外援）。由于交大的军工背景，所以是没有一名留学生的大学。如果没有非裔留学生参加那场联赛，交大肯定是冠军。记不清是哪一年，传出的消息说不允许外国留学生参与比赛，结果非裔留学生闹事说他们也是学生，为什么不能参加比赛，最后是不了了之，没有实行。

话说回来，我在交大队队中的位置是中锋。一次联赛结束，平均每场能进一个球。记得有次在交大比赛，刚刚退回自家半场帮助防守，就听见赵老师在场外大喊：“支宏，上前面去，防守不用你管”，只有乖乖地越过中线。遇到华纺工学院、同济大学等强队，整个球队的战略战术就是防守反击型，在赛前的准备会上，赵老师就明确地布置任务，就打支宏的点，所以我

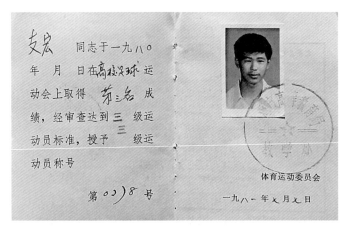

三级运动员证书

跑到哪里球就传到哪里。我们队里的中场队长陈穗荣，被称为"小广东"，他体力好、长传精准，经常是靠他的长传冲吊，然后转身冲刺拿球过人射门得分，一气呵成。后卫王君达（1980级自控）也经常回忆当时传给我的好球。

金志扬教练称我是靠脑子踢球的球员，那我就大言不惭地说说我踢球的技术特点和体会。我身高1.75米，体重70公斤左右，属于适合踢前锋的小巧灵活的运动员。我的百米速度是11秒4，这是毕业后在北京工人体育场外场跑出的成绩，据说是创造了当时北京工人运动会的记录，不知真假，无从考证。这说明我在校踢球的时候冲刺速度应该在百米11秒左右，关键是起动速度快，带球的频率快。过人动作简单实用，没有那么多的花活，通常是一个假动作晃动使对手失去重心，瞬间从另一侧带球过人。

灵活多变是人的身体素质的一种表现，我在中学的运动会上，跳高、跳远和长跑都可以拿到名次。所以足球中的一些所谓高难度动作也能做得出来，比如倒钩、凌空抽射、鱼跃冲顶、高空争顶等动作。踢足球要有一种感觉，这种感觉是在头脑中形成的，并与身体和脚头一起瞬间发挥出来的。比如，一名前锋的跑位接球，要观察对方后卫的位置，如何摆脱和过掉防守，从什么方向接近球门，根据守门员的站位来判断进球的方向等，要在头脑中形成一个初步的计划，在实施过程中再随机应变，这是每次攻击中的基本套路。

我有个特点是每次射门都很冷静，不急不躁不紧张，所以进球的成功率很高。这大概就是金指导说的靠脑子踢球吧。

五、进球不算

我有个很精彩的进球，可惜被裁判吹掉了。具体哪一年的联赛记不清了，但是只有那一年是允许两支体育专业的大学足球队参加的联赛，他们只是可以踢比赛，不记分数。一支是华东师大体育系队，另一支是上海体育学院队。我们应该是对阵上体，他们的队员个个又黑又瘦，一看就是天天泡球场的专业队员。在交大主场，我们上半场是由南向北进攻，我在对方大禁区附近得球，连续过掉对方三四名后卫，带球到球门正面的小禁区面对守门员，非常从容地将球捅进球门的右下角，力量不大，角度刁钻。守门员站位正中，眼看着皮球滚进球网。一声哨响，大家欢呼庆祝。这时，我已经跑到中场，与我们的队长"小广东"陈穗荣拥抱在一起。场下赵老师和队员也一起大声叫好。我们场上队员都退回自己的半场等待对方中圈开球。可是对方却准备在右侧小禁区角上发定位球，我瞬间感觉莫名其妙，百思不得其解。后来赵老师与裁判交涉得知，在我射门的一瞬间，我方的右边锋是处在越位的位置，对射向右下角的球有影响。如果球进左下角就不算越位。其实此球按现在的规则肯定算好球，当时也可判可不判。如果在其他学校，这时候肯定要与裁判起冲突了，交大人素质高，服从裁判的判罚。中场休息的时候，我的铁杆粉丝，也是我的同学冯海滨专门跑到对方的场边休息处，偷听他们教练臭骂这帮队员，说你们看看交大的15号，你们这帮专业球员还不如人家踢得好。最后这场球也是0比0结束的，只是遗憾那个漂亮的进球没有算，我在心里暗暗地"责怪"我们的右边锋跑得太快了点。

六、错失良机

我有个印象深刻的未进之球。我们在交大主场对阵同济大学，大概是在1982年。我当时剃了一个光头，比赛进行到下半场中场时段，双方都没有进球。这时我队在对方南侧球门的右侧有个角球机会，应该是我们的队长"小广东"罚球。我当时埋伏在门前远角的小禁区附近，球罚出来后经过几次触碰，正好半高不低地落在我的脚上，当时我想只要轻轻一垫，球肯定进球门的左下角，可惜球垫歪了一点点，擦着门柱出了底线。最后双方0比0握手言和。很遗憾错失了一次战胜同济大学的机会。比赛结束后我后悔不已，应

该是当时精力不集中的结果。

七、南征北战

　　每年上海大学生的联赛是在上海的不同大学举行。每到去外校比赛的时候，全队会在校医院前面集合，集体乘坐交大的一辆老式的大巴车，就是那种前面有突出大鼻子的大轿车，我们戏称为大篷车。等到教练和队员落座后，总有一些热爱足球的学生争先恐后地挤上大篷车，站在两排座位中间的过道上，一车人有说有笑地向比赛的目的地进发。各校有各校的特色，印象比较深刻的几场比赛有：

　　（1）在上海机械学院的比赛：路途较远，有黑人留学生作为后卫。我在中前场左边线背身拿球，眼睛的余光扫到一名又高又壮的非裔留学生后卫从我的侧后方凶猛地扑了过来。我不急不慌，等他出脚的一刹那，右脚外脚背轻轻一扣，皮球穿裆而过，非裔留学生后卫直接冲出了边线，以巧制勇，我继续带球奔向球门。

　　（2）在上海师范学院的比赛：路途不远，桂林公园附近，一个留学生守门员扑住了我一个单刀赴会的必进之球。我特意跑过去拍了拍躺在地上的他，向他表示祝贺，心想能扑住我的球不容易，他是个优秀的守门员。

　　（3）在上海海运学院的比赛：路途很远，场地泥泞，比赛也很胶着。下半场我有一个主罚角球的机会，角球开出，落点正好在罚球点附近，中场队员崔东敏（交大分校）飞身跃起，一个漂亮的甩头使皮球直奔球门而去，当时感觉肯定进了，可是球擦着横梁飞出，再低一点就进了，真是可惜。

　　（4）在上海第二医学院（现为交大医学院）的比赛：比赛场地在上海市中心，重庆路附近，场地不大。有一年（大概是1981年还是1982年？）很奇怪，各校的学生火气都很大，交大去哪个学校比赛，哪个学校的观众就会认为裁判执法不公、偏向交大，从而发生打裁判的事件，结果第二医学院也被判罚0∶3输球。

　　（5）在上海外语学院（外国语大学）的比赛：上海外语学院在五角场附近，学校小巧精致，球场在学校中央，是当年的影星陈冲就读的学校。可能是女生太多，没什么人看球，更没见到影星。

　　（6）在上海科技大学的比赛：上海科技大学地处嘉定区，是我去过的最远的学校，在那里发生了一件不可思议的事件。事情的经过是这样的，大概是在1981年的赛季,照例我们坐着交大的大篷车来到了上科大,车停在球场边上。下车后,首先感受到的是学生对足球运动的热情,场边挤满了观战的球迷。而交大主场的观众只是稀稀拉拉地围在球场的两边。比赛开始后,对手在观众的呐喊声中踢得积极主动,上半场以4:1领先。通常来说,对方的队员和观众认为可以稳操胜券。可是没有想到的是,经过中场休息时的战术调整,下半场开场不久交大就先进一球,接下来我又罚进一个点球,这时的比分变成了4:3,场上的气氛开始变得紧张起来。比赛进入到下半场的后半段,裁判又判罚对方禁区犯规,当我站到十二码线皮球后面准备主罚点球时,突然听到背后人声嘈杂,转身一看,发现场边的学生边喊边冲进场地向裁判跑过来准备开打。裁判一看势头不对,赶紧跑向我们停在场边的大篷车,一头钻进车里,司机迅速关上车门,裁判躲在车里不敢下来。我们队员都还在球场里无所事事地溜达,远远地看着大篷车周围密密麻麻围满了男女学生,愤怒的学生们叫嚷着,喊打喊杀,估计是在说裁判执法不公,要讨教一个说法吧。我们的队员也回不到车上,只有坐在球场上看热闹,后来听我的同班同学冯海滨说,有个女生把发卡拔下来,叫男生把车轮子的气给放光,大篷车彻底瘫痪了,看来这下一时半会是走不了了。天渐渐地黑下来,一直等到接近凌晨,学生渐渐散去了一些,上科大才安排了一辆大巴车开到大篷车边上,并且和大篷车门对门,让裁判上了上科大的车,我们队员也跟着鱼贯而入,回到学校已经是第二天凌晨了。感谢大篷车救了裁判一命,也避免了一次学生群体事件引起的严重后果。因为上科大地处偏僻郊区县,学生生活枯燥乏味,谁也不知道愤怒的学生会做出什么出格的事情来。可惜在当天晚上,我错过了一位上海亲戚的大闸蟹家宴,还有啤酒,至今都感到遗憾。

八、ACJ擂台赛

20世纪80年代学校的课余生活比较单调,没有打麻将唱卡拉OK等活动,谈恋爱结婚是要被开除学籍的。所以我们三系自控专业四个班的男生凑在一起策划成立一支足球队,名叫ACJ队,取自交大自动控制低年级的英文缩写,在四个班的大课上宣布成立并号召同学们捐助购买队服,买了金字领白汗衫并印上ACJ标志作为队服。

我们每场比赛都吸引了对阵双方同学的注意力。我们队里有裁判,有抱

1981年春季交大徐汇校区足球场，1979级三系自动控制专业的
四个班同学自发组成ACJ足球队时全体成员的合影
后排左4支宏

着砖头录音机的直播解说，还有准备啤酒香烟的同学在场边伺候。比赛结束后回到宿舍大家围在一起边喝边抽边听录音解说，各种嬉笑打闹开心快乐。

毕业近四十年过去了，四十年可以冲淡很多东西，有些事情淡忘了，甚至一些同学的容貌、名字也开始模糊，被遗忘的还有当初那些足球比赛的比分。但当同学间再次遇见说起当时的ACJ球队，我们这些老同学却无不都是津津乐道，记忆犹新。ACJ承载的是我们青葱岁月一小片，是年少轻狂的见证；ACJ带给我们无数快乐，让我们学会坚持。在年少轻狂背后，那种自信，不轻易言败的经历同时也深深地影响到了毕业后的工作生活，是我们成长过程中不可磨灭的片段，ACJ烙下了我们四年学生生活的深深烙印。

支宏，当年交大校足球队15号，颇具人气的球星。四年求学期间，除了学业，足球是他的最爱。毕业近40年的今天，心中的交大足球故事和队友，他记忆犹新，真情跃然。显然，交大足球的高光时刻，对于支宏，刻骨铭心，伴随终身。

当年校足球队可以与同济、纺大抗衡，是因为有一条实力较强的中轴线：守门员苗壮，中卫王磊、占波，中场陈穗荣、钱旭平、崔东明，前锋支宏。施职中锋的支宏，是攻城拔寨的"快马"和"杀手"，被毅敏校友尊称为"交大马拉多纳"。球场上的他，自信，霸气，好胜，具有运动天赋及足球灵感，速度快，体力好，能控球，善突破，尤其具有跑空挡、破防线和门前捕捉机会的能力，是球队的主要得分手。

支宏的人气，除了在校队的突出贡献，还在于他在校内足球赛事中的出色表现，尤其那次别具一格的"擂台赛"，迄今被校友们津津乐道。

支宏爱交大，爱足球，爱球友，不管定居外地还是海外，只要回到上海，他总要到交大，到球场，总要见见老师和同学，而且总是带着踢球装备，与昔日的足球校友共享足球快乐。

期待疫情烟消云散，支宏等海外足球校友早日回到母校怀抱，与足球兄弟们相会在绿茵场，继续同享快乐足球。

—— 赵文杰老师

绿茵巾帼：交大女足开拓者

陈 弘

一、引 子

记得那还是上海的"文革"刚刚结束的时候，女学生们从蓝绿色的军服换上了鲜艳的服装，男女生还都不敢正视，一旦对上眼，就会情不自禁地脸面通红。就是那个特殊年代，上海的高中升学率还只有6%，现在看来也就是凤毛麟角的几个绝对优秀的学生，可以幸运地考进一所大学。但那时的上海交大已经超前地把体育运动放到了至关重要的位置。也不知道在那个连打个电话都很难的时期，交大是怎么了解到我的存在，居然有位交大教授来我家里游说，希望我报考交大，我当时还在犹豫是否报考离家更近的复旦。我10岁时获得了上海小学生运动会冠军，然后开始了五年的市体校集训，并在1976年杭州举办的全国24省市游泳比赛中取得优异成绩，虽然没有如愿参军成为专业运动员，但教授亲自家访，表示我多年起早摸黑艰苦训练也算得到了认可，我和全家都很感动，再加上我确实喜欢理科，于是我鼓足勇气，决定把上海交大写在我的第一志愿里。"有志者事竟成！"这句名言在我身上应验了，居然还真的凭自己的分数考进了梦寐以求的上海交大。

这位老师就这样成了我的贵人恩师，他就是交大游泳女队教练叶秉章老师，我后来也成了女队队长和主力队员。现在回想起来，正是这些尽职敬业的老师的远见卓识和辛勤付出，才使交大体育能够胜人一筹，成为上海和全国高校的体育佼佼者。接下来六年的上海交大生活给我后来的事业发展起到了奠基作用。

二、邂逅交大足球

说起上海交大的足球，大家立马就会想起交大青春永驻的"足球先生"

266

赵文杰老师，用现在的话就是"帅哥一枚"。最近在参加上海市少体60周年校庆活动中，才发现我和赵先生还可以攀得上是校友呢。

交大女足赛事超前兴起，也算是轰动一时的新鲜事了。那时的足球是男生的权利，女生还没人尝试过足球，更谈不上优秀的足球运动员。不过当时能够顶住社会舆论和传统意识的压力，摆脱当时女性应该追求"淑女气质"的束缚，抛去个人的"羞耻感"，坦然成为第一批活跃在运动场上参加校园足球比赛的交大女生是需要足够勇气的！对的，如果用"先驱"来形容也并不过分，也许正是因为这份勇气和胆量，老校友和当时的教授恩师们

2019年9月，于上海市体育运动学校60周年校庆，陈弘（左）与赵文杰作为校友嘉宾参加庆典并合影

至今还念念不忘我们女足的几场比赛和赛场轶事。

查对了一下中国女子足球的历史，维基百科里这么写道："中国第一支国家女子足球（集训）队于1984年成立。20世纪80年代初期，女足运动在中国兴起。1982年开始有业余队比赛，1984年终于组建了第一支女子国家集训队，并第一次举办了全国女子足球邀请赛。"原来我们一直引以为豪的交大，从来就是引领潮流的顶尖学府，我们的女足竞赛不仅是高校先驱，还和中国国家级女足同时期诞生呢。这完全归功于交大的徐景福和赵文杰老师，以及当时体育教研室领导和老师们独有的强烈进取精神。那些年，交大的篮球、乒乓、游泳一直是当时上海市和全国大学生运动会的冠军队和佼佼者，足球虽然不是重点项目，却也开展的风生水起，乃至女足成为高校开拓者，这里凝聚了我们优秀体育老师们的辛勤付出。我有幸跨项目参加交大女足首届比赛，见证交大女足历史的开篇，与交大121周年的足球历史有着那么一点关联，成为我在交大求学期间一段独特的经历。

三、首届女足赛事回放

关于第一届交大校园女足比赛，作为当时的新鲜事被《文汇报》在1982年6月28日版的第二页图文并茂地报道了。当时的媒体非常有限，被主流媒体报道的都算是"要闻"了。

当年我在给交大校报撰写的文章是这样叙述的：1982年6月的一个风和日丽的下午，上海交大的足球场被观众围得水泄不通，一阵阵助威喝彩的呼声此起彼伏，场内交大计算机系（三系）和机械工程系（六系）的女足球员正在激烈地角逐第一届交大女子足球比赛冠亚军。三系的前锋顾新和刘霄具备速度快、带球稳准等特点，不断在创造进攻底线的机会，防守队员坚守岗位，打得十分认真，守门员余立还做出了鱼跃式的守门姿势，不断地赢得掌声。六系的球员多数都是篮球队的队员组成，高头大马的她们配合娴熟，机动灵活，不乏篮球功底，记得她们经常情不自禁地用手去接球，失误犯规较多，但双方都踢得勇敢和顽强，不相上下。显而易见这些女足队员并不擅长足球，场上屡屡出现团团转的场面，六系袁爱霞，三系的张欣帆大腿皮肤都有部分搓伤，但还是坚持到底，这场决赛打得不相上下。场外沸沸扬扬的看热闹的男生正在使劲为自己系的女生加油打气。

四、女足赛后思绪

回想起这第一次女足比赛的整个过程，学校组织这次比赛还真来之不易！足球向来是为男生所"垄断"的，足球场也似乎是为他们所"独霸"。女生则对足球毫无兴趣，而且按传统的观念来看，女生踢足球实在有伤雅观。当时女子足球还处于起步阶段，尤其这在专业足球队之外还是鲜为人知的。经过学校和各系的一番动员，终于在二系、三系、四系、五系、六系和八系产生了六支阵容可观的女子足球队。每队十五个人左右，都领到了一个崭新的红白格"火车头"牌英式比赛用球。各系的队伍也在一些热心、热情老师和教练的努力动员之下建立起来了，当时参加各个运动队的体育健将和爱好者基本上都被义务"征用"了。

还清楚地记得第一次出场训练时的尴尬场面，当时运动场上一般每天下午锻炼的教工和学生比较多，我们这些女同学怕羞放不下面子，都不愿意第

1982 年 6 月，上海交大首届女子足球比赛在徐汇校区足球场举行

一个出场。经过激烈的思想斗争，在老师教练的鼓励下，最后大家还是硬着头皮出场了，过后面子也就放下了。每次训练完，有的同学脚上青一块紫一块的，还有脚脖子扭伤的，有的同学脚上还起了泡。后来各系还邀请了校和班的男生足球队员担任"教练"给大家提供辅导、陪练。经过一段时间的训练，大多数女生都掌握了传球、带球、停球、射门等技术。踢着踢着，大家进步了，兴趣也逐渐提高了。

　　整个赛事分成两轮，历时几个星期。第一轮三系、二系分别获得A组和B组的第一名，六系和四系分别获得这两个组的第二名。四个队都取得了第二轮比赛资格。在第二轮比赛中，队员们显然都提高了战术水平，积极拼抢，注意配合，比赛场面精彩激烈，各队的技术也更趋全面。第二轮比赛结果，三系和六系积分持平，战绩均是二战一胜一平，而四系和二系均是二战一平一负，最后必须按进球总数决定名次，六系以一球优势险获冠军，三系屈居亚军，二系获得第三名。这六个队的队员为第一届交大女子足球赛的成功举办做出贡献和个人面子的"牺牲"，但得到了同学和校领导的好评，也为交大的女子足球史写下了第一页。

五、校友的回忆

　　旅居纽约的资深校友谭非白师兄，是女足积极的支持者，也是当年的篮球队队员，曾经这样诙谐地描述了他对第一届交大女足比赛的回忆：也不记得是哪年的皇历，反正那时我已经毕业留校，我的办公室在计算中心楼上，

也就是大操场隔壁。如果操场上人声鼎沸，那一定是女足比赛。那要比看男足的人多得多。大家喜欢看女足，肯定不是看技术，老实说，是看她们出洋相。女生们踢足球的跑动路线，好比沙丁鱼群的运动轨迹，或东或西，没有规律可循。看女足踢球，就是这种没有规律没有章法又兼娇羞可爱，要比看女篮有劲。女篮那些健将，起码都是少体校出身，廿岁姑娘，球龄倒有十二年。叶文文、洪洁等在篮球场上一副大将风范，指挥若定，毫无羞怯怯场之感。

六、敢为人先，追求卓越

"敢为人先，追求卓越"就是对交大体育最好的描述。交大有着一批顶级优秀的老师，年复一年，日复一日坚持不懈地努力，创造了交大体育的辉煌业绩。近日交大体育又传来喜讯，由赵老师为主教练的教工队获得了"上海市高校教工联赛"西南赛区冠军、总决赛亚军的优异成绩。赵老师还继续活跃在绿茵场上，宝刀不老，很多我同年代的同学也受到他的鼓舞，继续活跃在各类比赛中。四十年前我们第一批女足的同学现在遍布世界各地，我也已在足球王国西班牙生活了近30年，除了自己坚持锻炼并参加各类球赛以外，还继续关心国际体育赛事。近年来是微信群和交大体育校友会又把我们联系在一起了。相信四十年前参加女足比赛的同学都不会忘记这段有趣的经历，肯定都会为参与创造了这个学校历史而骄傲！愿交大体育精神永存！

陈弘，当年交大女子游泳队队长，自幼接受游泳专业训练，为上海和交大争金夺银，堪称泳坛"美人鱼"，却有着一段永留交大足球史册的奇特经历。

陈弘的文章，生动形象地回放了交大女子足球"开天辟地"的历史场景。20世纪80年代初，当中国女足刚刚起步，敢为人先的上海交大就在理工男一霸天下的校园拉开了首届女子足球比赛帷幕，引领了高校女子足球的发展潮流。与中国女足一样，那时比赛的参与者都是其他项目的运动达人，陈弘就是其中之一。这些敢于第一

个 "吃螃蟹" 的巾帼英雄，一不留神成为交大女足开拓者，书写了交大足球历史的新篇章。那个年代，女子足球很新鲜，大学女足比赛更为奇葩，交大首届女足比赛一时成为社会关注的 "头条" 新闻，交大校报和文汇报都图文并茂地进行了详细报道。陈弘不但是比赛参与者，而且是校报文章的撰写者，为那段历史留下了珍贵的资料。

——赵文杰老师

交大足球赋予我快乐

顾坚华

交大足球121周年之际，喜获当年校队教练赵文杰老师联系，记述交大足球的往事与感悟，唤起了许多快乐的回忆，很高兴与大家分享。我的校足球队在编期为1978年11月至1980年3月（因病退队并留级一年），当时的教练是徐景福和赵文杰老师。2015年末我移居多伦多，享受着极佳的踢球环境，半年室外草坪，半年室内足球。而我与足球的情缘也皆因交大而起。

一、交大足球校队之于我——骄傲、成长、快乐

1978年入学不久的11月，班际足球联赛最后一场结束后，负责裁判的校队队员向我走来，说希望招我参加校足球队，记得是个阴冷的傍晚时分，当时的惊喜与兴奋，42年后的今天仍记忆犹新。

1979年秋天，我和队员们参加了上海市高校足球联赛，惜败于同济屈居第三名。前三强是华纺（现东华大学）、同济、交大。较有实力的还有一医（现复旦医学院）、二医（现交大医学院），以及化工学院（现华东理工大学），参赛的好像不到15个队。那是个无私援助亚非拉的年代，交大因军工背景没有留学生，上述学校都有几位实力很强的留学生，主要是非洲黑人。如果没留学生，可与华纺有一搏的应该就是交大了，华纺有几位广东学生非常厉害，听说是踢过专业队的。

在校队期间，赵文杰老师的指导、示范还有战术配合，对未受过足球训练的我来说是新鲜而点睛式的。赵老师还经常会和大家一起分队打配合练习与对抗，在球技上我受益匪浅，同时也深深感受到了赵老师的人格魅力。温厚与周到的徐景福老师主持的训练中有体能锻炼、冲刺及百米测速，踢右前锋的我，平时一般都要近14秒，有次测到了13.1～13.4秒，我高兴了不少。

交大校队的经历给我带来的另一个骄傲是"曾经与姜斯宪书记是队友"。据姜斯宪书记的77级同班同学介绍，他是一位优秀且如饥似渴求学的

2016年校庆时摄于闵行校区（左一为顾坚华，居中为时任校党委书记姜斯宪）

学生，代表了那个充满激情与梦想希望的年代，或许解释了他因惜时如金地求学而渐渐缺席校队训练比赛以及未参加1979年末校队合影中的缘由了吧。他是同学们的楷模，大家的骄傲，也是交大足球人的骄傲。

在校队的经历短暂愉快，使我终生难忘并受益。正所谓足球使人健身益智，出色技战术源自平时刻苦的训练；要做到胜不骄、败不馁，始终保持冷静需要良好的心态与胸怀；长期维持状态良好稳定取决于难得的自律；队员间的配合需要你我他的默契呼应与成全，足球所富含的哲理同样适合于人生，耳顺之年自问自己又践行了多少，顿感心平气和。

二、交大读书时的足球记忆

1978级交大共招收1 470余人，上海之外的过半，历届生二成，女生一成，班里几个原来没踢过球的跟我学踢球，为掌握球感，我带他们往头顶上踢大力球，越高越直越好，还记得我介绍自己过去在中学操场上曾踢下并捕获正巧飞过的麻雀一事时，大家先是惊奇，然后将信将疑，最后相信。

交大二年级初期，我班从材料（五）系转至电子工程（四）系，四系所在的法华镇路校区是个清静而舒适的校园，那里留下了许多美好的足球记忆。因场地有限，足球常常是轮流踢或打垒台赛，踢球同学的年龄跨度是17

岁的新生到32岁的老三届生，交大足球史应该记下这片特殊花絮。

较强的是1978级和1980级，1980级的广州同学王磊是校队大主力。几位实力队员中有一位叫朱立南，几年前刚卸任联想控股总裁。虽然1977级比其他年级少一个班，只有二个班，且年龄较长的历届生较多，但仍能凑个队来踢，其中主力之一是曾分别任太平洋保险以及浦东发展银行董事长的高国富，时年24岁的他技术不错拼劲足，拼抢激烈时会扯坏对方的衣服，我也被扯坏过一两次吧。此事在2002年1977级、1978级毕业20周年纪念活动时，我还曾提出过"赔偿要求"，大家开心一笑。

在分部的四系也同样有过许多为中国队加油呐喊的激动时刻，除了女排的郎平及周晓兰，更有许多对以容志行和迟尚斌为代表的国家足球队的期待、声援与惋惜，每有重大赛事，大阶梯教室里就会挤满人，呼喊声可以传到边上的宿舍楼里。

三、知天命，开启快乐足球，依然交大

2012年春，我在辗转东京、横滨、北京、京都、台北各地二十多年后，有幸回到故里上海工作，加入同年级的以机械系同学为主的快乐足球队伍，时隔30年再踢，第一场就受伤休憩一个月，再踢时又受伤再息3个月。期间感悟许多，才真正懂得了自制，此后8年从未自伤他伤，快乐地享受着踢球之乐。

2015年末移居多伦多后不久，我经交大同学介绍加入了一个华人球队，继续快乐足球。

在多伦多，上海交通大学首次组队参加了2019年多伦多地区的中国高校校友会足球联赛。这次以完整队容独立参加了多伦多地区中国高校的第二届比赛。在由50多所高校参加的24支球队中，我校是七支独立组队之一，其他是两校甚至三校联合组队的。我经过一年多的组队筹备，找到了五位原校队队员（1978级顾坚华，1982级许明，1983级石岩，1984级白波，1997级马翔），还有几位实力不错的加入，两天的比赛中我队以七战四胜二平一负的成绩获得第九名，可惜关键一场失利而未能进入前八，但考虑到主力因故2缺1伤，还会继续招募年轻实力队员加入，给下一届获得更好成绩留下了很大的想象空间。

值得一提的是石岩同学，一如当年的热血交大足球男儿，赛前集队训练

的十来场包括比赛当天还处于生病状态，但仍旧驱车往返300多公里前来参加，这种热情不断地激励着大家永不退缩的决心。

顾坚华文中深情回忆交大求学期间的足球故事，无论是在校队的训练比赛，还是在法华镇路校区的占场鏖战，字里行间满满的都是快乐，都是对母校、对团队、对球友的挚爱。

在校期间，顾坚华无论在场上还是场下，都表现出热情、认真、谦和的优良品质和关心集体、乐于助人、顾全大局的团队精神。离开校园后，无论在国内工作，还是在国外生活，顾坚华始终活跃在绿茵场上，保持着良好的状态，继续享受着足球赋予的快乐。

顾坚华的足球故事，深刻地印证了一个道理：体育（足球）的魅力绝不仅仅是比赛的输赢，而是享受参与的过程，包括胜利后的欢乐和失败后的振作。

——赵文杰老师

第 8 章

教工心声

球是圆的——我和体育运动的那份缘

王维理

　　球是圆的，也许有人会觉得是句废话，可它就是圆的。可以这样说，但凡喜爱球类运动的朋友，对球的喜爱是一样的，而且球类运动都是相通的，因球结缘的也特别多！

　　由赵文杰老师发起，借交大足球运动121周年纪念之际，大家都来回忆一些跟足球有关的往事。校友们纷纷响应，写了几十篇非常感人的文章！看后很受启发，我也来聊聊我和体育运动的那份缘，也跟足球有点关系吧！

　　自幼开始，就特别喜欢体育运动。我就读的东湖路小学是游泳重点小学，体育老师是在上海市游泳比赛做裁判长的曹福祥老师，曹老师是我体育的领路人。我一年级就学会了游泳，因为游的好，年年都做游泳小辅导员。后来转入长延小学。

　　小学五年级，在上海跳水池参加小辅导员培训，经汤炳泉教练推荐参加了跳水池少体校水球队的选拔，被从上海队刚调入少体校的张焕堂教练选上，开始了水球的试训。

　　进入水球队，可以说改变了我的一生。张焕堂指导是我体育生涯中的重要导师，他不仅教我们打球，还教了我很多做人的道理。从1973年进入体校到1977年中学毕业，我担任了我们这届水球队的队长。在张指导的带领下，我在队里的那几年，跳水池水球队都是上海市比赛的冠军！

　　在这期间，队友们有很多都被上海队选中进入专业队，后来成为国家队教练、上海队教练、体校校长、上海各区的水球教练等，都是当年一起的小伙伴。

　　1977年，经张指导推荐，我进入了上海青年水球队，开始专业训练，当年代表上海队参加了在南宁举行的全国比赛，可惜只得了第四名。但就是这个经历，使我与交大结了缘。

　　1978年，恢复了高考，受家庭影响，我自认学习还不错，就将复习书带到了体工队，白天训练、晚上看书。经过一段时间水球的专业系统训练，我

明白了做一个专业运动员自己是有差距的，果断放弃了水球训练，回到中学，开始复习准备高考。

　　高考前的一天，我正在为报考志愿犯愁，我人生的贵人，原上海水球队教练，后转到上海交通大学体育系的陈杰老师来到了我家，动员我考交大，并代表学校给了一个令人无法拒绝的好条件，只要能考过上海重点分数线，交大就可以录取！在1978年，我们是恢复高考后的第二届、应届生高考第一届，千军万马过独木桥，我原来是绝对不敢报交大的，但考过重点分数线还是有点信心的。就这样，没有了心理负担、考试发挥得异常好，没有加分就顺利考进了上海交通大学。没有练水球、没有张指导、没有陈老师，我是进不了交大的，这就是因"球"结缘！感恩张焕堂教练、陈杰老师！

1981年上海市大学生游泳比赛男子团体冠军
左一是教练陈杰老师，右二是时任体育系主任领队陈景兰老师，捧冠军杯是队长

　　我进入交大后，也就进入了校游泳队，并担任了游泳队的队长。陈老师根据我体能的特点，分配我专攻长距离项目，800米和1 500米自由泳。经过水球转游泳的训练，我在这两个项目上都取得了不错的成绩：在上海市大学生游泳比赛中，1979年自由泳1 500米冠军、800米亚军，1980年1 500米亚军、800米季军，1981年1 500米季军、800米第四名，也算是为交大男子游

泳队立下功劳的学生了！没有辜负陈老师的期望。我代表交大参加的3年上海市大学生游泳比赛中，交大年年都取得了男子团体冠军，这些都跟陈老师的因人而训、排兵布阵、神机妙算分不开的，陈老师为交大游泳项目做出了重大的贡献。我在这里抛砖引玉，希望会有不同年代的交大游泳人来写出精彩的故事。

1981年，我参加校学生会竞选，当选了校学生会副主席，负责文艺、体育方面的学生工作。最为记忆深刻的一件事，当中国女排第一次取得世界冠军的那个晚上，全校沸腾，我们学生会在体育场临时召开大会，我作为代表在台上向大家宣读了我们将发给国家体委的贺电，然后和另一位同学骑自行车去静安寺电报大楼发电报，激动的心情无以言表。

1982年，我们这届学生会就一直在想为即将毕业的1977、1978级同学做点事，我负责体育工作，我们就策划了在毕业前举办思源杯足球、排球、篮球、棋类等比赛。比赛很激烈、很开心，这可是恢复高考后首届思源杯啊！至今我们这届同学谈到思源杯的各项比赛还是津津乐道！这个传统一直延续了很多年。

设计比赛奖状，设计毕业纪念册、纪念章，我们没有任何费用，都是同学（我上铺的同学李文俊）自己设计，手工画图。现在看上去很粗糙，但非

120周年校庆，时任校党委书记姜斯宪亲临6系78级足球怀旧赛现场

常有纪念意义。足球，是交大学生最喜爱的体育活动之一。2012年，毕业30年返校，我们组织了六系1978级校友班级足球友谊赛，围绕比赛这个话题同学们一直谈了4年，直到再次交手，可见足球的影响力之大。

2016年，交大120周年校庆返校，我们再次组织了校友班级足球友谊赛。参加的同学年纪最小的都超过了53岁，最大的63岁，作为我们的同学、学校党委姜斯宪书记来为我们开球。

2016年，时任体育系书记的于朝阳老师和时任北美校友会会长的马开桂学姐共同商议筹备校友会体育运动分会。在马开桂学姐的推荐下，我参与了体育运动分会的全部筹建工作并担任了首届秘书长。在校友总会、体育系的支持下，2017年4月9日成功举办了校友会体育运动分会的成立大会。学校领导姜斯宪、王宗光、张安胜、朱健、陶爱珠、潘永华等都来参加了大会，可见交大人对体育运动的重视。

会前，我们采访了交大各运动队的老教练孙麒麟、谢锦生、忻洪福、孟长富、叶秉章、陈杰、赵文杰等教授，做成视频集锦在大会播放，大家一起回忆交大体育的历史。姜斯宪书记、张安胜副校长、孙麒麟教授、马开桂学姐在会上做了激动人心的发言。这是一次令人难忘的大会！

体育运动分会的成立，将各个时期、各个运动项目在交大校队效力以及体育组织、爱好者的校友凝聚在一起，在运动校友和学校之间架起了一座桥

上海交通大学校友会体育运动分会第一届理事会和校领导合影

梁，在交大校友中具有深远的影响力。

　　足球运动是校友体育活动中最有影响力、参与人数最多、发展得最好的体育活动！在成立体育运动分会的过程中，认识了赵文杰老师，他是一位令人尊敬的足球教练，更是一位真正的足球绅士，他是交大足球的一面旗帜！在他的影响下，他的一些足球弟子、赵琛豪、卢建华、张全红、徐军、陶晶等热心校友的共同组织下，成立了各种校友足球活动群，无论你年龄大小、水平高低、身处何方均可参与足球运动，足球运动带给人的快乐是非常巨大的！

　　自体育运动分会成立后，我配合校友总会、体育系参与了校庆杯的组织工作。作为校庆杯重点的足球赛，办得非常成功。希望今后的校庆杯能举办得更好，服务好校友，促进交大的群众性体育运动。

　　2020年9月，在上海校友足球群的基础上，主要组织者发起成立了校友足球俱乐部，旨在更好规范校友足球运动，也为了更好的对外交流。校友足球俱乐部挂靠在体育运动分会下面，我担任足球俱乐部的监事。与爱好足球的校友一起的这段日子，我感受到了他们对足球的挚爱，认识了这些非常可爱的校友，看到了他们为校友活动无私做出的贡献，收获非常大！

　　通过校友足球活动的举办，加强了各地校友间的联系，加深了校友间的友谊，也为校友和学校间的联系创造了更方便的联系。作为校友会体育运动分会的组织者，将逐步把这些经验推广到各个运动项目，为上海交大校友的体育活动及学校的体育文化发展贡献自己的微薄力量！

　　球是圆的，无论在哪个方向看它都是一样，沿边一圈又回到起点，对它施压越大，弹力就越大，好像折射了一种体育人的精神！体育运动永远给予人力量！

　　　　王维理，具有专业运动员背景，曾是交大校男子游泳队队长、上海大学生游泳比赛金牌得主、校学生会副主席，现任校友体育运动分会副会长兼秘书长、校友足球俱乐部监事……无愧为交大体育的功臣，也是校友体育的管家。

　　　　我与维理学长相识于校友运动分会成立之际，相知于校友足球历次活动之中。每一次接触，都感受到他对母校、师长和校友的深

情厚谊，都为他对校友体育的无私奉献和务实精神而心生敬意。文中首次披露了交大体育史上应该留下一笔的品牌赛事——为即将毕业的大四学生定制的思源杯系列比赛（坊间戏称滚蛋杯）的出台内幕，原来维理及其同伴是"始作俑者"，在当年条件如此简陋，能策划这样有意义有人气的特色品牌赛事，实在值得点赞。

维理学长爱好足球，更是作为体育运动分会秘书长，始终关心校友足球，每一次大活动（包括赴武汉、昆明等交流活动）都亲临现场，全程参与，被校友足球俱乐部聘为监事，同时也是历届校庆杯足球比赛仲裁和监督。校友足球的不断进步和蓬勃发展，离不开维理学长的把关、协调和指导。

"足球运动是校友体育活动中最有影响力、参与人数最多、发展得最好的体育活动"，作为校友会体育运动分会马开桂会长的得力助手，维理秘书长深入校友足球，是要以足球为试点加以探索和总结，更好地激活和推动其他项目在校友中加快发展，搭建参与和交流的更多项目平台。

——赵文杰老师

足球是最好的社交活动，没有之一
——我心目中的交大教工足协

赵德刚

今年是交大足球运动121周年，也是建校126周年的重要年份。参加校庆杯足球赛期间，听赵文杰老师和各位校友讲述自己的足球故事，感慨良多。趁着小长假静下心来，整理一下电脑中的照片，回想和记录一下近几年来交大教工足球的一些片段，从教工的视角，和大家分享足球的快乐。记得有一次看到2019年福布斯公布的体育俱乐部社交网络热度排行榜榜单，前10名中有9家来自欧洲四大联赛的足球俱乐部，剩下的一个是NBA的湖人队，可见足球在社交网络上的受欢迎程度，远远高于其他体育项目。所以我在做协会介绍时经常说的一句话就是"足球是最好的社交活动，没有之一"。这不是自吹自擂，是来源于足球运动的影响，来源于交大教工足协每一位老师对足球活动的热情。

一、我们的业余足球故事

其实我自己本人并不是足球专业出身，甚至高中以前的体育活动都是篮球为主，很少接触足球，是1995年申花队联赛冠军和泰山队足协杯冠军后掀起的一波足球热潮，学校勉强开放了运动场给我们踢球，从那时起才慢慢喜欢上足球。所以每当看圈子里其他大牛发自己的辉煌足球生涯，甚是羡慕。当然这并不影响我们普通人对于足球的热爱，所以说1997年入学后的大学四年和毕业之后的几年，不论闵行还是徐汇，自己和身边的同学老师都是野球为主，那时候对于希望杯以及各种专业足球比赛都是仰视的，更谈不上参与到活动组织和策划中去了。

2008年北京奥运会后，全民健身的热情进一步高涨，学校办学重心转移到了闵行，大家主要的足球活动战场也从徐汇转移到了闵行。最初基于多找几个人一起踢球的简单想法，我和嵇绍岭、郭晓庆三个人就想建个足球群。

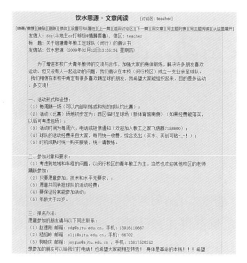

2009年组建球队的倡议书

苦于那时候飞信群没有微博、微信朋友圈这么方便，我就想到了在饮水思源BBS上发帖，可能老师们关注会多一点。于是说干就干，以我们仨人的名义在teacher版直接发了《关于组建青年教工足球队（闵行）的倡议书》，请当时的版主好像叫xiaoman帮忙置顶，然后根据大家回帖的情况凑了个时间，在老行政楼工会一楼的棋牌室讨论组建球队。大家推选我做青年教工足球队队长，刘冬老师和齐井刚老师做副队长，王大鹏老师担任球队财务。

这里还有个小插曲，就是组队之后，我的MSN里有一位叫wytang的好友经常跟我聊天，讨论球队的事儿，后来才知道他就是大名鼎鼎的唐文勇教授，

青年教工球队成立最早的一张合照（前排右3为赵德刚）

这也是他经常把自己认为是球队创始人之一的重要佐证。

鉴于球队组建的初衷，我们强调了自己的建队理念——"休闲体育、健康生活。"这样可以有别于陈钢老师的专业教工队，潜台词是出去打比赛输了也不丢人。当然大家津津乐道的是有一次在徐汇校区跟教工专业队意外相遇，裁判是陈指导的学生，结果最后跟对方战成3：0。据说赛后陈指导很生气，而我们都很膨胀。

二、从"菜地"到"南洋足球公园"

球队组建之初，条件还是比较艰苦的。那时候没有南洋足球公园这样好的场地，闵行所有的学生都要去南体抢场地。想想自己作为老师，也就别去和同学们凑热闹了，我们就开辟了四餐西侧的临时足球场地作为训练基地（就是现在李政道图书馆和理科实验楼群的位置）。北区这边基本上住宿的都是研究生，踢球的人相对较少，场地能够有保证。虽然是真草，但实际上有草的地方都很集中，而且多在30厘米以上。我记得第一次活动是请了学校后勤的思源绿化公司，帮忙割了一下草，否则人都进不去。后来学校决定建设李政道图书馆和理科实验楼群的时候，学校主要校领导问及建设场地方面还存在什么困难时，我主动提出还有个足球场需要搬迁，校领导当即指示由体育系向学生工作指导委员会争取建设经费。后来在陈钢老师的努力下，我们的南洋足球公园顺利争取到了建设资金，从此教工足球活动鸟枪换炮，有了自己的大本营。

2012年，趁着学校文化艺术节的东风，在齐井刚老师的努力下，我们在光明体育场成功举办了首届教工足球赛，还纳入了校园文化艺术节系列活动。

有了南洋足球公园的场地保障，2013年我们组织了上海交通大学智龙杯教工五人制足球赛。经过筹划和动员，一共组建了12支队伍，120多人参加比赛。虽然比赛进行得很顺利，各方反响也都很好，但现在回想起来没有办赛经验的我们，一上来就搞这么大型的比赛，时间周期又拖得很长，风险还是挺大的。

三、教工足球协会的诞生

2014年初，时任校工会专职副主席张杰老师找到我，询问教工足球活动情况，建议我们成立协会，走规范化发展的道路。印象中那时候工会文体

协会还没有现在这么多，而且大多数都是松散型组织，找不到一个合适的学习榜样。毫无头绪的我最后百度了一下中国足协的章程，依葫芦画瓢编制了教工足协章程，提交全体球员大会讨论。会上大家一致推选李心刚为教工足协主席，唐文勇、尹慧敬、苏大宇和我为副主席，推选龚强为教工足协秘书长，齐井刚和刘冬为副秘书长。后来为凸显唐文勇教授的资历和对球队的贡献，在足协执委会议上一致通过唐教授为常务副主席。从此大家的称呼都从队长变成了主席，一直延续到现在。

教工足球协会成立后，一直本着为大家提供更好足球交流平台的宗旨，除了每周六固定的协会活动外，每年都会策划两到三次比较重要的足球赛事。从此教工足球活动走上了快速发展的道路，协会的人气越来越高，参与活动的老师们越来越多。教工足球协会不断请进来和走出去，先后在校内举办了六人制足球杯赛、八人制足球联赛，组织和参与了交大杯、共建杯、元旦杯、闵教杯、紫泰杯等一系列足球赛事，还将足球的欢乐带到了启东、太仓、扬州、泰州等上海周边城市。

四、组建高水平教工足球队

随着教工足球活动的持续升温，学校工会对教工足协工作提出了新的要求。2019年11月份，在校工会的指导下，协会聘请赵文杰老师为主教练，陈钢老师为执行教练，面向全校及附属医院教职医护员工，经过多次选拔和比赛历练，最终选定24名队员组成新一届教工男子足球队。在校工会和协会的支持下，新组建的高水平教工足球队以提高竞技水平为目标坚持每周三晚上进行训练，风雨无阻，寒暑不辍。

机会总是垂青于有准备的人，比赛任务说来就来。2020年10月，上海市教育工会教工足球协会成立并组织了首届教工足球联赛。此次联赛共报名队伍25支，分为东北赛区、西南赛区、区教育局赛区、民办高校赛区等四个赛区进行比赛。每个赛区仅选择前两名出线，将参加2021年6月份举行的上海市教职工足球比赛总决赛，迎接党的一百周年生日。西南赛区共8支队伍，包含上海交大、东华大学、华东师大、交大医学院等诸多强队，经过5场激烈比赛，交大教工足球队成功夺得赛区冠军，以西南赛区第一名的身份昂首进入上海市总决赛。

2021年，125周年校庆之际，教工足球队有幸参与了校庆杯思源组的足

教工高水平足球队成立大会

左起：赵德刚（助理教练），陈钢（执行教练），赵文杰（主教练），于朝阳（校工会主席），Iliya（外籍教师队员），林龙龙（队长），李心刚（协会主席），唐文勇（协会常务副主席）

球赛事，与各位校友同场竞技，切磋球艺。虽然最终教工队两胜两负仅取得第四名的成绩，但大家都表示校庆杯的足球比赛组织特别成功，特别能体会到如何享受足球的乐趣，结交了很多朋友，收获了很多美好瞬间，希望以后每年都能参加校庆杯。

2021年4月，交大闵行校区内，教工足球队参加校庆杯足球邀请赛的全家福合影
前排左7为时任教工足球协会秘书长龚强、左8为陈钢老师、左9为赵文杰老师、左10为赵德刚

在教工足协的指导下，各二级学院也纷纷成立院系教工足球的组织，继电院去年成功组织首届教工足球四院邀请赛之后，李政道研究所、物理与天文学院于近期也组织了"问道杯"五四青年足球友谊赛，积极引领青年教师参与体育活动，增进青年教工之间的沟通和交流。

五、写在最后

未来，教工足球协会将本着"传承大学足球文化、提高教师身体素质"的宗旨继续组织各类活动，打造精品赛事。祝愿教工足球队在赵文杰老师和陈钢老师的带领下，一如既往，勇于争胜，在各类竞赛和活动中争取佳绩。祝愿教工足球协会各位老师健康工作，幸福生活，尽情享受足球带给大家的快乐。

在源远流长的交大百年足球历史上，教工足球同样有着重要的篇章和精彩的故事。赵德刚，以交大爱好足球教工的独特视角，回顾了自2009年在"饮水思源BBS"上发"招募"帖，到2014年建立教工足球协会，到2019年成立教工足球队（高水平），交大教工足球近10年走过的不平凡的路，情深意切，令人钦佩。赵德刚，爱足球、爱交大、爱朋友，不仅始终活跃在球场，而且具有奉献精神、管理能力和凝聚力，在他及团队的策划和组织下，传承与发展了交大教工足球文化。近些年，在校工会关心支持下，交大教工足球从"游击队"到"正规军"，红红火火，日益兴旺，全队团结一心，刻苦训练，奋发努力，在取得优异比赛成绩的同时，形成了相互关心、相互支持的温馨团队，成为交大校园足球和体育文化的一道靓丽风景。

耕耘在教书育人领域的交大教工，不但要坚守各自学科的三尺讲台，还要身体力行地诠释"完全人格，首在体育"，为学生树立光辉的榜样。"足球是最好的社交活动，没有之一"，德刚的金句，深刻揭示了足球运动的独特魅力，让人明白了足球在交大百年历史上长盛不衰的内在原因。

—— 赵文杰老师

足球是最锻炼人格的体育项目

王国兴

　　接到赵文杰老师邀约,写文章,忆足球,鄙人不甚惶恐。然见诸多球友满满深情,若能共同见证交大足球双甲子,实属与有荣焉!

　　我是2009年年底回国加入交大的。之前没有在交大读过书,也就更没有在交大踢过球了。刚入校的时候,找研究生带我在南体踢野球,印象最深的是有一场比赛,微电子学院和管理学院淘汰赛中,场上球员陆续有人抽筋倒地,据我估计有十几人!我调侃那几位学生(此处特指卢某、管某、莫某等同学)时最常用的话术就是"你在场上技术没有我好,还没有我能跑!"

　　之后有幸在一次踢野球的时候,我看到有交大教工青年队在比赛,顺藤摸瓜地凑过去,不记得是被谁同意,就上场踢了一会儿,误打误撞地算是找到了组织!也算是经历了近10年交大教工足球的"衰兴":四餐旁边的菜地

2013年5月,交大青年教工足球队在闵行校区光明体育场合影
前排左8为王国兴

291

足球，二附中给唐文勇（唐老鸭）的妙传，被大宇扑住的刁射，启东足球队的快马，南洋足球公园的建和拆，李喆大腿的射后摆拍，与电院校友队在南宁超级球场……这些都将是永恒的记忆。

感谢交大教工队2019年开始的正式训练，球队由娱乐为主变得正规起来。也感谢上海市教工比赛的特殊规定，让我在2020年的比赛中由于45岁+的年龄优势而成为绝对主力，也让我的体能在短短半年里恢复了七七八八。2020年年底在上海高校西南片区夺冠，2021年再接再厉勇夺上海市教工总决赛亚军，实在是开心，而交大球队团结一致的精神，更令对手羡慕！

和很多球友一样，我对足球的热爱是燃烧在骨子里面的。赵文杰老师常引用蔡元培的那句"完全人格，首在体育"。不仅如此，我还认为足球是体育里面最体现、最锻炼人格的。看到另一位球友李珂说坚信"球品如人品"，我深有同感。在足球场上，一个人的性格往往体现出最真实的一面。也因而"以球会友"；近期有幸和交大深圳校友队踢了一场球，和球友们一见如故，和自己的学生平辈论交，实是人生一大幸事！我估摸着我的朋友中大多数都是因足球而缘起的。在科研中，我也更喜欢和球友联手，因为合作更容易！而更令我开心的是，足球也已成为儿子的挚爱，而足球也成为我锻造他的最佳方式。当我要激励他的时候就拿足球运动员举例，每每收到奇效！

让我们一起再踢30年！加油！

王国兴，交大引进的人才，现任电信学院教授、博导，微电子学院总支书记，交大教工高水平足球队主力队员。

王国兴对足球的爱是"燃烧在骨子里面的"，从高中开始，足球伴随终生，无论在华中、清华，还是在美国读博、工作，踢球没有间断过。一到交大入职，他就到足球场蹭球，在教工足球协会有近10年球龄。他能攻能守，可以胜任前锋和后卫不同位置。2019年正式选入教工高水平足球队，并以拼搏的精神、充沛的体力、全面的技术及与队友默契的配合，成为主力。令人感动的是，为了2020年上海教育工会比赛的一场球，王国兴一下飞机就从浦东机场打车直奔松江东华大学赛场。

为什么教学、科研如此繁忙，仍然坚持不懈参加每一次训练，国兴认为"足球是体育里面最体现最锻炼人格的"。国兴的故事告诉我们，踢球非但不耽误事业，反而会促进人的成长，增进健康，磨炼意志，结交朋友，培养团队合作精神，而这些恰恰是职场成功的关键要素。

——赵文杰老师

附录

溯源交大足球队

摘自上海交通大学校友会编《思源》（2020年第三期）

朱燿琥　1948级管理学院

2000年11月，我重返思念已久的母校，当我站在学生时代经常驰骋的足球场上，情不自禁地想起当年交大足球队的赫赫战绩。

1945年10月，由1947届同学秦鼎新发起经体育主任陈陵先生同意，成立交大足球队。队员有秦鼎新、郑世文、黄绍康、沈熙敬、潘承杞、望洪书、黄瑞棣和我等。在校内球场修复和置备足球鞋后开始活动。当时无教练，有些队员的球龄不长，战绩较差。到1946年秋，由冯汉斌先生担任体育主任，球员阵容也有较大的更动，刘隆馨、奚祖桢、何增、陈德若、肖继桢、赵孝山、沈崇勋、郑镜彤、吴安等相继加入校队，队员的球龄大多逾八年，又请到足球名将戴麟经（交大校友，新中国成立初任国家队主教练）担任教练。在戴先生的悉心指导下，足球队的整体水平迅速提高。到1947年初，球队除在站位、布阵和相互配合上有显著改善外，很多队员掌握了凌空传球和射门、用落地开花法射门（在来球落地弹起的瞬间出脚）以及倒挂金钩射门等技艺。戴先生常对我们说："别忘了球衣上的'交大'两字。"因此球员们上场时头脑里只想"要努力踢好，为交大争光"。在1947年2月至1948年6月间，交大足球队在和其他大学的比赛中没有输过一场，射门大多能"有的放矢"（当然不是球球进门），如获角球，就有三分之一的进球可能。

一、远征南京

1947年初春，经学校体育组联系并得领队李雅谷（校外人士）资助，足球队赴南京比赛。成行日，上海有些报纸刊出"交大足球队今日远征南京"的报道。我们由体育组王振亚先生率领在傍晚乘火车去南京。承铁路局的校友协助，为我们专设一节硬席车，并用大字标明为"交大足球队专

车"。清晨到南京后，入住当时的中央大学体育馆底层一大屋内。当天下午三时和中央大学比赛，我们胜得较轻松。第二天下午和金陵大学比赛。在下半场，我正欲起脚射门时，对方队员陶乃杰（我认识的南模校友）突弯腿跃起，用膝盖猛击我正发力的左大腿，我即受伤倒地。此役也是交大获胜。第三天对南京空军学校，我因伤未去。据队友介绍，对方身强体壮，相当野蛮。门将陈德若扑地抱住险球后，被用脚踢头致昏，他被用冷水泼醒后继续守门。王振亚先生为免使其他队员受伤，要求大家以防守为主，并将数名主力队员换下。最终双方踢平。三天踢三场，我们穿的是汗湿未干的球衣裤。

二、逼和汉城

　　1947年5月，原南朝鲜汉城足球队抵沪访问，洋洋得意地先后以大比分战胜上海联队和由香港飞来的星岛足球队。汉城领队申国权（1932年中国参加第十届奥运会的六名代表之一，朝鲜族。申国权是交大1920年代老校友，足球队长及1930年代时任体育主任）和戴先生相熟，经联系后他们同意来交大作友谊赛。比赛定于下午进行。在中午前后，球场四周已聚集很多观众，其中不少是校外来客，连树上、邻近球场的屋顶上也站了不少人。赛前，戴先生要我们务必顽强拼搏、进攻和防守要相互照顾、前锋队员要来回奔跑。鸣笛开赛后，我们常受对方假动作的迷惑，他们相互间配合和传球较好，一般是闯入我方禁区后才射门。我队队长秦鼎新因腿伤改任守门员，身高1.87米穿红球衣的他扑救了多个险球，煞是好看。上半场汉城以1:0领先。中场休息时，戴先生就如何对付假动作和撕破汉城防守网的战术做了布置。下半场的情况有所改观。约在20分钟时，"朱耀琥妙传吴安，吴安快速推进一脚破网"（次日报刊标题）。打成1:1后，观众欢呼雀跃。汉城即遣全部主力上场意欲取胜，但未能得手。我队中坚刘隆馨（时为副队长）助攻辅守，前卫赵孝山善用腹部截球，后卫沈崇勋和奚祖桢等表现亦佳。终场时欢声又起，我们很多队员被观众抱起上抛，申国权跷起大拇指和戴先生握手。次日上海很多报纸在头版以通栏标题刊出"交大逼和汉城"六个大字。现在每当我看到有关足球"恐韩症"的报导时，就会想到此战，想到纯由交大在校学生组成的足球队。

三、荣获冠军

1948年2月某星期日上午，我们和上届联赛冠军同济大学队在逸园（现文化广场）进行争夺大二部冠军之战。上半场交大以1：0领先，下半场同济在禁区内犯规，由郑镜彤劲罚点球入网，战成2：0。至终场前一分钟同济才进一球。力克同济后，我们和大一部冠军上届联赛亚军震旦进行决赛。这场比赛是紧张、快速、有礼、有序的，最后我队以2：0取胜，荣获大学联赛冠军。

交大足球队之所以能取得如此好的战绩，除了学校重视和队员有一定球艺并能顽强拼搏外，得到很多老校友的关爱和支持是一个重要原因。如老校友戴麟经先生无偿地担任我们的教练，他干得极为出色。如果没有他的悉心

1948年春，交大荣获上海大学足球联赛总冠军后所摄
前排左起：望洪书、何增、郑镜彤、朱耀琥、吴安；
中排左起：预备员（忘其名）、张寿岑、萧继桢、刘隆馨（队长）、赵孝山、预备员（忘其名）；
后排左起：缪观生（足球队干事）、奚祖桢、陈德若、冯汉斌（校体育主任）、范濂源、沈崇勋、戴麟经（教练）

指导，我们绝不可能夺得大学联赛冠军。当时学生的伙食较差，而足球队员的体力消耗大。为缓解这个矛盾，有位老校友每天派人送一大桶牛奶给我们喝，另有几位老校友经常给我们送鲜鸡蛋和美制菊花牌炼乳，他们还和校方联系后安排我们在容闳堂北侧的教职员食堂进餐。每逢较重要的比赛，都会有不少老校友备好横幅、锣鼓、鞭炮、饮料等到场边站着为我们加油，还用英文唱起自编的"Jiao Da Will Shine Today"（"今日交大将光芒四射"）歌为我们鼓劲助威。有些老校友虽已白发苍苍，仍劲头十足。此情此景，至今我记忆犹新。

两代四人的交大足球家族

万翱 （1953级电机系）回忆　陶晶记录

万翱：1953级电机系校友，毕业于南
洋模范中学
其父辈三人均是交大校友，并且都是
交大足球队主力队员

万冕（1928级）曾为交大足球运动员

　　万象华（1933级）是我二叔，曾为首届上海东华足球队主力队员，也曾是交大足球队员。万津（1937级）是我三叔，也是东华足球队主力队员，也曾是交大足球队员。在记载东华足球队有关历史文献资料中曾有万象华和万津的报道！比如在1995年4月出版的《上海足球运动半世纪》中有这样的描述：万象华。30年代上海足坛著名的左翼、交通大学足球健将。江南八大学激战，他初露头角，被东华足球会总干事陈锦江招募在东华成立第二年时加盟。他也是东华足球会开创初期的"重臣"，绰号"矮脚虎"，海上球迷尽人皆知。他为东华和上海中华队获得西联会甲组联赛、史考托杯及国际杯冠军；又曾代表上海和华东队出席第五、第六届全国运动会。第六、第七届全

国足球分区赛屡夺锦标；他也是上海埠际队选手参加沪港埠际对抗赛；1933年随东华队远征菲律宾均为主力队员。1937年后离沪赴重庆漂泊他乡。1940年替代万象华任东华左翼的万津，是其胞弟。万象华身经大小百战，球艺出众经验丰富。《全国足球名将录》评论："万象华身手矫健活泼玲珑不可捉摸西人多畏。"

万象华　　　　　　　　　　　万津　　　　　　　　　万氏三兄弟

　　我那个年代，上海学生界的足球水平是属于下层，记得新中国成立后上海最早举办的是1953年的上海市足球联赛，参加的球队仅有3个：工人队、学生队、铁路队。当时上海工人队的技术水平极高，可以说几乎是国家顶级水平了，而学生和铁路都是一般水平，记得当时因工人队员与学生队有较好的关系，只要我们学生队能与铁路队踢成平局，那么我们学生队就可以靠工人队"助人为乐"，学生队凭负于工人队的失球数少而获联赛亚军（当时工人队想要胜这两个对手5、6个球都是不成问题的），可想而知当时差距之大了！

　　当时贺龙领导的国家体委为发展和提高中国足球水平，于1953年举办了第一届全国青年足球锦标赛，从中选出优秀的年轻选手赴匈牙利培训，经海外数年培训出第一支较有实力的国家足球队人选。由此也取得了实际效果！

　　为此，国家体委于1956年举办了第二届全国青年足球锦标赛，原本准备按此程序操办，通过比赛选出优秀的年轻选手赴南斯拉夫培训！总之，

1955年的冠军足球队
第二排左起：1万翔、3沈文钧、4张强弩；
第三排左起：1谈连峰（教练）、2郑厚生

本想一届届不断地通过比赛选出优秀的年轻选手，然后再送往高水平足球国家培训，这样坚持下去中国的足球水平必然会不断提高并进入世界先进行列！

　　为参加1956全国青年足球锦标赛，上海于1954～1955年就进行选拔上海市青年足球队员了，实际上当时市、区各体育场，以及市内足球知名的工厂都有自己的足球队，所谓公开选拔只是形式，内部基本都已敲定了！本人因我万家父叔辈在交大足球队的历史背景，同时还有东华队的历史背景，我受交大体育教研室专家们推荐不得不去参加选拔，实际上选拔上场仅5分钟左右，而我与场上队员间根本不熟悉，所以连球都拿不到，场上表现可想而知了。我本想是交大派送来的，上场完成任务就好回家了，想不到正好那天有位从香港请来的也就是未来上海青年足球队的孙锦顺教练在场，他首先看到我的交通大学推荐信，又见我是姓万的，就马上叫工作人员找我面谈，我当然得去了。想不到孙教练与我二叔万象华都曾是上海知名的首届东华足球

队的主力队员，两人关系很好，后在我二叔的影响下三叔万津也入选东华足球队了，因我这二位叔叔都曾就读上海的交通大学，所以孙教练见我姓万也就读于交大就问我是否与万象华、万津有什么关系，我回答说这俩都是我亲叔，并告知孙教练现他俩各自在国外的事，不知不觉我俩就谈起来了。就这样我被孙教练确认选中了，这样的结果也引出上海足球界内一个小故事：因队员人选已定，我入选后原来人选中要多出一位了。但为不引起麻烦事，在公布队员名单时，就把我列入一名"随队学习"，这样就完美无缺了！现回看当时新民晚报公布的上海青年足球队名单看到有一名"随队学习"就是这样出来的故事啊！

另外，我也喜欢打篮球，因为我在有篮球传统的南洋模范中学毕业。在交大时，我时常在足球，篮球两个球队中训练比赛，为此，时任校长彭康还关心我的学业并很支持我，我十分感激他！

1955年的交大冠军篮球队
后排右一为万翱，中排右四为彭康校长

杨鸥回忆五十年代中后期交大足球队

杨鸥 （1962届船院）口述　陶晶记录编辑

1956年时逢交大西迁，1956年秋季开学时，上海造船学院新成立，是国内第一所船舶、轮机、电气等各船舶专业齐全的大学。一年级新生全部安排在虹桥路分部校区，新招生1000余名。在交大华山路大门同时悬挂了交通大学和造船学院两块牌子。

在1956年秋季开学不久，为迎接高校足球联赛，船院进行了足球校队选拔赛，由邓旭初书记做动员，体育教研室主任葛衢康和徐景福老师负责选拔事务。第一次以"上海造船学院"名义参加了上海高校足球联赛。尽管船院足球队的选拔、组队、训练都比较匆促，好

1958年杨鸥在体育馆前训练

在所有队员在中学里都有一定的足球功底，这支新组建的大学一年级新生足球队在参赛后和其他高校诸队的较量中，一开始就势如破竹，多场都是大比分得手，鼓舞了船院领导层，震撼了高教局。记得其中有两场比赛是硬仗，以1∶0小胜华东师大，以0∶1小负体院（不计名次）。

在1957—1958学年，交大西迁后余下的院系，再加上已经西迁西安又回迁上海的各系（有陈贵堂和王霞飞）和上海造船学院合并成立了以造船为中心的上海交通大学。这届比赛球队又改成"上海交通大学足球队"。

在1958—1959赛季，上海交通大学足球队一路势如破竹，再次获得了新中国恢复高校联赛后的足球联赛冠军！1959年政府改变学校体育政策，

设立了不同学校的不同运动项目为其强项，为此还调动学生转学。

1958～1959年算得上是"体育大跃进"年，为准备上海市高校足球队参加全运会，选拔6名交大队员到华东纺织工学院集训（杨鸥、田开林、戚妙华、李佑俭、陈贵堂、杨敬才），当时华纺已经被上海高教局指定为上海高校一队，同济大学为高校二队。其中杨鸥和田开林二人被转学到华纺。一年后参加全运会无果集训解散，杨鸥又转回交大延至1962年毕业。田开林在华纺毕业后分配到上海煤气公司。

补充小插曲：二杨的渊源

船院足球队的守门员杨德成进船院之前原是上海船舶技术学校（中专）足球队的义务教练，杨鸥原是上海市复兴中学足球队队员，在1955～1956赛季上海中学足球联赛最后冠亚军决赛就是在这两所学校之间进行，船校1:0点球胜复兴中学获冠军，复兴中学亚军。在这场比赛后杨德成记住了杨鸥但杨鸥不知道幕后的教练杨德成。

1956年秋开学季在造船学院一年级船舶动力系一堂大课课间休息，杨鸥感觉有人在后面拍他肩膀，回头看到一位脸色黑黑个子稍高的同学微笑问道"你是杨鸥吗？"，于是，臭味相投，每天下午三点以后足球场上就少不了这二杨，一个射门一个扑救，二人苦练到入选船院校队，二人也苦练到入选1957年上海青年足球队。

离开交大后，一晃一个甲子，二杨就再没有见过一次面，2018年某天，杨德成来上海，他离开前在火车站问同学杨鸥在哪里？我那时正好在上海但时间来不及了，约好下次来上海时一定好好聊一聊，遗憾的是再没有下一次了。

在1958—1959赛季，杨鸥继续入选上海青年足球队，上海队获1958—1959赛季全国亚军，杨鸥获国家足球一级运动员称号。

在1958年"体育大跃进"时期，上海交通大学举办了疯狂的包括所有田径项目的运动会，杨鸥和钟家湘代表足球队参加了男子十项全能比赛，和篮球排球棒球乒乓球羽毛球特别是田径队的代表队员较量，杨鸥发挥了足球运动员耐力好爆发力强的特点，在100米、400米、1 500米、110米跨栏和跳远项目上成绩优秀，尤其是最后一项1 500米耐力比拼中甩掉第二名300多米荣获冠军，为足球队争了光。仅此一届，以后交大运动会再没出现十项全能这项目了。

1960秋季，杨鸥从华纺调回交大，船舶动力系主任让他选择，是跟原来班级（五年级）1961年毕业时间不耽误，还是跟四年级晚一年到1962年毕业但学业没少学，他就做了多读一年把专业知识踏踏实实学到手的选择。1962年毕业后被分配到江南造船厂，江南厂足球队是代表卢湾区队，反正是业余队，不影响业务。1982年调动工作到北京交通部，50岁时还担任过单位的足球队教练，玩了两年。

现在82岁了，兴致来了可以个人颠颠球过把瘾。

在"文革"时期交大足球队的日子里

杨仪　1965级机车系

杨仪（右）和穆纪平（左）进交大就入选上海高校代表队

1965年高考前，华东纺织工学院（现东华大学）足球队的刘永生来找我和穆纪平，希望我们报考华纺。刘是1964届大同中学高中毕业、比我们高一届的足球队队员。华纺足球队是上海市大学生足球队的代表队，作为从1962年至1965年连续四年是中学生冠军的大同中学（即南市体校）却鲜有人报考华纺工学院，仅他一人。主要原因是大同的足球队员学习成绩普遍较好，比较全面发展，都有自己的志愿意向，我和穆纪平是不喜欢纺织专业而钟情于铁路系统，所以报考了上海交大机车系。结果是1965年毕业的八个足球队员三人考取了交大，四人考同济录取了三人，还有一人考取了上海对外贸易学院。我们有好几个队员曾经被市青少体校、市青年队、南京部队队选中，但都不愿去当专业运动员而要上大学，最后都心想事成如愿以偿了。

虽然没有进华纺工学院，但进大学第一年，华纺工学院就把我俩招入上海市大学生足球代表队了，两校离得很近，每周都去华纺参加训练。很有讽刺意味的是，当初是不喜欢纺织专业而没有报考华纺工学院，想不到十年以后我从贵州调到安徽淮北市后，却在新建的淮北纺织印染系统干了整整17年，还在五千人的淮北第二纺织厂当了厂长。

我和穆纪平录取的是交大九系即机车系热力机车专业，91051班。交大一年级新生是在法华镇路535号交大基础部上课吃住的。我们基本每天下午要去本部参加校足球队训练，路程不远，到淮海西路2号门也就一站路。不到三个月，因要参加上海市足球乙组联赛，为便于训练，就通知我们搬到本部第三宿舍运动队了。当时集中住宿的有男女篮球队、男排、男足和田径队。交大篮球队是上海高校代表队，管理和待遇都是重点，足球队不是。运动队和研究生由交大二机关管辖，派有专职辅导员，建立党团支部，我们只是在班里上课，其他活动均在运动队。第三宿舍楼的另一半是文工团宿舍，他们属于交大一机关管辖。

交大足球队当时在高校中属于前四名的水平，由徐景福老师担任足球队教练。1965年下半年至1970年期间交大足球队的队员，1966届即1961级队员有印仲元、陈鸿坤、陈州、陈观宝（后改名为方毅）、梁敏德、丁聚宝（后改名为丁勇）；1967届有王仁建、李德培、刘宽明、茅财宝；1968届有李海龙、陈志雄、吴德育；69届有张书琪、侯华南、温海林、杨定荣、曾文昌、卢锦光、丁允华、孙建中、夏锦文、张莘民；1970届有杨仪、穆纪平、何钧芳、瞿成源、胡新群。其中有近二十人集中住宿在第三宿舍。

进校前受过足球少体校训练的，有我们从南市体校大同中学来的我、穆纪平、何钧芳以及1966届的陈鸿坤四人，来自杨浦体校有印仲元，徐汇体校有李海龙，北京区体校有张书琪、侯华南，还有原红旗队守门员陈州等。由于有的队员在参加社教运动，1966届几位主力队员，忙于准备毕业前的实习，因而当时校足球队常常凑不齐一支完整人员队伍。

就是在这样人员不齐的情况下，我们参加了1965年11月举行的上海市足球乙组联赛。预赛中对体院二队（不计名次）的比分为0∶4、对交通队0∶2、对海运队3∶2、对南市区队1∶1、对港务队2∶0。进入决赛阶段对黄浦区队2∶3、对静安区队2∶6、对公用队4∶2，最终获得了第五名。静安区队和交通运输队分获冠亚军。如果我们每场比赛都能保证整齐阵容的话，最后名次还可以往前提一下的。记得在沪西体育场对公用那场比赛以4∶2赢得很酣畅，我打进二球，一个是单刀突破，另一个是禁区外远射破网。对方有不少专业队下来的队员，输球后很失望，留下较深印象。

1966年3月，交大足球队参加了上海市高校足球联赛，先后战胜了上海纺专、华东化工、上海师院、第二医学院、上海科大和华东师大，输给了华东纺织，也输给了同济大学。最后冠军是华纺，第二名是同济，交大获得第三名。

华东师大也是个强队，历史上我们互有胜负，他们是上海高校的手球代

表队，有不少手球队员会参加足球比赛，领军人物是王仁华，高校足球队的
前锋，在市青少体校足球班时和王后军是同班同学，他是我们王仁建队长的
哥哥。这场比赛双方各有进球，打得比较艰苦，后来陈鸿坤和印仲元轮番插
上打前锋，终于获得进球先机，以4∶3取得胜利。我们与华纺有差距，输球
是正常的。对同济大学这场球我发挥得不好，错失了一次单刀球机会，1球
小负，对方队中有6名是我们南市大同中学的队友，最后屈居第三，心中更
觉得不畅。

　　1966年6月以后我们脱离了班级，在二机关的领导下参加文革运动。

1965年市乙组联赛和1966年高校联赛的队员合影（1966届几位主力缺席）
后排左起：王仁建、卢锦光、吴德育、李德培、李海龙、梁敏德、王元直、陈志雄；
前排左起：何鈞芳、杨仪、夏锦文、张书琪、胡新群、穆纪平、瞿成源交大足球队一次令人终生不忘的集体记忆是从上海到井冈山茨坪的步行串联。发起人是1967届的队长、团支部书记王仁建，他和李德培，还有1968届的陈志雄和守门员吴德钰，1969届的杨定荣和张书琪，加上1970届的我共七人，正好是一支七人制足球队。我们把被子借给学校，换借了一件军大衣，冷了可以穿，晚上当被子。

1966年10月30日早晨我们从徐家汇学校出发，晚上经过松江到达石湖塘，在一所学校里的乒乓台上睡觉，第一天走了大概有120里。第二天到嘉兴，在杨定荣家里地上铺稻草睡觉，这时脚上已经起泡了。然后经盐官到杭州，休整后走富阳、桐庐、建德。经过衢州进入江西的上饶，参观集中营。经鹰潭，在余江听老农介绍治理血吸虫经历。离开铁路线经抚州、崇仁、永丰、吉水到达吉安。吉安是地区所在地，相对来讲比较繁华，我们和江西有线电厂（上海内迁厂）在体育场赛了一场七人制足球比赛，虽然我们相当疲劳，但还是以5:2打败了对方。没想到晚上我睡在床上后翻身都翻不动了，走楼梯都抬不了步，大概是肌肉疲劳到极限了，这是从来没有碰到过的。从吉安到井冈山茨坪我们上山上了三天，由于接近目的地，四面八方串联来的队伍都汇集了。接待站的供应越来越困难，上面人更多。到达茨坪我们还能住在楼里，后面来的只能在田里住帐篷，吃饭要排半天队。有消息说有地方传染了脑膜炎，我们原先计划再去韶山的，商量后决定返回。在匆匆参观井冈山革命博物馆、茨坪革命旧址和黄洋界后即乘卡车下山到南昌。休整三天后乘火车回到上海。

这次步行串联历时一个多月，实际行走二十四天，行程约二千五百里，为红军长征的十分之一，平均每天行走一百里左右。路途中各地都有接待站，基本能解决吃住问题，主要是常常累得走不动了，脚上打起了泡又疼，这时就默默背诵"下定决心，不怕牺牲，排除万难，去争取胜利"毛主席语录勉励自己，队员们相互帮忙鼓励，球队的团队协作精神发挥了作用。我们的初衷是抱着测验体能，考验意志的目的，去看看将来不一定能看到的山山水水。我觉得目的真达到了，既锻炼了意志毅力，又增进了球队团队精神、加深了队员之间的兄弟情义。

华东纺织工学院足球队从1959年起作为上海大学生足球代表队的主体，吸收交大、华师大、二医等高校的个别队员，代表上海参加全国大学生足球联赛，在刘福生教练带领下从1960年至1965年连续获得6届全国大学生冠军。

我和穆纪平1965年入选进高校足球队时，还有1966届的陈鸿坤、印仲

足球队七人步行团在井冈山茨坪的留影
前排左起：杨仪、李德培、陈志雄；后排左起：王仁建、吴德育、张书琪、杨定荣

元，也就是说那期间交大有四人参加了上海大学生代表队。当时一起训练比赛的有记忆的队友有华纺的邓修伦、贾德义、吴大年、李金琦、蒋德礼，华师大的王仁华、成伯荣等。由于"文革"的影响，1966年准备在西安举办的全国十城市大学生足球联赛不得不取消了。

我作为上海高校足球队队员名义参加过两场比赛，一场是1966年6月5日与普陀区队的友谊赛，我们以2∶1取胜。另一场是1967年7月25日在江湾上海体育学院足球场上与越南国家队的比赛。当时是越南国家足球队在苏联训练后返国途中经过上海，要求与上海市足球队进行比赛，因正值"文化大革命"时期，足球界属于瘫痪状态，无队可以参与比赛，市体委遂安排大学生队与他们比赛。实际上我们已经没有正常训练，体力也跟不上，在这样状态下我们仍顽强拼搏，打出不少漂亮的配合，虽然最终以1∶3告负，但还是体现了我们原有的技战术水平。

1967年刘光标指导带领大同中学足球队来交大比赛，交大足球队队员有陈鸿坤、穆纪平、何钧芳、刘宽明、张书琪、杨定荣、杨仪、瞿成源、梁敏德、侯华南、印仲元、李海龙、李德培和陈观宝等。

上海大学生足球队与越南国家足球队赛前合影（杨仪18号、陈鸿坤19号）

交大足球队常常在体育馆前的草坪上练球

　　每周要外出打比赛的交大足球队（1968届—1970届队员），主要有胡新群、杨仪、何钧芳、穆纪平、瞿成源、侯华南、吴德育、李海龙、卢锦光、张书琪和陈志雄等。重点是去工厂，他们也欢迎，比赛后工厂有盐汽水饮料供应，我们已经觉得很满足了。联系都由我负责，我有各个工厂单位足球队联络人的通讯录，这些足球队有不少专业队退役队员和业余好手。我们曾经与以下这些工厂比赛：大隆机器厂（张仁明、麦金宝）、彭浦机器厂（张彭年）、南市发电厂（朱幼庭、忻亦丰）、上钢一厂（郑于宏、龚勇兴）、上钢三厂（吴振龙、包瀛兴）、先锋电机厂（鲍忠华）、第三印染厂（龚兴根）、耀华玻璃厂、客车厂、中机厂、章华毛纺厂（朱正贤）、石油配件厂、上海电机厂、上海水泥厂（任唯一）、上海船厂、港机厂、上海起重运输厂、江南造船厂、沪东船厂、上海柴油机厂、上海量具厂等，还有学校、区队，还

1966届的王元直（上海队篮球总教练王永芳之子）客串守门员表现惊艳
前排左起王仁建、王元直、胡新群；
后排左起穆纪平、何钧芳、杨仪、瞿成源

314

与中国福利会儿童艺术剧院、上海越剧院打过友情比赛。我们交大足球队也曾经和大同中学联合组队在南京西路竞技指导科（现上海电视台）与上海青年队比赛过一场。这些比赛我们赢的多，输的少，曾经"踏平闸北"；大场子踢、小场子也踢，后来人员不齐以7人制比赛为主了。

有一场比赛印象深刻，那是1968年6月29日在乌鲁木齐路徐汇区工人体育场和上海体院7人制对抗，对方绿短袖衫、白短裤、绿袜套白球鞋一身新，非常整齐神气，我们衣衫不整、袜套球鞋五颜杂色，一出场买票的观众都看好体院队。实际上踢7人制只要人员到齐，哪个队都不能小觑我们。那天印仲元、陈鸿坤、李海龙、穆纪平、何钧芳、张书琪都到了，开场没多久我们就打进一球，结果以4∶0干净利落把体院队斩于马下，全场观众欢呼叫好声不断！体院队相当没有颜面。

"交大老炮"的这几年

交大老炮足球俱乐部全体

"交大老炮"已经成为上海交大校友圈子里的一张闪亮名片，被校友们经常挂在嘴上，它是一个103人的群体，它更是交大足球121年的历史中的一段缩影。"交大老炮"全称上海交通大学校友总会体育运动分会思源老炮足球俱乐部，始于2017年9月16日，但是其真正的故事应该始于1987年。当年87级的校友作为开拓者毅然踏入了荒芜的交大闵行新校区，从1987到1990年，闵行校区才完成了从大一到大四的完整编制。对于那四届的学子来讲，那一片球场、那一个足球以及一起踢球的球友就是一片天，是校园生活的重要部分，对一部分同学来说甚至是全部。交大校园足球的历史也就在这四年中悄无声息地在全新的交大闵行校区得以传承。30年后，还是那批拓荒者，在社会上拼搏、成家立业之后，成立了上海交通大学思源老炮足球俱乐部，重新去寻回当年的球场、当年的球友、当年的老师……此时球场成为大家在纷繁复杂社会中一片难得的净土。"交大老炮"不仅仅是大家回忆当年学校生活酸甜苦辣的载体，更肩负起带着大家一起去创造更美好的人生回忆的使命。

一、2017：老炮元年

2017年9月16日，在上海交通大学闵行校区建成30周年庆典之时，学校牵头举办了首届上海交通大学开拓者杯校友足球邀请赛，最早就读于闵行校区的四届校友参赛。最终1987级校友足球队不负众望，有惊无险地捧得了第一届开拓者杯的冠军，在闵行校区开办30周年、入校30周年这个双喜临门的好日子，实现了捧杯的壮举！

一场足球赛让三十年前的青春与豪情再次勃发，校友情谊难以割舍，赛后1988级的校友吕忠源等建立了"交大老炮"足球群（吕忠源同学至今还被大家尊称为老群主），成员为1987～1990级交大闵行校区的开拓四届的校友足球爱好者，人数也有了浩浩荡荡的三五十人。从此，不管是当年的校队队员、系队队员还是班级草根足球爱好者，大家都平等地背起球包，参加每周六的"交大老炮"内训赛，尽管有些校友甚至已经挂靴多年。老炮俱乐部的初建宗旨是养生足球、快乐足球，不刻意追求成绩。2017年注定成为"交大老炮"的元年，一段特定身份的校友足球崭新篇章由此展开。

二、2018：草根训练

俱乐部成立后的第二年，一个一个散落的球员被寻找回来，不断有新人加入，很多人入群的第一句感慨就是："终于找到组织啦！"

队伍壮大了。每个队员都克服困难，平衡好工作、家务和辅助孩子的学习，重回绿茵场上，队员从散步开始，慢慢恢复足球训练。周复一周，风雨无阻，冬练三九，夏练三伏，足球训练慢慢成为日常，也成为每个人生活的重要组成部分，盼望着、盼望着，周六终于到了。

三、2019：高光时刻

2019年"交大老炮"发起人和老群主吕忠源校友卸任，1989级的徐军同学义不容辞接过了俱乐部群主的重担，扛起俱乐部建设与发展的大旗。从这一年开始，俱乐部在徐军及其他热心校友的共同努力下，开始了大踏步地前进：实行了球员会员制；成立啦啦队（交大女校友们找到了自己欢乐的组织）；建立了正式的分届推举制度；成立了俱乐部理事会；与母校取得联系，加入了上海交通大学校友总会体育运动分会，并积极参与学校组织的各项校友赛事。俱乐部梯队建设初具雏形，择优吸收了一批志同道合的45岁以下的交大校友加入"交大老炮"（昵称小炮），积极参与到了上海市的各项业余足球俱乐部正式比赛中去。

所有的努力终有回报，高光时刻终于在2019年4月出现。"交大老炮"参加了母校2019年校庆杯校友足球邀请赛，一支平均年龄最大、组队时间最短的"交大老炮"队在赛前完全不被大家看好，面对"电院老男孩""电院小伙伴"、机动学院等组队时间长的传统强队，"交大老炮"凭借过去两年来的不间断的内训以及临场强有力的指挥（此处特别感谢我们的领队王维理老师、张利公老师），一举囊括了"A40+"和"U40-"的双料冠军！俱乐部的凝聚

力一下子达到了空前的高度，俱乐部队徽、队旗等应运而生。荣誉也是压力，压力转换成动力，俱乐部对自己提出了更高的要求，向着正规化的足球俱乐部方向发展，承担更多的社会责任，提升俱乐部的运作水平。

2019这一年，老炮俱乐部除了获得两座校庆杯冠军奖杯外，还获得了上海市瓜瓜杯业余足球邀请赛亚军、上海市一心力程杯公益足球邀请赛冠军、上海市山猫杯业余足球邀请赛冠军、上海交通大学"A50+"校友足球邀请赛冠军、T98夜光杯上海足球业余联赛亚军、上海交通大学最具观赏性杯的"U50"校友足球邀请赛冠军、上海交通大学宁波校友会灏钻杯足球邀请赛亚军，共计九座集体奖杯。个人奖项就更多了。那一年是高光的一年，荣誉的一年，是值得老炮俱乐部交大校友们铭记终生的一年。

当年9月，在俱乐部内部联赛上，1990级校友足球队捧起了第三届上海交通大学开拓者杯校友足球邀请赛的冠军奖杯。

四、2020：共克时艰

疫情来袭，足球这项聚集性运动，遭受的打击首当其冲。值此危难时刻，1987级的杨文坚同学主动承担起俱乐部群主的重任。在这一年中，俱乐部理事会审时度势，密切关注疫情形势和政府通告，带领大家有条件地逐步恢复训练。在疫情中，大家相互坚守，相互鼓励。对生活在武汉的、湖北的球友们送去了温暖和祝福。俱乐部兼容并蓄，进一步有条不紊地吸纳45岁以下的"交大小炮"加入，充实梯队。加强与交大其他校友足球俱乐部的交流、互动，有条件地开展本市和跨省市的校友足球交流活动。这一年，"交大老炮"组队去了苏州与卢勇校友的苏州交大乐活足球队联谊，在深圳与吴宁、高勇超校友的大黄蜂俱乐部对抗，还去了广州、嘉兴、张家港……比竞赛更重要的是"交大老炮"将温暖和足球精神带给所访城市热爱足球的校友们，交大校友的情谊在此延续、拓展、蔓延。

2020年9月，第四届开拓者杯上海交通大学校友足球邀请赛如期举办。老炮俱乐部特别隆重邀请外地的和来自武汉疫区的校友们前来参加，宣示校友足球的力量能够战胜疫情。1989级校友足球队第二次捧起了这项赛事的冠军奖杯。

"守望相助，共克时艰"，交大足球人一如既往，坚信春天即将来临。

2019年4月，老炮足球俱乐部组成"40+"和"40−"两支队伍参加上海交通大学校庆杯足球邀请赛，获得双冠

五、2021：老炮新途

2021年2月，老炮由民间组织正式成立为上海市徐汇区体育局和民政局双重领导下的民办非企业单位——上海徐汇区思源足球俱乐部，由杨文坚、徐军、蔡向罡、郝骏自告奋勇，自筹资金担任了举办人。

2021年2月7日，由老炮会员蔡育宏、徐军、严峻卫、陈斌、郝骏等人私人出资、出地兴建的上海偲源淀山湖足球场落成，成为老炮的训练基地，作为球场落成庆典的重要环节，"交大老炮"与老申花的专业退役队员们（成耀东、申思、祁宏、朱琪、吴兵等人）组成的"上海滩"足球队进行了一场业余挑战职业的跨界比赛，虽以1∶4落败，但仍然为队史写下浓重一笔，也留给每个参赛队员一段佳话。

老炮的新途，我们仍将坚守足球健身和联谊的主旋律，继续坚持每周六的内训，并计划去厦门、大连、天津、北京、武汉、长沙、济南等地比赛联谊，一切都在筹备中。

老炮的队伍中，依旧活跃着当年上海交通大学1987～1990级的校队的成员们：方军、於彪、何明明、徐军、潘琦敏、吴宁、罗洪等，他们代表着

2020年12月，老炮足球俱乐部组队参加上海交大校友足球邀请赛深圳战的比赛获得冠军

那个年代交大足球的缩影。同时，当年喜爱足球如今事业有成的校友杨燊华等人，纷纷慷慨解囊，以东芝公司、季丰电子、衡屋机电、仲成汽车设备以及个人赞助的形式，为老炮俱乐部捐赠了大量的资金，用以俱乐部建设，并委托、通过老炮俱乐部这个公益性平台，为社会创造公益价值，传递爱心与正能量。老炮俱乐部，正是在所有关心足球的校友们的热心呵护下，才一天天地走到了今天。

最后，借此机会谨代表"交大老炮"全体成员，特别感谢我们最崇敬的70多岁高龄仍驰骋在绿茵场的赵文杰老师、上海交通大学校友总会体育分会领队王维理老师多年来积极参与、支持和指导"交大老炮"组织的各项活动！

张帅：运动，让我受益终身

原创 许畅 上海交通大学学生体育总会

张帅，现就职于上海龙华医院的医生，曾作为上海市援鄂医疗队员出征武汉，在雷神山医院参加抗疫工作。回到上海的张帅在接受媒体采访时说道："等一切结束后，想早点回球场动动球。"鲜为人知的是，作为今年抗疫"最佳阵容"一员的张帅，六年前，他是上海交通大学足球队的核心主力，驰骋在大学生校园足球赛场斩获殊荣无数。

六年前，张帅作为上海中医药大学和上海交通大学联合培养学生，在上海交通大学生命科学技术学院学习两年，在此期间，他积极参加交大足球校队训练。工作后，他依然延续着对足球的热爱，担任龙华医院足球社团的社长。

在雷神山医院参加抗疫工作期间，工作强度高、压力大。于是，他想到了用足球舒缓身心，他和同事们就在酒店附近的停车场进行传球颠球，一边踢球一边聊聊天，既锻炼了身体，又放松了心理压力。

一、少年回忆

在交大，喜欢足球的同学往往会把南区体育场称为"圣南体"，一只球、两个球门、四年、一群人聚在"圣南体"，创造的是无可替代的回忆、无法分割的羁绊和终身受用的磨炼。

在这种潜移默化的影响下，以张帅为代表的交大学生往往在危难中挺身而出，成为最美的逆行者。

张帅曾说："其实如果说我的大学起点，可以说是从交大开始的，因此很多生活习惯和思考方式都烙有交大的印记，其中体育锻炼就是非常重要的一部分，交大的体育社团和赛事非常多，对于我这样的喜欢运动的学生来说，也是如鱼得水。其中印象最为深刻的当然是每年一度的希望杯赛事，我们当时学院的队友对这项赛事都非常看重，为了取得好成绩，大家也是会经常拿

张帅（前右一）与队友们在交大南区体育场

出课余时间进行训练，磨合队伍，足球比赛是一项团队运动，大家为了同一个目标而去努力，这种团队的感情和精神对我印象深刻。其次就是比赛，希望杯踢到最后只有一个冠军，所以绝大多数的学院到最后可能都是以一场失利结束自己的这个赛事征程，也能让我们认清竞技体育的残酷性，然后继续训练准备下一年的赛事，这其实是一个非常好的挫折教育，在日后的工作生活中，其实不如意的时候往往更多，如何去面对，如何去将失败转化为更进一步的动力，也是非常重要的。"

二、抗疫经历

新的工作环境，新的工作团队，新的疾病，注定了大家都在边适应边工作。这种未知感对张帅来说，算是最大的挑战。在前线工作必然伴随巨大的压力，但是过多的压力必须被适当化解，才能有利于进一步的工作。

这时，一直陪伴着他的足球出现了！

张帅说："刚到武汉的时候，其实还是有一些的心理压力，平时工作起来精神几乎都是全程紧绷，所以刚去的时候特别想踢踢球，哪怕只有自己颠颠球也好，后来我们同事寄了一个足球过来，我们几个男医生在休息的时候就会到我们指定的活动区域传传球活动活动，既能放松心情，也能锻炼身体。"

足球让身体活动开来，也让紧绷的精神终于得到一点放松，可以说寄过来的不仅仅是足球，而是放松神器了！

在足球的帮助下，他和他的同事快速地适应了高强度的工作，白天的效率和专注程度更高了，晚上也能休息得更好了。

2020年3月15日，张帅在武汉雷神山医院工作，为上海市第七批援鄂医疗队成员

就这样，他和他的同事在高强度的工作中坚持了下来，在雷神山医院工作期间，救治了大量的病人，为抗疫工作做出了他们的贡献。

写在最后：适度锻炼不仅可以让我们保持身体健康、提高抵抗力，还能锻炼我们的意志品质、成为我们今后生活工作中的调节剂。找到一项喜欢的运动，坚持下去，将使你受益终生。

一座南洋续前缘，两所交大争风流

——双甲子足球活动记

张茜　2002级化学化工学院校友

　　如果有一项运动能让彼此放下身份的差异、观点的对立，大家共同参与、同场竞技，那一定首选足球；如果有一次活动能让人们穿越时间、跨越空间的间隔，享受片刻碰撞的激情、凝固纯真的回忆，那一定是校园足球对我们发出的召唤。这句话不知道有没有名人曾经说过，但是在2021年5月22日徐汇校区的足球场上，这是来自上海交大、西安交大以及上海交大医学院校友师生们的共同声音。

　　据史料考证，1896年交通大学成立之后，南洋公学足球队在1901年正式迎来了交大足球的第一场演出。时至今日，岁月经历了双甲子的更替，交大的足球故事由校友们竞相书写。虽然在高校重点项目中，交通大学并不是足球优势学校，但是校友们对于足球的热爱毋庸置疑。无论是在校还是毕业之后，校友足球活动如火如荼。为了准备本次的南洋杯校友足球友谊赛，上海交大、西安交大、上海交大医学院的校友们以及上海交大教工足球队的老师们厉兵秣马，组织了最强阵容迎战。"既要享受校友活动的欢乐，也要在兄弟间练兵的过程中展示自身的实力"成为参赛各方心中公开的秘密。

　　西安交大校友足球俱乐部成立于2017年，俱乐部目前有200名以上的会员，球队定期组织11人制的足球比赛，并参加当地高校校友足球联赛，曾经获得过校友联赛的冠军。此次南洋杯邀请赛，西安交大校友会足球队抽调了西安地区的部分核心力量与上海地区的校友联合组队。

　　上海交大教工足球队成立于2019年，现有球员30名。在校工会的指导下，球队在主教练赵文杰、执行教练陈钢等老师的带领下，每周定期开展训练。2020年，球队代表交大参加上海市教育工会联赛，获得西南赛区冠军和总决赛亚军。

　　上海交大医学院校友足球队成立于2017年，目前俱乐部成员32人，以二医大校队的球员为主。虽然各奔工作岗位，但是大家因球结缘，共同回归寻找当年叱咤风云的英姿。球队目前每周进行内部活动。

上海交大校友足球俱乐部在2016年由卢建华、赵琛豪等原校队核心球员发起组织。最初是松散校友活动联盟，在各方面条件都成熟的时候，于2020年9月19日正式成立，目前俱乐部成员超过260名。俱乐部每周在浦东浦西分别组织8人制足球活动。

南洋杯校友邀请赛的活动分为上下部分，上午属于娱乐性质的欢乐赛，由俱乐部校友报名，以抽签随机组队的形式组成2支上海交大校友队，并邀请了交大思源老炮足球俱乐部（主要由1987～1990级入校的足球爱好者构成）以及西安交大校友足球俱乐部参加。比赛为8人制，经过数小时激烈的争夺，思源老炮足球俱乐部获得亚军，远道而来的西安交大足球校友俱乐部夺得了冠军。这一成绩充分反映了东道主"有朋自远方来，不亦乐乎"的欢乐心态。

而在欢乐赛的比赛间隙，一位演员的无意穿过球场更让活动有了一种时空穿越的感觉。经过考证，这是当日校园内的另外一个活动，一位演员扮演了原交大校长唐文治。而在当年，唐校长极其热爱足球活动，不但组织啦啦队陪同球队观战，更会因为战胜圣约翰大学足球队而全校放假庆祝。

扮演唐文治的演员刚好穿过交大球场

此外，交大足球校友俱乐部的陶晶学长与部分校友志愿者在徐汇校区足球场的四周摆放了关于交大足球历史的照片，并充当讲解员向大家讲述交大足球120年的历史兴衰。

下午一点，活动正式开始。上交大和西交大校友会领导也前来为活动助兴，同时还邀请到了50年代上海交大足球队的几位老学长现场观战。到场的嘉宾包括：上海交大校友会办公室副主任张立强、西安交大校友工作部副部长赵力、上海交大校友会体育运动分会秘书长王维理、西安交大西安校友会副会长王全民、西安交大校友工作部丁江、上海交大体育系原副主任赵文杰、上交医学院（原第二医科大学）体育部主任徐持忍、原第二医学院足球队主教练马连芳、上海交大足球队原教练顾根陞、上海交大足球队现教练陈钢、上交校友会办公室许宁宁、上交校友足球俱乐部轮值主席卢建华、上海季丰电子股份有限公司副总裁李定学和东芝开利空调销售公司董事总经理杨燚华。1965级校友杨仪、1956级校友杨鸥、1955级校友陈贵堂、1953级校友万翱也受邀来到开幕仪式，他们四位都是原交大足球队的明星球员。

简短的开幕式之后，南洋杯邀请赛正式开始。第一场比赛由上海交大"U40校友队"对阵上海交大教工足球队，比赛可以看出交大教工足球队平时训练的痕迹，队友配合默契。开场之后，交大教工队频频通过中路长传两翼的方式向上海交大"U40校友队"的身后纵深发动攻击，球场的争夺一度集中在上海交大"U40校友队"的30米区域范围。顶住了交大教工队开局的猛攻之后，场面进入均衡，由于次日有上海市教工比赛的赛程，交大教工队在下半场进行了一定的轮换，这也让上海交大"U40校友队"获得了机会，

2021年5月22日，交大徐汇校区足球场上，庆祝上海交通大学建校125周年暨南洋足球队成立120周年南洋杯校友足球友谊赛的大合影

利用反击和定位球，第一场比赛最终由上海交大"U40校友队"获胜。

第二场比赛由上海交大医学院校友队对阵西安交大"40+校友俱乐部"。比赛开始之后，双方并没有过多的试探，便开始剑拔弩张，上海交大医学院校友队拥有传统上海足球的细腻，在核心球员方军的穿插调动下保持控球，稳扎稳打。而西安交大校友队则是典型的北派足球风格，以快速简洁的配合快速通过人员密集的中场，使用速度冲击对方。这场比赛双方风格特征明显，比赛对抗激烈，但是执法的美女裁判气势十足，牢牢控制住了比赛的场面，用准确的执法让所有队员在场上享受到比赛和对抗的乐趣。这场南北风格大战最终比分定格在3∶1，西安交大"40+校友俱乐部"胜出。

第三场比赛由西安交大"U40校友队"对阵上海交大教工足球队。由于赛程安排密集，上海交大教工足球队体力不如西安交大"U40校友队"，这场比赛体能便成为双方胜负的关键。比赛过程中西安交大校友队和上海交大教工足球队分别贡献了一粒惊为天人的凌空抽射，展示了交大校友们的竞技水平。最终这场比赛西安交大"U40校友队"以3∶1的比分胜出。

后半段的比赛首先登场的是上海交大"40+校友队"与上海交大医学院校友队。在这场比赛中，上海交大"40+校友队"的前锋唐盛祖奉献了一记精彩的临空倒钩射门，将比赛的氛围推向了最高潮。这场比赛最终由上海交大"40+校友队"胜出，比分是3∶0。

第五场比赛由上海交大"U40校友队"迎战西安交大"U40校友队"，比赛的胜利者也将成为邀请赛40岁以下组的最终获胜者。这场比赛中裁判一共判罚了3个点球，但是只有1粒点球转化成为进球。经过激战，西安交大"U40校友队"技高一筹，以2∶0的比分获得最终比赛胜利，也将邀请赛40岁以下组的胜利奖杯带回了西安。

最终的压轴大戏是上海交大"40+校友队"对阵西安交大"40+校友队"。比赛有惊无险，上海交大"40+校友队"以1∶0获胜，将邀请赛的另一座奖杯留在了徐汇。

此时已经到了下午6时，夕阳照在体育场边的树林上，树林遮住了阳光，球场的视线变得柔和，而远处的夕阳染红了半边蓝天，球场有了诗意。很多周末上课的校友也结束了一天的课程忙碌，来到运动场参与各种体育活动。看到我们的比赛，人们纷纷驻足，在这一刻，我们又真正回到了原来的校园足球时代，享受了球场边观众们的瞩目，享受到了队友们欢乐的加油和起哄。我们努力组织比赛，校友们回来参赛，享受的不正是这一瞬间吗？也

希望通过这次比赛，能让这一美丽的瞬间在每一位参赛校友的心中绽放，像破晓的焰火一样照亮大家，成为一抹永恒的记忆。如果可以，常聚在一起踢踢球。

晚上大家把酒言欢，推杯换盏，觥筹交错。借用上交校友足球俱乐部轮值主席卢建华的一席话结尾："聚是一团火，散是满天星，希望大家用自己的热情影响身边的每个人，继续宣传足球文化，饮水思源，心系母校，强身健体，以球会友，让更多的喜爱足球的校友回归球场。"

感谢上海季丰电子股份有限公司和东芝开利空调销售公司赞助此次活动。

作者风采

赵文杰
交大足球队教练和
体育系副主任

卢建华
1984级材料科学与
工程系

李 珂
1991级电子工程系

李义周
2010级数学系

熊 俊
1981级船舶海洋
工程系

邓煜坤
1999级电气工程系

施 灏
1984级机械工程系

梁 硕
1983级机械工程系

张 茜
2002级化工系

成 军

1985级工程力学系

曾 迪

1979级动力机械
工程系

陶 晶

1984级材料科学及
工程系

郝 青

1984级应用物理系

彭 亮

2002级环境工程系

丁欢欢

1992级工业外贸系

陈华峰

1983级材料科学及
工程系

严 騊

1983级船舶与海洋
工程系

方 军

1986级临床医疗系

王 欣
1990级机械工程系

张泉泓
1986级电子工程系

赵贤德
1996级机械工程系

刘亚虹
1990级自动控制系
2001级安泰IMBA

王毅敏
1981级电工与计算机
科学系

匡力超
1980级材料科学及
工程系

王义喜
1982级动力机械
工程系

高春武
1959级机械制造系

杨振炜
1997级材料科学及
工程系

李　翔

1997级应用物理系

章浩然

2007级凯原法学院

冼嘉文

1984级工业外贸系

胡　冲

1981级船舶及海洋
工程系

潘琦敏

1987级动力机械
工程系

林　征

1982级计算机科学
和工程系

翁德深

2008级电气工程系

唐灵寒

2002级工业工程与
管理系

周　卓

2008级计算机科学
与技术系

王海鹏

2006级工业工程与
管理系

李 喆

1996级电机工程系

陈贵堂

1955级起重运输系

孙少羚

1997级电机工程系

邓 皓

1980级机械工程系

王君达

1980级
自动控制专业

李 珂

1991级电子工程系

盛玉敏

1980级机械工程系

陈小刚

1991级应用化学系

蔡向罡
1987级工程力学系

贺　礼
1981级船舶及海洋工程系

姚　玗
1982级本科/1986级研究生电子工程系

杨建夫
1978级机械工程系

顾建荣
1980级计算机系

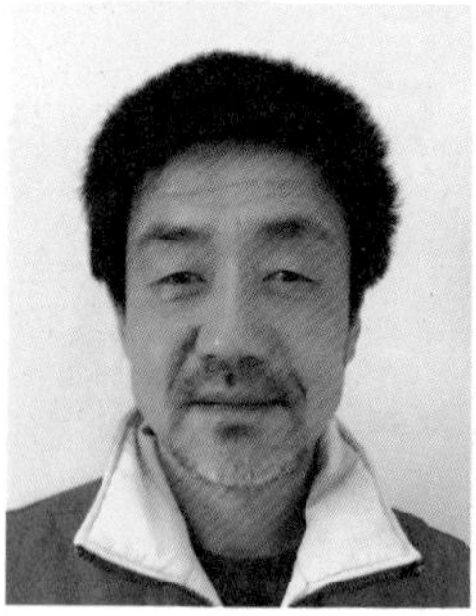

陈　晓
1980级船舶与海洋工程系

石　岩
1983级动力机械工程系

支　宏
1979级电工及计算机科学系

陈　弘
1980级计算机科学/工业管理及工业外贸

顾坚华
1978级电子工程系

王维理
1978级机械工程系

赵德刚
1997级土木工程系

王国兴
现为交大微纳电子
学系教师

后　记

赵文杰

　　本书由校友们自写自编，讲自己的足球故事及其感悟，它的出版不失为校友们献给母校足球队成立121周年庆典的一份特殊礼物。

　　这本书的问世，绝非偶然，主要有三个缘由：

　　其一，从121年前的南洋公学开始，交大就是足球热土，传承至今，热土已然成为沃土。源远流长的交大足球文化熏陶着一代又一代热爱足球的学子，不断书写着新的篇章。广大足球校友为交大足球悠久的历史和深厚的底蕴而自豪，"交大校友足球"微信群自发兴起了纪念母校足球队建立121周年的热潮，纷纷回忆在母校的足球经历，晒出珍藏的足球老照片，为本书及交大体育文化史的编撰积累了宝贵资料。

　　其二，从2016年交大120周年校庆开始，校庆杯校友足球比赛点燃了海内外校友足球的激情，架起了校友与母校之间的桥梁，搭建了校友之间交流的平台，成为足球校友一年一度的盛大节日，也使古稀之年的我与二十多岁到八十多岁的众多校友有了近距离的接触与交流，了解很多发生在当年校园和走上社会后的校友精彩足球故事，深深地被他们对母校、对足球、对师长的深情所感动，也为他们践行"饮水思源"和"终身体育"教育理念的出色表现感到无比欣慰。

　　其三，退休的我还在为体育学科研究生讲授专业基础理论课，课上不时会给学生介绍校友体育、校友足球和我的感受。2021学年春季学期备课时突发奇想，校友足球有那么多优秀人物和精彩故事，何不乘交大足球队建队121周年契机，发动校友写文章讲故事，既为讲课增添鲜活案例，也为121周年庆典积累资料。于是乎，我在校友足球群发起倡议，引起强烈反响，校友们纷纷撰稿，从"球星""绿叶""草根""粉丝"的不同视角，追忆了从徐汇校区足球场到闵行校区南区体育场漫长岁月的精彩故事和足球兄弟，图文并茂，情深意切。我认真拜读每一篇文章，感动之余，情不自禁地写了读后感，后来被校友们升级为"点评"。这些情深意切的老故事和原汁原味的老照片，一经在微信群转发和传播，勾起了更多校友的回忆，引发了一波又一波的高潮。

有了上述坚实的基础，卢建华、陶晶等校友志愿者团队开始酝酿编撰成书，并精心策划和倾心投入，再加上校友会和体育系的认同与支持，本书的编撰和出版，便是瓜熟蒂落，水到渠成。

本书作者大多是20世纪70～90年代交大不同院系专业的理工男，目前也是在海内外不同行业工作，虽然他们不是专业作者，也比不上文科生的文字功底，但他们拥有对足球的挚爱和对母校的深情，从校队、研究生队、院系队、班队、乡土队、游击队等不同球队以及校友杯、希望杯、交大杯、思源杯、新生杯、俱乐部杯、擂台赛等各种比赛轶事，真实而质朴地记叙了一段段精彩纷呈的交大足球历史。

本书根据作者回忆文章的表达方式及内容编排成8个篇章。首先是足球哲思篇，作者们分享了自己对足球运动的思考及从踢足球中悟出的人生真谛；师恩隽永篇，作者们则通过朴素的文笔但充满感恩的心情描述了老师在自己成长中给予的帮助和支持；足球情怀篇，主要介绍了一群不仅喜爱足球，而且勇于付出，或把足球作为自己的终生事业的校友；足球之缘篇，则记录了作者与交大足球各种不为人知的精彩故事和不解之缘；激情岁月篇，大部分作者为历届校队的主力队员，他们为大家回放了学生时代的许多校级和校际足球比赛场景，文笔细腻入微，但读来却热血澎湃；圆梦之路篇，作者们用亲身经历分享自己的励志故事和对足球的痴情；海外回响篇，主要收录了那些心系母校但现在身在海外的交大校友的回忆文章，读来倍感亲切；最后是教工心声，他们从另一个维度讲述了自己的交大情和足球缘。

交大足球历史悠久，内涵丰富，本书反映的只是其中的片段，很多校友已经撰写、正在撰写或准备撰写的文章，留待以后更加精彩的出版物。

特别鸣谢

感谢王征、杨振炜、郝青、程奇斌、陈小刚、成军、杨建夫、王中新、梅林、梁硕、邓煜坤、卢建华、黎磊、史笑非、陆桂华、鞍山老友、陶晶、谭建文、潘皓东、林征、上海交通大学校友足球俱乐部，对本书出版给予资金的支持，在此表示衷心的敬意！